LSIT
코오롱그룹
인적성검사

PREFACE

우리나라 기업들은 1960년대 이후 현재까지 비약적인 발전을 이루었다. 이렇게 급속한 성장을 이룰 수 있었던 배경에는 우리나라 국민들의 근면성 및 도전정신이 있었다. 그러나 빠르게 변화하는 세계 경제의 환경에 적응하기 위해서는 근면성과 도전정신 이외에 또 다른 성장 요인이 필요하다.

한국기업들이 지속가능한 성장을 하기 위해서는 혁신적인 제품 및 서비스 개발, 선도 기술을 위한 R&D, 새로운 비즈니스 모델 개발, 효율적인 기업의 합병·인수, 신사업 진출 및 새로운 시장 개발 등 다양한 대안을 구축해 볼 수 있다. 하지만, 이러한 대안들 역시 훌륭한 인적자원을 바탕으로 할 때에 가능하다. 최근으로 올수록 기업체들은 자신의 기업에 적합한 인재를 선발하기 위해 기존의 학벌 위주의 채용을 탈피하고 기업 고유의 인·적성검사 제도를 도입하고 있는 추세이다.

코오롱그룹에서도 업무에 필요한 역량 및 책임감과 적응력 등을 구비한 인재를 선발하기 위하여 고유의 인적성검사를 치르고 있다. 본서는 코오롱그룹 채용대비를 위한 필독서로 코오롱그룹 인적성검사의 출제경향을 철저히 분석하여 응시자들이 보다 쉽게 시험유형을 파악하고 효율적으로 대비할 수 있도록 구성하였다.

신념을 가지고 도전하는 사람은 반드시 그 꿈을 이룰 수 있습니다. 처음에 품은 신념과 열정이 취업 성공의 그 날까지 빛바래지 않도록 서원각이 수험생 여러분을 응원합니다.

STRUCTURE

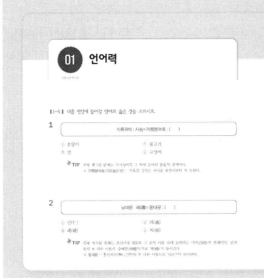

CONTENTS

PART ⟩ I   **코오롱그룹 소개**

01. 그룹소개 및 채용안내 8
02. 관련기사 15

PART ⟩ II   **출제예상문제**

01. 언어력 20
02. 수리력 94
03. 도형추리력 132

PART ⟩ III   **인성검사**

01. 상황판단력 186
02. 인성검사 214

PART ⟩ IV   **면접**

01. 면접의 기본 230
02. 면접기출 245

코오롱그룹 소개

코오롱그룹의 기업 및 채용 정보를 수록하여 서류와 면접에
대비할 수 있도록 하였습니다.

PART I

코오롱그룹 소개

01. 그룹소개 및 채용안내

02. 관련기사

01 그룹소개 및 채용안내

CHAPTER

1 코오롱 소개

(1) 그룹 개요

코오롱의 비전 LifeStyle Innovator	보이는 곳, 그리고 보이지 않는 곳에서 코오롱은 언제나 고객 여러분과 함께 있다. 1954년, 고객을 위한 코오롱의 여정은 시작되었다. 고객에게 기대 이상의 혁신적 가치를 전하며 고객의 삶을 더 풍요롭게 만드는 것, 그것은 코오롱이 지난 60여 년 간 이어온 목표이자 역사이다. LIFESTYLE INNOVATOR, 생활의 질을 향상시키는 제품과 서비스를 제공함으로써 고객의 LIFESTYLE을 혁신시키는 코오롱의 비전이다.
코오롱의 핵심가치 One & Only	One & Only는 모든 코오롱인이 공감하고 실천하는 경영방침이다. One & Only는 고객으로부터 가장 사랑받는 코오롱이 되기 위하여, 임직원 모두가 독특하고 차별화된 역량을 갖추고, 개개인이 최고의 경쟁력을 가져야 함을 의미한다.
코오롱인이 가야 할 길 One & Only Way	One & Only를 실현하기 위한 방법 One & Only Way One & Only Way의 세 가지 핵심가치는 코오롱인의 의사결정 기준이다. One & Only를 실현하기 위한 실행방안이기도 하다. • 고객으로부터 가장 사랑받는 코오롱 • 독특하고 차별화된 우리 • 최고의 경쟁력을 갖춘 나

(2) 혁신의 실현

① GLOBALIZATION … 코오롱의 우수한 제품과 서비스가 전 세계 고객들의 삶을 더욱 행복하게 만든다. 코오롱은 2002년 중국 시장 진출을 시작으로 전 세계 고객들을 만나고 있다. 각 계열사의 차별화된 제품과 서비스는 세계 각지에서 각광받고 있다.

② TECHNOLOGY … 꿈꾸던 미래를 실현시키는 첨단의 기술, 삶을 즐겁고 편리하게 만드는 기술. 기술력은 고객을 위해, 기업의 성장을 위해 꼭 필요한 요소이다. 코오롱은 차별화된 기술 역량을 보유하기 위해 최선을 다한다. 코오롱의 융복합 미래기술을 견인할 코오롱미래기술원을 2017년까지 완공할 예정이다.

③ CREATIVITY ··· 세상을 더욱 풍요롭고 행복하게 만드는 생각들. 코오롱은 다양한 활동과 사업을 통해 세상에 긍정적 영감을 전한다. 코오롱이 생산하는 소재들을 활용한 전시 프로젝트로 새로운 소통을 시도하고 있으며, 업사이클링 브랜드 '래;코드(RE;CODE)'를 론칭하여 많은 사람들과 친환경 실천의 가치를 나누고 있다.

2 주요 사업

(1) 핵심소재

① **코오롱인더스트리** ··· 코오롱인더스트리는 화학소재 전문기업이다. 1963년 국내 최초로 나일론을 생산해 국가경제 발전에 일조한 (주)코오롱의 제조 사업부문이 회사의 전신이다. 산업 소재, 화학 및 필름, 전자재료의 각 부문을 중심으로 타이어코오드, 에어백, 스펀본드, 필름, DFR, 석유수지 등 다양한 제품을 생산 및 판매하고 있으며, 고부가가치 제품에 대한 지속적인 투자와 증설을 통해 관련 산업의 글로벌화를 선도하고 있다.

② **코오롱글로텍** ··· 1987년 설립된 코오롱글로텍은 자동차 소재, 생활 소재, 최첨단 신소재를 아우르는 다양한 포트폴리오를 갖춘 종합 제조기업이다. 카시트 원단과 모듈, 인조잔디, 폴리프로필렌 단섬유가 주요 생산 품목이며, 전 공정에 걸친 체계적인 생산 프로세스를 갖추고 각종 품질 규격 인증을 보유하고 있다. 국내 및 중국 지역에 생산기지를 마련하고, 미국과 멕시코에 유통채널을 구축해 세계 각지의 고객들에게 우수한 제품을 제공하고 있다.

③ **코오롱패션머티리얼** ··· 코오롱패션머티리얼은 섬유 소재 전문기업으로 그룹의 모태 사업인 원사 사업의 분할과 원단 및 가공 사업의 합병을 통해 설립되었다. 나일론 및 폴리에스터 원사와 아웃도어용 기능성 원단을 세계 시장에 공급하고 있으며, 노스페이스, 컬럼비아스포츠웨어, 잭울프스킨 등 글로벌 브랜드와 소재 기획을 통한 제품 개발을 확대해가고 있다.

④ **코오롱플라스틱** ··· 1996년 설립된 코오롱플라스틱은 자동차 경량화 및 전기/전자의 핵심 소재로 각광받고 있는 엔지니어링 플라스틱(EP) 전문기업이다. 세계 최고 수준의 품질을 갖춘 POM, PA, PBT에서 Super EP인 PPS에 이르기까지 국내에서 가장 다양한 제품 포트폴리오를 구축하고 있다.

(2) 패션(코오롱인더스트리FnC)

코오롱인더스트리 FnC부문은 코오롱스포츠, 시리즈, 럭키슈에뜨 등의 다양한 브랜드 포트폴리오를 통해 국내 패션 문화를 선도하고 있다. 현재 20여 개의 패션 브랜드를 보유하고 있으며, 마크제이콥스, 벨루티 등의 해외 프리미엄 브랜드도 국내 시장에 선보이고 있다. 또한 북경과 상해에 진출해 적극적인 투자로 글로벌 역량을 제고하고, 순수 국내 브랜드를 중심으로 해외 시장에 진출하여 한국 패션 산업의 경쟁력과 가치를 높이고 있다.

(3) 건설 · 유통

① **코오롱글로벌** ⋯ 코오롱글로벌은 2011년 코오롱건설이 코오롱아이넷과 코오롱B&S를 합병하며 출범하였다. 유통, 무역, 건설부문의 다양한 사업 포트폴리오를 구축하고 사업부문간 시너지를 창출하고 있다. 유통 사업부문은 1987년 국내 최초로 BMW를 수입/판매하기 시작한 이래 브랜드를 확대해가고 있으며, 코오롱스포렉스 스포츠센터의 운영 및 컨설팅 등의 사업에도 힘쓰고 있다.

② **MOD** ⋯ 1973년 코오롱엔터프라이즈로 시작한 MOD는 호텔, 콘도, 골프장 운영 등 레저 사업과 부동산종합서비스 사업을 펼치고 있다. 세계 10대 유적지인 경주에 호텔과 리조트가 위치해 있으며, 특히 리조트는 경주 동대산 기슭 210만평의 광활한 부지에 산과 바다가 어우러진 가족 중심의 휴양지로 건립돼 사랑받고 있다. 부동산서비스 부문은 1973년부터 축적해온 노하우를 바탕으로 고객의 다양한 요구에 맞는 최적의 부동산종합서비스를 제공하고 있다.

③ **네이처브리지** ⋯ 네이처브리지는 휴게소 사업을 위해 2003년에 설립된 회사로서, 현재 국내 최고 복합 휴게시설인 덕평자연휴게소를 조성 및 운영하고 있다. 식사와 화장실만 제공하던 1세대 휴게소와는 달리, 라이프스타일 변화에 따라 쇼핑몰, 애견테마파크, 테마 화장실 등의 서비스를 제공하는 2세대 휴게소의 선두주자 역할을 하고 있으며, 자연과 함께하는 창의적 복합공간을 추가로 조성하여 더욱 새롭고 편리한 3세대 휴게소를 만들기 위해 노력하고 있다.

④ **스위트밀** ⋯ 스위트밀은 한국의 디저트 문화를 선도하고 선진 외식 문화와 프리미엄 먹거리를 제공하는 기업이다. 전 세계 19개국에서 사랑받고 있는 글로벌 브랜드 '비어드파파'의 인지도를 바탕으로 다양한 제품을 선보이고 있으며, 전문 인력들의 지속적인 연구개발을 통해 세계인들의 식문화 발전에 기여하고 있다. 고객에게 제공되는 제품 하나하나에 브랜드 철학과 정성을 담으며, 이러한 노력으로 타 브랜드와 차별화된 디저트 카페로 성장해가고 있다.

(4) 환경 · 에너지

① **코오롱인더스트리** … 코오롱인더스트리는 화학소재 전문기업이다. 1963년 국내 최초로 나일론을 생산해 국가경제 발전에 일조한 (주)코오롱의 제조 사업부문이 회사의 전신이다. 산업 소재, 화학 및 필름, 전자재료의 각 부문을 중심으로 타이어코오드, 에어백, 스펀본드, 필름, DFR, 석유수지 등 다양한 제품을 생산 및 판매하고 있으며, 고부가가치 제품에 대한 지속적인 투자와 증설을 통해 관련 산업의 글로벌화를 선도하고 있다.

② **코오롱글로벌** … 코오롱글로벌은 2011년 코오롱건설이 코오롱아이넷과 코오롱B&S를 합병하며 출범하였다. 유통, 무역, 건설부문의 다양한 사업 포트폴리오를 구축하고 사업부문간 시너지를 창출하고 있다. 유통 사업부문은 1987년 국내 최초로 BMW를 수입/판매하기 시작한 이래 브랜드를 확대해가고 있으며, 코오롱스포렉스 스포츠센터의 운영 및 컨설팅 등의 사업에도 힘쓰고 있다.

③ **코오롱생명과학** … 2000년 티슈진아시아를 설립하며 사업을 시작한 코오롱생명과학은 의약, 환경 소재, 워터솔루션 사업과 함께 신성장동력인 바이오신약 사업을 육성하고 있다. 의약 사업은 원료의약품(API)과 의약 중간체를 공급하고 있고, 환경 소재 사업은 항균제 판매에 주력하고 있다. 워터솔루션 사업은 다양한 수처리 제품을 고객사에게 제공하고 있다. 바이오신약연구소는 관절염 치료제인 '티슈진-C'를 비롯해 암과 관련한 다양한 유전자 치료제를 연구개발하여 바이오신약 사업을 강화해가고 있다.

④ **코오롱에코원** … 코오롱에코원은 코오롱 그룹내 글로벌 환경 · 에너지 전문기업으로서 높은 미래가치를 창출하기 위해 출범하였으며, Water, Energy, Air 분야에서 차별화된 기술력을 바탕으로 다양한 국내외 사업에 진출하고 있다. 폐자원에너지화 플랜트 및 폐기물 O&M 사업 중심의 코오롱환경서비스, 수처리 플랜트 및 수처리 케미칼 사업 기반의 코오롱e엔지니어링, 환경/플랜트 IT 솔루션 전문기업 코오롱엔솔루션과 Oil & Gas 플랜트 분야의 피오르드프로세싱 등 다양한 환경 · 에너지 분야의 자회사들과 함께 고객에게 신뢰를 주는 Total Solution을 제공하고 있다.

(5) 자동차 부품 · IT

① **코오롱인더스트리** … 코오롱인더스트리는 화학소재 전문기업이다. 1963년 국내 최초로 나일론을 생산해 국가경제 발전에 일조한 (주)코오롱의 제조 사업부문이 회사의 전신이다. 산업 소재, 화학 및 필름, 전자재료의 각 부문을 중심으로 타이어코오드, 에어백, 스펀본드, 필름, DFR, 석유수지 등 다양한 제품을 생산 및 판매하고 있으며, 고부가가치 제품에 대한 지속적인 투자와 증설을 통해 관련 산업의 글로벌화를 선도하고 있다.

② **코오롱글로텍** … 1987년 설립된 코오롱글로텍은 자동차 소재, 생활 소재, 최첨단 신소재를 아우르는 다양한 포트폴리오를 갖춘 종합 제조기업이다. 카시트 원단과 모듈, 인조잔디, 폴리프로필렌 단섬유가 주요 생산 품목이며, 전 공정에 걸친 체계적인 생산 프로세스를 갖추고 각종 품질 규격 인증을 보유하고 있다. 국내 및 중국 지역에 생산기지를 마련하고, 미국과 멕시코에 유통채널을 구축해 세계 각지의 고객들에게 우수한 제품을 제공하고 있다.

③ **코오롱플라스틱** … 1996년 설립된 코오롱플라스틱은 자동차 경량화 및 전기/전자의 핵심 소재로 각광받고 있는 엔지니어링 플라스틱(EP) 전문기업이다. 세계 최고 수준의 품질을 갖춘 POM, PA, PBT에서 Super EP인 PPS에 이르기까지 국내에서 가장 다양한 제품 포트폴리오를 구축하고 있다.

④ **코오롱베니트** … 코오롱베니트는 1990년 출범한 코오롱정보통신을 전신으로 1999년 설립된 IT 서비스기업이다. 글로벌 IT기업인 IBM, EMC, Autodesk, SAP 등의 하드웨어 솔루션과 소프트웨어 솔루션을 고객에게 제공하는 IT솔루션유통 사업을 펼치고 있고, redhat, SkySQL 등 글로벌 오픈소스 벤더와의 파트너십을 확대하며 국내 공급 라인업을 강화하고 있다. IT서비스 사업은 전 산업 영역에 걸쳐 기업 프로세스 혁신과 IT 아웃소싱 서비스를 제공하고 있으며, 특히 금융IT 부문은 필리핀, 베트남 등 해외자본시장으로 진출하고 있다.

(6) 바이오 · 헬스케어

① **코오롱생명과학** … 2000년 티슈진아시아를 설립하며 사업을 시작한 코오롱생명과학은 의약, 환경 소재, 워터솔루션 사업과 함께 신성장동력인 바이오신약 사업을 육성하고 있다. 의약 사업은 원료의약품(API)과 의약 중간체를 공급하고 있고, 환경 소재 사업은 항균제 판매에 주력하고 있다. 워터솔루션 사업은 다양한 수처리 제품을 고객사에게 제공하고 있다. 바이오신약연구소는 관절염 치료제인 '티슈진-C'를 비롯해 암과 관련한 다양한 유전자 치료제를 연구개발하여 바이오신약 사업을 강화해가고 있다.

② **코오롱제약** … 코오롱제약은 1958년 삼영화학으로 출발하여 첨단기술력, 우수한 인력, 풍부한 기업 경험, 고객지향의 마케팅을 바탕으로 성장해 온 제약기업이다. KGMP(한국 우수의약품 제조 및 품질관리 기준) 생산시설을 바탕으로 고품질의 의약품을 생산·공급하고 있으며, 지속적인 투자를 통해 변비 치료제 비코그린 에스정, 코감기 전문치료제 코미시럽과 피부질환치료제 토피솔 밀크로션 등을 공급하고 있다. 선진국의 우수 제약사와 도입계약 및 기술제휴를 통해 포스터, 큐로서프 등 더욱 다양하고 효과적인 제품들을 고객에게 제공하고 있다.

③ **티슈진한국지점** … 티슈진은 헬스케어 사업의 중요한 축을 담당하는 계열사로서, 국민 건강 증진을 위한 한국형 드러그스토어 'w-store'를 운영하고 있다. 약국의 역할과 기능 확대, 유통채널을 통한 '우리가족 건강지킴이'를 미션으로 현재 전국 150여 개의 체인을 보유하고 있으며, 전문적인 건강 상담과 복약 지도, 전문 카운셀링 등 차별화된 환경과 서비스를 제공하고 있다. 고객의 구매 이력 관리, 건강상담 및 맞춤형 건강정보를 제공함으로써 토탈헬스케어를 실현하고 있다.

3 인재상

One&Only Way를 실현하는 사람, 바로 코오롱이 원하는 인재이다.

One&Only Way는 코오롱인 각자가 가장 중요하게 여겨야 할 핵심가치를 담고 있다. 3Ways는 코오롱인의 의사결정 기준이며, 궁극적으로 달성해야 할 코오롱의 모습이다. 9Practices는 코오롱인이 모든 일상 속에서 One&Only Way를 실현할 수 있는 구체적인 방법이다.

First choice of customers 고객으로부터 가장 사랑 받는 코오롱	• 고객으로부터 출발한다. • 기대 이상의 가치를 제공한다. • 고객의 성공에 기여한다.
Uniqueness 독특하고 차별화된 우리	• 한 발 앞서 시장을 읽고 움직인다. • 경계를 넘어 협력한다. • 새로운 것에 도전한다.
Individual Excellence 최고의 경쟁력을 갖춘 나	• 높은 목표수준을 갖는다. • 철저하게 준비한다. • 될 때까지 실행한다.

4 채용절차

서류심사 ⇨ LSIT-1 ⇨ 1차 면접 ⇨ 2차 면접 ⇨ 채용검진 ⇨ 최종합격

※ 계열사에 따라 세부 절차는 다를 수 있음

(1) 서류심사(지원자격/기본소양검증)

① 무엇보다 서면만으로도 공감할 수 있도록 진솔하고 열정적으로 기술하는 것이 가장 중요하다.

② Why 코오롱(왜 코오롱에 입사하고 싶은지), Why Me(본인이 왜 그 업무에 적합한지)에 대한 이유를 구체적이고 분명하게 설득하는 것이 필요하다.

③ 본인의 자기소개서를 타인에게 보여주고 읽는 이의 관점에서 피드백 받는 것도 큰 도움이 될 수 있다.

④ 맞춤법, 상황에 맞는 정확한 어휘, 문장배열 등 글쓰기의 기본이 가장 중요하다.

(2) LSIT – 1(LIFESTYLE INNOVATORS' TEST)

① 자신의 역량을 충분히 발휘할 수 있도록 긴장을 풀고 Test에 임하는 것이 좋다.

② 거짓응답으로 불이익을 당할 수 있다.

③ 전공보다는 창의, 도전, 긍정, 미래 지향에 부합하는 인성을 갖춘 인재를 우선적으로 선발한다.

(3) 1차면접(LSIT – 2/실무중심의 면접)

① 실무사례를 주어진 시간동안 분석한 후 논리적으로 풀이하여 발표하는 LSIT-2를 공통적으로 실시한다(R&D 등 일부 직무 제외).

② LSIT – 2는 지원자의 이름, 지원직무만 면접관에게 공개되는 블라인드 면접방식으로 진행되어 지원자의 역량평가에만 집중한다.

③ 직무 수행과 관련한 지식, 역량을 평가하는 면접을 각 계열사 특성에 맞게 별도로 실시한다.

④ 계열사와 직무에 맞는 나의 이야기를 담는 것이 좋다.

(4) 2차면접(임원면접)

① 코오롱의 핵심가치인 One & Only Way를 실천할 수 있는 인재를 찾는 과정이다.

② 자기소개서 중심으로, 주요 경험에 대해 내용을 정리하는 것이 좋다.

③ 지원 회사/직무에 대해 세세하게 알아두는 것이 중요하다.

④ 솔직하고 긴장을 하더라도 질문을 제대로 이해하지 못할 경우 다시 한 번 요청하는 자세가 좋다.

⑤ 돌발질문에도 유연하게 대처할 수 있도록 사전에 면접 연습을 해두면 좋다.

(5) 채용검진

면접 전형에 합격하신 분에 한해 지정된 기관에서 건강 검진을 실시한다.

(6) 최종합격

① 합격자 발표는 최종 합격자에게 개별적으로 안내된다.

② 코오롱의 신입사원은 체계적인 육성시스템을 통해 단기간 내 실무에 투입되어 전문가로 성장한다.

02 관련기사

CHAPTER

– 코오롱, 제5회 에코 롱롱 Plus 캠프 진행 –

신재생에너지를 주제로 초등 6학년 40여명 대상 2박 3일간 진행
친환경 미래 마을 설계 등 다채로운 프로그램으로 구성

"캠프에 참여하기 전까지 이렇게 다양하고 유용한 친환경 에너지가 있는지 몰랐습니다. 특히 친환경 에너지 마을을 친구들과 내 손으로 만들 수 있어서 즐거웠습니다." 서예나(제주 효돈초등학교 6학년)양의 에코 롱롱 Plus 캠프 수료식 소감이다.

코오롱그룹 비영리 재단법인 꽃과어린왕자는 7일부터 9일까지 2박 3일간 코오롱인재개발센터에서 초등학교 6학년 학생 42명과 함께 '제5회 에코 롱롱 Plus 캠프'를 진행했다.

이번 캠프는 어린이들이 직접 친환경 에너지에 대해 탐색하며 생산하고, 미래의 집과 마을의 모습을 설계하는 프로그램으로 구성됐다. 학생들은 친환경 에너지 전시체험관 '에코 롱롱 큐브'와 태양 패널, 지열 난방 등 친환경 첨단 기술이 적용된 제로에너지 빌딩 '코오롱 One&Only 타워' 견학을 시작으로 여러 가지 미션 활동을 통해 다양한 친환경 에너지의 원리와 이로움을 직접 체험했다.

특히 올해는 학생들이 미션 활동들에 참여해 획득한 카드로 친환경 에너지 마을을 만드는 프로그램을 진행했다. 세부 미션 활동으로 물을 전기분해해 수소 자동차를 작동시키는 '수소 자동차 롱롱', 태양열로 요리하는 '햇볕 요리사', 염도를 조절해 전기에너지를 만드는 '미션! 해양에너지 찾기' 등 주체적으로 참여하며 모든 과정의 문제를 스스로 해결하도록 프로그램을 구성해 학생들의 열띤 호응을 얻었다.

'에코 롱롱'은 코오롱그룹 비영리재단법인인 꽃과어린왕자가 운영하는 '찾아가는 에너지 학교'로 2009년 1호차를 선보인 데 이어 2010년 차량내의 활동성을 높인 2호차를 추가해 운영하고 있다. 현재까지 1,005개 학교 85,919명의 학생들이 참여했다. '에코 롱롱'이 운영하는 친환경 에너지 프로그램은 2011년 환경부로부터 환경교육프로그램 인증을 받은데 이어 2013년부터 3개년 연속 우수환경교육 프로그램으로 선정된 바 있다. 2018년에는 서울시 강서구 마곡산업지구에 위치한 코오롱 One&Only 타워에 상시로 친환경 에너지를 경험하고 만들어볼 수 있는 '에코 롱롱 큐브'를 개관했다.

– 2018. 8. 9

– 친환경 에너지 전시체험공간 '에코 롱롱 큐브' 개관 –

마곡 코오롱 원앤온리타워에 상설로 운영
에너지 전시 체험관과 창작랩 등 풍성한 콘텐츠 마련

코오롱그룹의 비영리 재단법인 '꽃과어린왕자'는 10일 서울시 강서구 마곡산업단지 내 코오롱 One&Only(원앤온리)타워에 친환경 에너지 전시체험공간 '에코 롱롱 큐브'를 개관했다.

'에코 롱롱 큐브'는 초등 고학년, 중학생들이 친환경 에너지를 탐색하고 체험할 수 있는 '전시 체험관'과 직접 만들어 보는 '창작랩'으로 구성되었다. 창작랩에서는 풍력 발전기를 만들어 보는 '바람에너지 에코', 수소 자동차를 만드는 '수소 자동차 롱롱', 태양전지판을 통해 친환경 에너지 데이터를 전송하고 분석해 볼 수 있는 '친환경 에너지 생산하기', 식물의 에너지 생산 과정을 이해하고 코딩을 활용한 '친환경 에너지 스마트 가든 만들기' 등의 자연친화적인 체험 프로그램도 진행된다.

코오롱은 2009년부터 '찾아가는 에너지 학교, 에코 롱롱'을 운영해 왔는데 전문적인 친환경 에너지 관련 교육 프로그램을 상설로 마련해 보다 많은 학생들에게 혜택을 주고자 코오롱 원앤온리타워에 '에코 롱롱 큐브'를 마련했다.

기존의 '찾아가는 학교, 에코 롱롱'은 초등학생을 대상으로 운영해 왔는데 이번 상설 전시관에서는 중학생까지 대상을 확대하고 교과, 자유학년제, 과학·환경 동아리 등과 연계하는 등 더욱 많은 학생들에게 다양한 프로그램을 체험할 수 있도록 기획되었다.

특히 친환경 건물인 코오롱 원앤온리타워의 특장점을 활용해 건물 내 친환경 기술을 찾아보고 친환경 에너지 집을 설계해보는 '코오롱 One&Only타워 투어'와 연구원들과 만나 실험실을 견학하고 강의도 듣는 '나도 미래 기술원 연구원' 등 특별 프로그램도 기획 중이다. 에코 롱롱 큐브는 향후 지속적으로 대상별, 계절별, 교과 연계를 반영한 프로그램들을 다채롭게 준비할 예정이다.

이 날 '에코 롱롱 큐브' 개관 후 첫 교육에 참여한 김민송 양(시흥 냉정초 6학년)은 "친환경 에너지에 대한 체험을 처음 해봤는데 직접 해볼 수 있는 것들이 많아 재미있었고 이해하기 쉬웠다. 앞으로는 전기나 물을 아껴 쓰고 친환경 에너지도 관심을 갖겠다."라고 소감을 밝혔다.

코오롱 '꽃과어린왕자' 재단은 2009년부터 5톤 트럭을 개조해 태양광·풍력 발전기 등을 설치하고 트럭 내부에서 학생들이 신재생 에너지를 직접 체험할 수 있는 '찾아가는 에너지학교, 에코 롱롱'을 운영해 왔다. 현재까지 987개 학교, 8만 4,843명의 학생들이 체험했으며 2013년부터 3개년 연속 우수환경교육 프로그램으로 선정됐다.

– 2018. 5. 10

– 코오롱플라스틱, '차이나플라스 2018' 참가 –

작년 상해법인 설립, 중국시장 공략 하며 매출 40% 이상 확대 목표
하반기 바스프(BASF)와의 합작 POM 공장 완공

코오롱플라스틱이 24일 중국 상해에서 열리는 '차이나플라스(CHINAPLAS) 2018' 전시회에 참가하고 중국시장 확대에 나선다. 이번 전시회에서 코오롱플라스틱은 세계 최고수준의 친환경 POM을 비롯해 차량 경량화 핵심소재, 미래소재인 컴포지트 어플리케이션 등 다양한 제품을 선보였다.

전시공간은 '코오롱이 그리는 미래'를 주제로 POM 세계 최대 공장 완공(POM Zone), 자동차 부품 소재(Automotive Zone), 고객 솔루션(Need & Solution Zone) 등 3개 존으로 구성됐다.

부스 내 가장 눈길을 끄는 곳은 대형 자동차 모형이 전시된 곳으로 현재와 미래의 자동차에 적용되는 부품을 한 눈에 확인할 수 있도록 꾸몄다. 고객 솔루션 부문에서는 향후 전기차의 핵심 부품이 될 커넥터(Connector) 및 고전압 전기절연체, 고온다습한 환경에서도 물성이 저하되지 않는 내가수분해 소재, 자동차 전장 부품 적용 및 금속 대체 가능 기술, 3D 프린트 관련 감성 품질 소재에 이르기까지 다양한 엔지니어링 플라스틱 기술이 선보였다. 또한 휘발성유기화합물(VOCs) 배출이 기존 대비 25% 수준인 0.5ppm 이하로 떨어지는 극소량화된 저취(Low Odor, LO) POM 소재도 공개되었다. 가공과정은 물론 제품으로 완성된 환경에서도 유해물질을 거의 방출하지 않는 세계최고 수준의 친환경 POM(폴리옥시메틸렌)이다.

코오롱플라스틱은 2010년 북경법인을 설립한 이래 중국 시장을 적극적으로 확대해가고 있다. 작년에는 상해법인을 설립해 현지 자동차 시장을 중심으로 신규 고객사 확보에 주력하고 있으며 올해는 작년 대비 40% 이상 매출 확대를 목표로 하고 있다. 작년 10월 중국 상무부의 POM 반덤핑 판정에서 타사대비 낮은 관세가 결정되며 상대적으로 유리한 위치를 점하게 된 점도 긍정적인 외부 요인의 하나다.

특히 올해 하반기에는 경북 김천에 독일 바스프(BASF)와 50대 50 비율로 합작한 POM 공장을 본격적으로 가동할 예정이다. 공장이 완공되면 코오롱플라스틱의 기존 생산 설비와 더해져 세계 최대 규모인 연간 15만 톤의 POM 생산 능력을 갖추게 되며, 대규모 설비 운용에 따른 생산효율 향상 및 제조원가 절감으로 세계 최고 수준의 제조경쟁력을 확보할 것으로 기대된다.

전시장을 찾은 김영범 코오롱플라스틱 대표는 "이번 전시회에서 최신 트렌드인 전기차 및 차량 경량화에 맞춰 코오롱플라스틱의 다양한 기술을 선보였다."며 "올해 하반기 바스프(BASF)와의 POM 합작 공장이 완공되는 만큼 전 세계적으로 인정받은 당사의 POM 제품 공급 확대로 회사의 성장 속도를 높여나갈 것"이라 밝혔다.

– 2018. 4. 24

출제예상문제

적중률 높은 영역별 출제예상문제를 상세하고 꼼꼼한 해설과 함께 수록하여
학습효율을 확실하게 높였습니다.

PART

II

출제예상문제

01. 언어력

02. 수리력

03. 도형추리력

01 언어력

1~5 다음 빈칸에 들어갈 단어로 옳은 것을 고르시오.

1

지록위마 : 사슴=가정맹어호 : (   )

① 호랑이   ② 물고기
③ 말   ④ 고양이

⭐**TIP** 위에 제시된 관계는 사자성어와 그 속에 들어간 동물의 관계이다.
   ※ **가정맹어호(苛政猛於虎)** … 가혹한 정치는 사나운 호랑이보다 더 무섭다.

2

남대문 : 례(禮)=동대문 : (   )

① 인(仁)   ② 의(義)
③ 례(禮)   ④ 지(智)

⭐**TIP** 위에 제시된 관계는 조선시대 대문과 그 문의 이름 속에 들어있는 사덕(四德)의 관계이다. 남대문의 또 다른 이름은 '숭례문(崇禮門)'으로 '례(禮)'가 들어간다.
   ※ **동대문** … 흥인지문(興仁之門)의 또 다른 이름으로 '인(仁)'이 들어간다.

3

> 중국 : 베이징=네덜란드 : (   )

① 스톡홀름　　　　　　② 암스테르담
③ 바르샤바　　　　　　④ 오슬로

✿**TIP**　위에 제시된 관계는 각 나라와 그 나라의 수도를 나타낸 것이다. 네덜란드의 수도는 암스테르담이다.

4

> 책 : 위편삼절(韋編三絕)=가을 : (   )

① 당랑거철(螳螂車轍)　　　② 천고마비(天高馬肥)
③ 유비무환(有備無患)　　　④ 삼고초려(三顧草廬)

✿**TIP**　위에 제시된 관계는 각 단어와 그 단어와 관련된 사자성어를 나타낸 것이다. 가을과 관련된 사자성어는 천고마비이다.
※ **천고마비(天高馬肥)** … 하늘이 맑아 높푸르게 보이고 온갖 곡식이 익는 가을철을 이르는 말

5

> 구기종목 : 야구=조류 : (   )

① 치타　　　　　　② 잉어
③ 곰　　　　　　　④ 매

✿**TIP**　위에 제시된 관계는 상위어와 하위어를 나타낸 것이다. 야구는 구기종목의 하위어이다.

👍ANSWER 〉 1.①　2.①　3.②　4.②　5.④

┃6~10┃ 다음 제시된 의미를 나타내는 사자성어로 옳은 것을 고르시오.

6

> 세금을 가혹하게 거두어 들이고 무리하게 재물을 빼앗음

① 가가호호(家家戶戶) 　　② 가언선행(嘉言善行)

③ 가인박명(佳人薄命) 　　④ 가렴주구(苛斂誅求)

> ✪ **TIP** ① 가가호호(家家戶戶) : 집집마다, 모든 집에
> ② 가언선행(嘉言善行) : 좋은 말과 착한 행실을 아울러 이르는 말
> ③ 가인박명(佳人薄命) : 미인은 불행하거나 병약하여 요절하는 일이 많음을 이르는 말(=미인박명
> (美人薄命))

7

> 남의 집에 불난 틈을 타 도둑질한다.

① 진화타겁(趁火打劫) 　　② 차도살인(借刀殺人)

③ 성동격서(聲東擊西) 　　④ 격안관화(隔岸觀火)

> ✪ **TIP** ② 차도살인(借刀殺人) : 남의 칼을 빌려 사람을 죽인다는 뜻으로 음험한 수단을 씀을 이르는 말
> ③ 성동격서(聲東擊西) : 동쪽에서 소리를 내고 서쪽에서 적을 침을 이르는 말
> ④ 격안관화(隔岸觀火) : 상대의 정황을 잘 살피면서 주시하여 때를 기다림을 이르는 말

8

> 편안할 때에 어려움이 닥칠 것을 미리 대비하여야 함

① 전복후계(前覆後戒) 　　② 삼성오신(三省吾身)

③ 전패위공(轉敗爲功) 　　④ 안거위사(安居危思)

> ✪ **TIP** ① 전복후계(前覆後戒) : 앞의 실수를 경계로 삼아야 함을 이르는 말
> ② 삼성오신(三省吾身) : 하루에 세 번씩 자신의 행동을 반성함을 이르는 말
> ③ 전패위공(轉敗爲功) : 실패가 바뀌어 오히려 공이 됨을 이르는 말

9

> 한 번 저질러진 일은 돌이킬 수 없다.

① 일낙천금(一諾千金)
② 백아절현(伯牙絕絃)
③ 기이단금(其利斷金)
④ 복수불반(覆水不返)

☆ **TIP** ① 일낙천금(一諾千金) : 한 번 승낙한 것은 천금같이 귀중하다는 의미로 약속을 소중히 여기라는 말
② 백아절현(伯牙絕絃) : 자기를 알아주는 참다운 벗의 죽음을 슬퍼함
③ 기이단금(其利斷金) : 절친한 사이를 의미하는 말

10

> 성심을 다하면 아니될 일도 이룰 수 있음

① 복거지계(覆車之戒)
② 음덕양보(陰德陽報)
③ 사석위호(射石爲虎)
④ 다다익선(多多益善)

☆ **TIP** ① 복거지계(覆車之戒) : 남의 실패를 거울삼아 자기를 경계함을 이르는 말
② 음덕양보(陰德陽報) : 남이 모르게 덕행을 쌓은 사람은 뒤에 그 보답을 받게 됨을 이르는 말
④ 다다익선(多多益善) : 많으면 많을수록 더욱 좋음을 이르는 말

11

> ㉠ 장례란 말은 보통 상례(喪禮)와 같은 뜻으로 쓰이는데 보다 정확히 말하자면 상례 중에서 시신을 처리하는 과정만을 뜻한다.
> ㉡ 그런데 최근 몇 년 사이에 병원에 속하지 않은 독립된 전문 장례식장이 등장하고 있다.
> ㉢ 간혹 주민들이 이러한 전문장례식장의 건립을 혐오시설이라는 이유로 현수막까지 내걸고 반대하는 일이 벌어지기도 하지만 1995년에 3개에 불과하던 것이 지금은 십여 개로 늘어났다.
> ㉣ 장례식장이란 빈소에 영안실, 장례용품 전시판매장과 휴게실 등을 갖추고 장례를 치를 수 있게 한 장소를 말한다.
> ㉤ 일반사람들에게는 이 장례식장이라는 용어가 아직은 생소하게 들릴지 모르지만 우리가 자주 찾아가게 되는 병원 영안실도 '가정의례준칙'에서 규정하고 있는 장례식장의 하나이다.

① ㉠㉡㉢㉣㉤
② ㉡㉠㉢㉣㉤
③ ㉣㉠㉤㉡㉢
④ ㉢㉤㉠㉣㉡

✩ **TIP** 장례식장에 대해 설명하고 있는 글이다. ㉣ 장례식장에 대한 정의를 내린 후 ㉠ 장례의 의미를 설명하고 있다. ㉤ 장례식장이 생소한 것이 아님을 말하고 있고 ㉡ 최근에는 전문 장례식장이 등장하고 있음을 말하고 있으며 ㉢ 이러한 전문 장례식장이 점점 증가하고 있음을 말하고 있으므로 글의 순서는 ㉣㉠㉤㉡㉢이다.

12

텔레비전 앞에 앉아 있으면 우리는 침묵한다. 수줍은 소녀가 된다. 텔레비전은 세상의 그 무엇에 대해서도 다 이야기 한다.

㉠ 그런데도 텔레비전은 내 사적인 질문 따위는 거들떠보지도 않는다.

㉡ 심지어 텔레비전은 자기 자신에 대해서도 이야기 한다.

㉢ 남 앞에서 자기에 대해 말하는 것을 몹시 불편해 하는 나로서는 존경하고 싶을 지경이다.

① ㉠㉡㉢
② ㉡㉢㉠
③ ㉠㉢㉡
④ ㉡㉠㉢

✵ **TIP** '그 무엇'에 이어서 '자기 자신'의 이야기까지 하지만 '나의 사적인 질문' 따위는 거들떠보지도 않는다는 순서로 이야기를 전개해 나가는 것이 옳다.

13

㉠ 이렇게 규칙적인 박의 묶음을 표시하는 박자의 개념은 새로운 리듬 양상을 보여 주는 14세기에 시작되었다.

㉡ 음악의 흐름에는 강과 약의 박이 있다. '강 – 약', '강 – 약 – 약'의 박이 규칙적으로 반복될 때 이것을 묶은 것이 각각 2박자, 3박자이다.

㉢ 음길이의 표현인 리듬이 일정한 패턴의 강약을 규칙적으로 반복하면 박자가 형성되며, 이를 표기한 것이 박자표이다.

㉣ 14세기 이전까지는 그리스도교의 삼위일체를 의미하는 3이라는 수를 '완전하다'고 인식했기 때문에 음길이를 셋으로 분할하는 완전 분할을 사용하였는데, 14세기가 되면서 불완전 분할인 2분할도 동등하게 사용되었다.

㉤ 이러한 3분할과 2분할은 3박자와 2박자 계통의 기초가 되었다.

① ㉢㉠㉣㉤㉡
② ㉢㉡㉠㉣㉤
③ ㉣㉤㉢㉡㉠
④ ㉣㉤㉡㉠㉢

✵ **TIP** ㉢에서 '박자표'의 정의로 글을 시작하여 ㉡에서 정의를 더욱 구체화하였으며 ㉠㉣㉤에서 순서적으로 박자표의 유래에 대하여 설명하고 있다.

👍 ANSWER 〉 11.③ 12.④ 13.②

14

ⓖ 지식인이 자기와 무관한 일에 끼어들려고 하는 사람이라는 지적은 옳다.

ⓛ 사실 프랑스에서는 드레퓌스 사건이 일어났을 당시 '지식인' 아무개라고 하는 말이 부정적 의미와 함께 유행하기도 하였다.

ⓒ 반(反)드레퓌스파의 입장에서 볼 때 드레퓌스 대위가 무죄석방되느냐, 유죄판결을 받느냐 하는 문제는 군사법정, 즉 국가가 관여할 문제였다.

ⓔ 그런데 드레퓌스 옹호자들은 피의자의 결백을 확신한 나머지 '자기들의 권한 바깥에까지' 손을 뻗은 것이다.

ⓜ 본래 지식인들은 지적 능력과 관계되는 일을 통해 어느 정도의 명성을 얻고, 이 명성을 '남용하여' 자기들의 영역을 벗어나 인간이라고 하는 보편적인 개념을 내세워 기존 권력을 비판하려고 드는 사람들을 의미하는 것 같다.

① ⓛⓔⓒⓜⓖ   ② ⓛⓒⓜⓔⓖ

③ ⓖⓛⓒⓔⓜ   ④ ⓖⓒⓛⓜⓔ

✭ **TIP** ⓖ화제제시→ⓛⓒⓔ 예시→ⓜ결론의 순서로 배열하는 것이 적절하다. 지식인에 대한 정의를 먼저 내리고 그와 관련한 일화를 들어 예시를 제시하면서 자신의 주장을 뒷받침하고 있다.

15

ⓖ 따라서 소비를 하기 전에 많은 정보를 수집하여 구입하려는 재화로부터 예상되는 편익을 정확하게 조사하여야 한다.

ⓛ 그러나 일상적으로 사용하는 일부 재화를 제외하고는, 그 재화를 사용해 보기 전까지 효용을 제대로 알 수 없다.

ⓒ 예를 들면, 처음 가는 음식점에서 주문한 음식을 실제로 먹어 보기 전까지는 음식 맛이 어떤지 알 수 없다.

ⓔ 우리가 어떤 재화를 구입하는 이유는 그 재화를 사용함으로써 효용을 얻기 위함이다.

① ⓔⓛⓒⓖ   ② ⓛⓒⓖⓔ

③ ⓒⓖⓛⓔ   ④ ⓖⓛⓒⓔ

✭ **TIP** ⓔ화제제시→ⓛ문제제기→ⓒ예시(구체화)→ⓖ결론의 순서로 배열하는 것이 적절하다. 특히 위의 지문에서는 ⓔ을 제외한 나머지 문장의 시작에 모두 접속사가 존재하므로 접속사를 통해서 글의 순서를 배열하면 더욱 쉽게 문제를 풀 수 있다.

|16~17 | 다음 글이 들어가기에 적당한 위치를 고르시오.

16

> 그러나 오페라의 흥행 사업에 손을 대고, 여가수 안나 지로와 염문을 뿌리는 등 그가 사제로서의 의무를 충실히 했는가에 대해서는 많은 의문의 여지가 있습니다. 자만심이 강하고 낭비벽이 심했던 그의 성격도 갖가지 일화를 남겼습니다. 이런 저런 이유로 사람들의 빈축을 사 고향에서 쫓겨나다시피 한 그는 각지를 전전하다가 오스트리아의 빈에서 객사해 그곳의 빈민 묘지에 묻혔습니다.

> (가) 이탈리아의 작곡가 비발디는 1678년 베네치아 상 마르코 극장의 바이올리니스트였던 지오반니 바티스타 비발디의 장남으로 태어났습니다. 어머니가 큰 지진에 놀라는 바람에 칠삭둥이로 태어났다는 그는 어릴 때부터 시름시름 앓으면서 간신히 성장했다고 합니다. 당시 이탈리아의 3대 음악 명문 중 한 집안 출신답게 비발디는 소년 시절부터 바이올린 지도를 아버지에게 충분히 받았고, 이것이 나중에 그가 바이올린 대가로 성장할 수 있는 밑받침이 되었습니다.
>
> (나) 15세 때 삭발하고 하급 성직자가 된 비발디는 25세 때 서품을 받아 사제의 길로 들어섰습니다. 그리고 그해 9월 베네치아의 피에타 여자 양육원의 바이올린 교사로 취임했습니다. 이 양육원은 여자 고아들만 모아 키우는 일종의 고아원으로 특히 음악 교육에 중점을 두었던 곳이었습니다. 비발디는 이곳에서 실기 지도는 물론 원생들로 구성된 피에타 관현악단의 지휘를 맡아 했으며, 그들을 위해 여러 곡을 작곡하기도 했습니다. 비발디의 음악이 대체로 아름답기는 하지만 다소 나약하다는 평을 듣는 이유가 이 당시 여자아이들을 위해 쓴 곡이 많기 때문이라는 이야기도 있습니다.
>
> (다) 근대 바이올린 협주곡의 작곡 방법의 기초를 마련했다는 평을 듣는 그는 79개의 바이올린 협주곡, 18개의 바이올린 소나타, 12개의 첼로를 위한 3중주곡 등 수많은 곡을 썼습니다. 뿐만 아니라 38개의 오페라와 미사곡, 모데토, 오라토리오 등 교회를 위한 종교 음악도 많이 작곡했습니다.
>
> (라) 허약한 체질임에도 불구하고 초인적인 창작 활동을 한 비발디는 자신이 명바이올리니스트였던 만큼 독특하면서 화려한 기교가 담긴 바이올린 협주곡들을 만들었고, 이 작품들은 아직까지도 많은 사람들의 사랑을 받고 있습니다.

① (가) 뒤   ② (나) 뒤
③ (다) 뒤   ④ (라) 뒤

✦ **TIP** 비발디의 생애를 서술하고 있으며 (다)와 (라)에서는 비발디의 업적과 현재까지 많은 사람들의 사랑을 받고 있다는 것을 제시하고 있다. 주어진 글은 '그러나'로 시작하여 '비발디의 오명과 죽음'에 대해 이야기하고 있으므로 역접관계인 (라) 뒤에 와야 적절하다.

17

그러나 현대 사회에서도 연민은 생길 수 있으며 연민의 가치 또한 커질 수 있다. 그 이유를 세 가지로 제시할 수 있다.

첫째, 현대 사회는 과거보다 안전한 것처럼 보이지만 실은 도처에 위험이 도사리고 있다. 둘째, 행복과 불행이 과거보다 사람들의 관계에 더욱 의존하고 있다. 친밀성은 줄었지만 사회·경제적 관계가 훨씬 촘촘해졌기 때문이다. 셋째, 교통과 통신이 발달하면서 현대인은 이전에 몰랐던 사람들의 불행까지도 의식할 수 있게 되었다. 물론 간접 경험에서 연민을 갖기가 어렵다고 치더라도 고통을 대면하는 경우가 많아진 만큼 연민의 필요성이 커져 가고 있다. 이런 정황에서 볼 때 연민은 그 어느 때보다 절실히 요구되며 그만큼 가치도 높다.

(개) 현대인은 타인의 고통을 주로 뉴스나 영화 등의 매체를 통해 경험한다. 타인의 고통을 직접 대면하는 경우와 비교할 때 그와 같은 간접 경험으로부터 연민을 갖기는 쉽지 않다. 더구나 현대 사회는 사적 영역을 침범하지 않도록 주문한다. 이런 존중의 문화는 타인의 고통에 대한 지나친 무관심으로 변질될 수 있다. 그래서인지 현대 사회는 소박한 연민조차 느끼지 못하는 불감증 환자들의 안락하지만 황량한 요양소가 되어가고 있는 듯하다.

(내) 연민에 대한 정의는 시대와 문화, 지역에 따라 가지각색이지만, 다수의 학자들에 따르면 연민은 두 가지 조건이 충족될 때 생긴다. 먼저 타인의 고통이 그 자신의 잘못에서 비롯된 것이 아니라 우연히 닥친 비극이어야 한다. 다음으로 그 비극이 언제든 나를 엄습할 수도 있다고 생각해야 한다. 이런 조건에 비추어 볼 때 현대 사회에서 연민의 감정은 무뎌질 가능성이 높다. 현대인은 타인의 고통을 대부분 그 사람의 잘못된 행위에서 비롯된 필연적 결과로 보며, 자신은 그러한 불행을 예방할 수 있다고 생각하기 때문이다.

(대) 진정한 연민은 대부분 연대로 나아간다. 연대는 고통의 원인을 없애기 위해 함께 행동하는 것이다. 연대는 멀리하면서 감성적 연민만 외치는 사람들은 은연중에 자신과 고통 받는 사람들이 뒤섞이지 않도록 두 집단을 분할하는 벽을 쌓는다. 이 벽은 자신의 불행을 막으려는 방화벽이면서, 고통 받는 타인들의 진입을 차단하는 성벽이다. '입구 없는 성'에 출구도 없듯, 이들은 성 바깥의 위험 지대로 나가지 않는다. 이처럼 안전지대인 성 안에서 가진 것의 일부를 성벽 너머로 던져주며 자족하는 동정도 가치 있는 연민이다. 그러나 진정한 연민은 벽을 무너뜨리며 연대하는 것이다.

① (개) 앞 ② (내) 앞
③ (대) 앞 ④ (대) 뒤

✦ **TIP** 주어진 글은 첫 문장이 '그러나'로 시작하고 현대 사회에서도 연민은 발생할 수 있으며, 연민의 가치가 커질 수 있음을 말하고 있으므로 현대 사회에서 연민이 발생하기 힘들다는 논지를 전개하는 부분 뒤에 위치해야 한다. 따라서 주어진 문장은 현대 사회에서 연민의 감정이 발생할 가능성이 적음을 말하고 있는 (내) 뒤, 즉 (대) 앞에 들어가야 한다.

┃18~20┃ 다음 글을 순서에 맞게 배열한 것을 고르시오.

18

(가) 하지만 유전자 비교로 확인한 유전 거리만으로는 두 미생물이 같은 종에 속하는지를 명확히 판별하기 어렵다. 특정 유전자가 해당 미생물의 전체적인 유전적 특성을 대변하지는 못하기 때문이다.

(나) 이러한 문제를 보완하기 위한 것이 미생물들 간의 유전체 유사도를 측정하는 방법이다. 유전체 유사도를 정확히 측정하기 위해서는 모든 유전자를 대상으로 유전적 관계를 살펴야 하지만, 수많은 유전자를 모두 비교하는 것은 현실적으로 어렵다. 따라서 유전체의 특성을 화학적으로 비교하는 방법이 주로 사용되고 있다. 이렇게 얻어진 유전체 유사도는 종의 경계를 확정하는 데 유용한 기준을 제공한다.

(다) 미생물의 종 구분에는 외양과 생리적 특성을 이용한 방법이 사용되기도 한다. 하지만 이러한 특성들은 미생물이 어떻게 배양되는지에 따라 변할 수 있으며, 모든 미생물에 적용될 만한 공통적 요소가 되기도 어렵다. 이런 문제를 극복하기 위해 오늘날 미생물 종의 구분에는 주로 유전적 특성을 이용하고 있다. 미생물의 전체는 DNA로 이루어진 많은 유전자로 구성되는데, 특정 유전자를 비교함으로써 미생물들 간의 유전적 관계를 알 수 있다. 종의 구분에는 서로 간의 차이를 잘 나타내 주는 유전자를 이용한다. 유전자 비교를 통해 미생물들이 유전적으로 얼마나 가깝고 먼지를 확인할 수 있는데, 이를 '유전 거리'라 한다. 유전 거리가 가까울수록 같은 종으로 묶일 가능성이 커진다.

(라) 유전적 특성을 이용한 미생물의 종 구분은 학술적 연구 외에도 의학이나 미생물 산업 분야에서 중요하게 활용되고 있다. 향후 유전체 분석 기술이 더욱 발전하면 미생물의 종을 보다 정밀하게 구분할 수 있을 것이다.

(마) 일반적으로 동식물에서 종(種)이란 '같은 개체끼리 교배하여 자손을 남길 수 있는' 또는 '외양으로 구분이 가능한' 집단을 뜻한다. 그렇다면 세균처럼 한 개체가 둘로 분열하여 번식하며 외양의 특징도 많지 않은 미생물에서는 종을 어떤 기준으로 구분할까?

① (가) – (나) – (다) – (라) – (마) 　② (마) – (다) – (가) – (나) – (라)

③ (가) – (마) – (라) – (나) – (다) 　④ (마) – (가) – (다) – (나) – (라)

✿ **TIP** (마)문제 제시→(다)해결 방법→(가)해결 방법의 한계→(나)보완 방법→(라)논의 정리의 순서로 배열하는 것이 적절하다.

19

(가) '국어의 발견' 그리고 '국민의 발견'은 「독립신문」이 독자를 바라보는 관점에서도 일관되게 나타난다. 서재필은 「독립신문」이 특정 정파에 귀속되어서는 안 되며, 정치와 개혁의 주체는 양반과 정치인들이 아니라 민중이라는 인식을 분명히 했다. 여기에 바로 당시의 상식과 정치의식을 완전히 뒤집는 획기적인 사상의 전환이 존재한다.

(나) 그런 의미에서 「독립신문」이 국어를 발견한 것은 마틴 루터가 귀족이나 성직자의 고급언어였던 라틴어로 된 성경을 일반 평민들의 언어였던 독일어로 번역한 것과 똑같은 의미를 갖는다. 독일어의 발견이 종교개혁과 근대의 시작을 알리는 사건이었듯 「독립신문」의 한글 채택 역시 '국어의 발견', '국민의 발견' 나아가 '근대적 국가의 발견'이라고 할 만큼 획기적인 사건이었다.

(다) 「독립신문」의 출현은 여러 가지 측면에서 조선사회에 엄청난 영향을 미쳤다. 그 단적인 예가 정치공동체를 구성하는 인적 구성 원리에 대한 태도이다. 이러한 태도는 「독립신문」이 한글전용을 택한 데서 잘 드러난다. 순한글로 기사를 작성하고 상업광고를 게재하며 시골에 사는 평민과 여성까지 독자로 여기는 대중신문은 「독립신문」이 처음이었다.

(라) 「독립신문」이 한글을 채택한 표면적 이유는 상하귀천을 막론하고 민중이 읽기 쉬운 신문을 만들어 민중을 계몽하기 위한 것이었다. 또한 그 당시 '야만의 언어로 전락한 한자'를 버리고 '문명의 언어인 한글'을 채택해야 한다는 사고도 한몫했다. 그러나 실질적인 이유는 모든 국민이 소통할 수 있는 하나의 언어가 존재해야 한다는 근대적 국민주의에 있었다.

① (가) – (나) – (라) – (다)

② (다) – (라) – (나) – (가)

③ (가) – (나) – (다) – (라)

④ (다) – (라) – (가) – (나)

✦ **TIP** (다)독립신문의 출현과 한글 사용으로 인한 영향→(라)한글을 채택한 이유→(나)독립신문에서의 한글 채택의 의의→(가)결론의 순서로 배열하는 것이 적절하다.

20

(가) 이 지구상에는 약 6,700여 가지 언어가 있다. 현재 인류가 사용하고 있는 문자는 한글을 비롯하여, 영어, 독일어, 프랑스어 등을 적는 로마자, 러시아어와 몽골어를 적는 키릴 문자, 인도의 힌디어를 적는 데바나가리 문자, 아랍어를 적는 아랍 문자, 일본어를 적는 가나 문자, 그리고 그리스 문자, 히브리 문자, 태국 문자 등 크게 30여 가지다. 문자 없이 언어생활을 하는 종족들은 자신들의 역사나 문화를 문자로 기록하지 못하기 때문에 문명 세계로 나오지 못하고 있다.

(나) 21세기 정보통신 시대를 맞이하여 이제 우리는 한글을 전 세계인이 공통으로 사용하는 문자가 되도록 여러 가지 노력을 기울여야 한다. 문자 없는 소수 종족의 언어들을 기록하게 도와주는 것을 비롯하여, 현재 배우기도 어렵고 정보화에도 장애가 많은 문자를 쓰는 중국어나 힌디어, 태국어, 아랍어 등을 포함한 세계의 여러 언어들을 간편한 한글로 표기하도록 세계 문자로서 한글의 위상을 세워가야 한다. 한글 세계화로 이제 우리는 선진문화 강국의 초석을 다지면서 온 세계 인류의 복지와 문명을 발전시키는 데 앞장서야 한다.

(다) 한글의 기본 모음과 자음에 가획과 결합 원리를 적용하면 수많은 소리를 적을 수 있는 새로운 문자들을 다시 만들어낼 수 있어 인간 음성의 대부분을 기록할 수 있다. 한글은 참으로 배우기 쉽고 쓰기 간편해서 누구나 편리하게 익혀 읽고 쓸 수 있고, 인간의 어떤 언어라도 거의 다 원음에 가깝게 표기할 수 있다는 장점을 가지고 있다.

(라) 음양오행설(陰陽五行說)과 인간 발성(發聲)의 원리를 바탕으로 만든 한글은 지금까지 존재한 세계 여러 문자 가운데서도 가장 체계적이고 과학적이며, 음성 자질이 문자 형태에 반영된 오묘하고도 신비스러운 문자다. 옆으로 풀어쓰기도 가능하고, 자음과 모음을 서로 조화롭게 결합시켜 음절 단위로 묶는 모아쓰기도 가능하며, 가로쓰기와 세로쓰기가 모두 가능하다.

① (가) - (다) - (나) - (라)   ② (다) - (나) - (가) - (라)

③ (라) - (나) - (다) - (가)   ④ (가) - (라) - (다) - (나)

✿ **TIP** (가) 지구상에 존재하는 다양한 문자, (라) 한글의 원리 및 특징, (다) 한글의 특징, (나) 한글의 세계화 순으로 배열하는 것이 문맥상 자연스럽다.

21 다음 글의 내용과 일치하지 않는 것은?

사물을 입체적으로 느낄 수 있도록 하려면 무엇보다 빛과 그림자가 생생히 묘사되어야 한다. 그래서 사실적이고 입체적인 표현을 중시한 서양 회화는 빛에 대해 지대한 관심을 갖고 빛의 표현과 관련한 다양한 실험을 하였다. 사물을 입체적으로 그린다는 것은 결국 그 사물에서 반사되는 빛을 표현하는 것과 다를 바 없기 때문이다.

빛이 물리적 실체로서 본격적으로 묘사되기 시작한 것은 르네상스기에 들어와서이다. 조토의 〈옥좌의 마돈나〉에서는 양감이 느껴진다. 양감이 느껴진다는 것은 빛을 의식했다는 증거이다. 이렇게 시작된 빛에 대한 인식은 조토보다 2세기 뒤의 작가인 미켈란젤로의 〈도니 성가족〉에서 더욱 명료하게 나타난다. 빛의 각도, 거리에 따른 밝기의 차이 등이 이 그림에는 상세히 묘사되어 있다. 이에 따라 입체감과 공간감도 실감나게 표현되어 있다.

17세기 바로크 시대에 들어서면 화가들의 빛에 대한 인식이 보다 심화된다. 빛을 사실적으로 표현하기 위해 노력하는 과정에서 서양화가들은 빛이 사물의 형태를 식별하게 할 뿐 아니라 우리의 마음도 움직이는 심리적인 매체임을 깨달았다. 빛과 그림자의 변화에 따른 감정의 다양한 진폭을 느끼게 된 서양화가들은 이를 적극적으로 연구하고 표현하였다. 그 대표적인 화가가 '빛과 혼의 화가'로 불리는 렘브란트이다. 그는 빛이 지닌 심리적 효과를 탁월하게 묘사하였다. 그는 〈예루살렘의 멸망을 슬퍼하는 예레미야〉라는 작품에서 멸망해 가는 예루살렘이 아니라 고뇌하는 예레미야에게 빛을 비춤으로써 보는 이로 하여금 그림 속 주인공의 슬픔에 깊이 빠져들게 한다. 렘브란트가 사용한 빛은 그림 속 노인뿐만 아니라 그의 실존적 고통까지 선명히 비춘다. 이와 같은 렘브란트의 빛 처리는 그의 작품을 정신적 호소력을 지닌 예술이 되게 하였다.

19세기 인상파의 출현으로 인해 서양미술사는 빛과 관련하여 또 한 번 중요하고도 새로운 전기를 맞게 된다. 인상파 화가들은 광학 지식의 발달에 힘입어 사물의 색이 빛의 반사에 의해 생긴 것이라는 사실을 알게 되었다. 이것은 빛의 밝기나 각도, 대기의 흐름에 따라 사물의 색이 변할 수 있음을 의미한다. 이러한 사실에 대한 깨달음은 고정 불변하는 사물의 고유색이란 존재하지 않는다는 인식으로 이어졌다. 이제 화가가 그리는 것은 사물이 아니라 사물에서 반사된 빛이며, 빛의 운동이 되어 버렸다. 인상파 화가들은 빛의 효과를 극대화하기 위해 같은 주황색이라도 팔레트에서 빨강과 노랑을 섞어 주황색을 만들기보다는 빨강과 노랑을 각각 화포에 칠해 멀리서 볼 때 섞이게 함으로써 훨씬 채도가 높은 주황색을 만드는 것을 선호했다. 인상파 화가들은 이처럼 자연을 빛과 대기의 운동에 따른 색채 현상으로 보고 순간적이고 찰나적인 빛의 표현에 모든 것을 바침으로써 매우 유동적이고 변화무쌍한 그림을 창조해냈다.

지금까지 살펴본 대로, 서양화가들은 빛에 대한 관찰과 실험을 통해 회화의 깊이와 폭을 확장시켰다. 그 과정에서 빛이 단순히 물리적 현상으로서만 아니라 심리적 현상으로도 체험된다는 사실을 발견하였다. 인상파 이후에도 빛에 대한 탐구와 표현은 다양한 측면에서 시도되고 있다. 따라서 빛을 중심으로 서양화를 감상하는 것도 그림이 주는 감동에 젖을 수 있는 훌륭한 방법이 될 수 있다.

① 입체감이 느껴지게 하려면 빛과 그림자를 생생히 묘사해야 한다.

② 렘브란트는 빛이 지닌 심리적인 효과를 탁월하게 묘사한 화가이다.

③ 인상파 화가들은 사물이 지닌 고유색을 표현하기 위해 노력하였다.

④ 인상파 이후에도 빛에 대한 연구와 다양한 시도들이 이루어지고 있다.

✸ **TIP** 인상파 화가들과 관련된 내용은 넷째 문단에 제시되어 있다. 넷째 문단의 '인상파 화가들은 광학 지식의 발달에 힘입어 ~ 고정 불변하는 사물의 고유색이란 존재하지 않는다는 인식으로 이어졌다.'라는 내용으로 미루어 볼 때, ③은 이 글의 내용과 일치하지 않음을 알 수 있다.

✍ANSWER 〉 21.③

22 (가) ~ (마)에 대한 설명으로 적절하지 않은 것은?

(가) 적자생존의 기본적 원칙으로 인해 유전자의 진화는 분명 '진보'쪽으로 쏠린다. 그래서 흔히 사람들은 착각을 한다. 즉, 생물의 특성은 반드시 훌륭한 것만이 선택되고 진화할 것이라고 생각하는 것이다. 물론 그런 경우가 많기는 하다. 자연 선택과 약육강식의 생태계에서는 좀 더 나은 형질의 유전자를 가진 개체가 환경에 적응하는 능력이 뛰어나 살아남을 확률이 높기 때문이다.

(나) 하지만 여기서 간과해서는 안 될 것이 '확률이 높은 것뿐이지 절대적이지는 않다'는 것이다. 대표적으로도 재미있는 사례가 바로 우리의 '눈'이다. 영양분을 공급해 주기 위해 눈에는 혈관들이 분포해야 하는데 문제는 이들이 망막의 안쪽, 즉 수정체와 망막 사이에 존재하는 형태로 진화해왔다는 것이다. 그러므로 망막에 혈관이 비쳐서 시야가 가려지게 되고 이를 막기 위해 눈의 혈관은 늘 미세하게 떨리게 된다. 그런데 자꾸 떨리다 보니 나이가 들어서 망막 안쪽의 혈관이 망막에서 와르르 떨어져 버리는 경우가 일어나게 되는 것이다. 혈관이 떨어진 부위는 영양 공급에 문제가 생기므로 갑자기 '보이지 않게' 된다.

(다) 인간의 눈이 왜 이렇게 거북스럽고 어리석은 구조로 진화되었는지는 모른다. 눈의 구조만 놓고 본다면 오징어의 눈이 훨씬 더 좋은 구조를 가지고 있다. 오징어 눈의 혈관은 망막을 밖에서 감싸는 형태를 띠고 있기 때문이다. 분명 먼 옛날 인류의 조상이 진화를 시작할 때 그런 열등한 구조의 눈을 가졌음에도 불구하고 그것이 상쇄할 만한 더 좋은 유전 형질이 있었기에 그를 선택했을 것이라고 밖에는 설명할 방법이 없다.

(라) 이처럼 좀 더 나은 유전 형질을 가지는 대가로 상당한 위험을 감수하는 경우는 또 있다. 겸상 적혈구 빈혈증이라는 병이 있는데, 이 병은 아프리카 흑인들에게 상당수 발생하는 유전병의 일종이다. 이 병은 적혈구 속에 있는 헤모글로빈의 유전자를 구성하고 있는 146개의 아미노산 중에, 딱 하나, 글루탐산이 발린으로 바뀐 것 때문에 걸리는 것으로 단백질의 구조가 바뀌면서 적혈구의 모양은 낫 모양[겸상(鎌象)]이 되고 쉽게 파괴되거나 종종 혈관에 혈전을 만들게 되어 대개의 경우 오래 살지 못한다. 그런데 인종에 따른 유전적 특이성을 조사하다 보면 아프리카 지역에 사는 흑인들의 경우, 월등히 많은 겸상 빈혈증 유전자를 가지고 있고, 단순한 확률의 수치로 보기에는 너무나도 많은 보인자가 존재한다. 그렇다면 또 다른 이유가 있는 걸까?

(마) 여기에는 모기로 인해 발병하는 아프리카 지방의 풍토병인 말라리아가 깊이 연관되어 있다. 말라리아는 엄청난 사망률을 보이지만, 겸상 적혈구 빈혈증 유전자를 가진 사람은 적혈구의 모양이 변형되기 때문에 말라리아에 저항성을 가지게 된다. 이것은 발병한 환자뿐만 아니라 보인자도 마찬가지이다. 두 개가 모두 정상이라면(TT) 겸상 적혈구 빈혈증에 걸리지 않겠지만, 말라리아에 걸려 죽을 수도 있다. 만약 두 개가 모두 이상이 생겼다면(tt) 말라리아에는 안 걸리겠지만, 자체의 독성으로 훨씬 더 일찍 죽어 버릴 것이다. 그러나 하나만 이상하다면(Tt) 겸상 적혈구 빈혈증으로 죽지도 않고, 말라리아에 대한 저항성까지 얻은 셈이 되니 일석이조라고 할 수 있다. 따라서 유전자는 겸상 적혈구 빈혈증으로 죽을 수 있는 위험성을 안고서도 말라리아로부터 인간을 지키기 위해 이런 대안을 선택한 것이다.

① (개)에서 제기된 문제에 대해 (마)에서 해결책을 제시하고 있다.

② (나)에서는 현상에 대해 설명하고 있고, (다)에서는 현상에 대해 추론하고 있다.

③ (나)와 (다)는 (개)의 통념에 대해 반론을 제기할 수 있는 근거가 된다.

④ (나)와 (다)를 통해 내린 결론은 (라), (마)를 통해 더 강화된다.

✱TIP ① (개)는 특별한 문제 제기를 하는 것이 아니라 생물계의 기본 특성처럼 알려진 적자생존의 내용을 설명하고 있는 부분이다.

많은 미술가들은 대중 매체를 조작이나 선전의 혐의가 있는 것으로 불신하며, 대중문화를 천박한 것으로 간주한다. 그들은 여러 가지 방식으로 자신들의 생각을 표현해 왔다. 예를 들어 샌들은 「자유를 위한 힘찬 일격」이라는 조각 작품에서 힘찬 몸짓으로 텔레비전을 부수고 있는 인물을 형상화하여 대중 매체에 대한 부정적 태도를 노골적으로 드러냈다. 그러나 그저 전면적인 비난과 거부로는 대중 매체의 부정적 측면을 폭로하거나 비판하려는 목적을 제대로 달성하기 어렵다. 작품만으로 작가가 왜 그처럼 분개하는지 알 수 없기 때문이다. 사실 텔레비전 수상기 몇 대가 부수어진들 대중 매체에는 아무 변화도 없을 것이기에, 이 힘찬 조각은 오히려 무력해 보이기도 한다.

대중 매체에 대한 부정적 태도는 소위 '근본주의 회화'에서도 찾을 수 있다. 이 경향의 미술가들은 회화 예술만의 특성, 즉 '회화의 근본'을 찾아내려고 고심했다. 그들은 자신들의 목표를 극단으로 추구한 나머지 결국 회화에서 대상의 이미지를 제거해 버렸다. 그것이 이미지들로 가득 차 있는 사진, 영화, 텔레비전 같은 대중 매체를 부정하는 길이라고 생각했기 때문이다. 사물의 이미지와 세상의 여러 모습들이 사라져 버린 회화에서는 전통적인 의미에서의 주제나 내용을 발견할 수 없었다. 대신 그림을 그리는 과정과 방식이 중요해졌고, 그 자체가 회화의 주제가 되어 버렸다. 이것은 대중 매체라는 위압적인 경쟁자에 맞서 회화가 택한 절박한 시도였다. 그 결과 회화는 대중 매체와 구별되는 자신을 찾았지만, 남은 것은 회화의 빈곤을 보여 주는 텅 빈 캔버스뿐이었다.

회화의 내용을 포기하지 않으면서도 대중 매체를 성공적으로 비판한 경우는 없었을까? '팝 아트'는 대중문화의 산물들을 적극적으로 이용하면서 그 속에서 대중 매체에 대한 비판을 수행하고 있다는 점에서 흥미롭다. 이는 특히 영국의 초기 팝 아트에서 두드러진다. 그들은 대중문화의 이미지를 차용하여 그것을 맥락이 다른 이미지 속에 재배치함으로써 생겨나는 새로운 의미에 주목하였다. 이를 통해 그들은 비판적 의도를 표출했는데, 대중문화에 대한 비판도 같은 방식으로 이루어졌다. 이후 미국의 팝 아트는 대중문화에 대한 부정도 긍정도 아닌 애매한 태도나 낙관주의를 보여 주기도 하지만, 거기에도 비판적 반응으로 해석될 수 있는 작품들이 있다. 리히텐슈타인이 대중문화의 하나인 만화의 양식을 본떠 제작한 「꽈광!」과 같은 작품이 그 예이다.

리히텐슈타인은 색이나 묘사 방법 같은 형식적 요소들 때문에 만화에 관심을 갖게 되었다. 만화가 세계를 '어떻게' 재현하는지에 주목한 것이다. 예를 들어 만화가 전쟁을 다룰 경우, 전쟁의 공포와 고통은 밝고 경쾌한 만화의 양식으로 인해 드러나지 않게 된다. 「꽈광!」에서 리히텐슈타인은 만화에서 흔히 보는 공중전 장면을 4미터가 넘는 크기로 확대하여 과장하고, 색도 더욱 장식적으로 사용함으로써 만화의 재현 방식 자체를 주제로 삼았다. 이 점에서 「꽈광!」은 추상화처럼 형식에 주목하기를 요구하는 그림이다. 그러나 내용도 역시 작품의 감상에 중요한 요소로 관여한다. 관람객들이 「꽈광!」의 폭력적인 내용과 명랑한 묘사 방법 간의 모순이 섬뜩한 것임을 알아차릴 때 비로소 작가의 비판적인 의도가 성취되기 때문이다.

① 대중 매체에 대한 비판으로는 전면적인 거부가 가장 효과적이다.

② 근본주의 화가들은 처음부터 자신들의 목표를 달성할 수 없음을 알고 있었다.

③ 영국의 팝 아트는 미국에 비해 비판적 시각이 부족했다.

④ 미국의 팝 아트는 대중문화에 대해 다양한 태도를 보였다.

✦**TIP** 3문단에서 '미국의 팝 아트는 대중문화를 부정도 긍정도 아닌 애매한 태도나 낙관주의를 보여 주기도 하지만, 거기에는 비판적 반응으로 해석될 수 있는 작품들도 있다'는 설명을 하고 있다. 이 부분을 바탕으로 보면, 미국의 팝 아트는 대중문화를 긍정도 부정도 아닌 애매한 태도를 보이는 작품, 대중문화를 낙관적으로 바라보는 작품, 대중문화를 비판적으로 인식하는 작품 등 다양함을 알 수 있다. 따라서 정답은 ④이다.

24 다음 빈칸에 들어갈 내용으로 가장 알맞은 것은?

> _____. 따라서 부부관계는 계약사항이 위반될 때 해체될 수 있다. 이슬람 사회의 결혼에서 결혼식 전 신랑 측과 신부 측이 서로 합의 하에 결혼계약서를 작성하며, 결혼식에서 신랑과 신부 집안의 가장(家長), 양가의 중재자, 양쪽 집안에서 정한 증인이 결혼계약서에 각각 서명해야 하는 점은 이를 반영한다. 결혼계약서에 서명이 없거나 이슬람의 관습에 따라 결혼식이 진행되지 않았거나 서명이 끝난 결혼계약서가 정부에 등록되지 않으면 결혼은 무효로 간주되어 법적 효력이 없다.
>
> 결혼식은 아랍어로 '시가'라고 하는 결혼서약으로 시작된다. 이는 결혼식 날 주례로서 결혼을 주관하는 '마우준'이 신랑 측과 신부 측에 결혼 의사를 묻고 동의 의사를 듣는 것으로 이루어진다. 이슬람사회의 관습에 따르면 결혼식에서 직접 동의 의사를 공표하는 신랑과 달리, 신부는 스스로 자신의 결혼 의사를 공표할 수 없다. 신부의 후견인인 '왈리'가 신부를 대신해 신부의 결혼 의사를 밝힌다. 보통 아버지가 그 역할을 담당하지만 아버지의 부재 시 삼촌이나 오빠가 대신한다. 당사자 혹은 대리인의 동의 없는 결혼서약은 무효로 간주된다.
>
> 결혼에 대한 양가의 의사 이외에도 이슬람사회에서 결혼이 성립되기 위한 필수조건으로 '마흐르'라고 불리는 혼납금이 있어야 한다. 이슬람사회의 관습에 따르면 혼납금은 신부의 개인 재산으로 간주된다. 혼납금은 결혼계약서를 작성하면서 신랑이 신부에게 지급해야 한다.
>
> 증인 또한 중요하다. 결혼식의 증인으로는 믿을 만한 양가 친척이나 부모의 친구가 선택된다. 양가를 대표하는 두 명의 증인은 결혼계약서에 서명함으로써 결혼에 거짓이 없음을 증명한다. 결혼식에서 증인이 확인하는 내용은 신랑이나 신부가 친남매간이나 수양남매 관계가 아니라는 것, 양가의 사회적 지위가 비슷하며 종교가 같다는 것, 이전에 다른 결혼관계가 있었는지 여부, 신부가 '잇다' 기간에 있지 않다는 것 등이다. 잇다 기간이란 여성이 이전 결혼관계가 해체된 후 다음 결혼 전까지 두어야 하는 결혼 대기 기간으로, 이 기간 동안 전 결혼에서 발생했을지 모를 임신유무를 확인한다.

① 이슬람사회에서는 국제결혼을 허용하지 않는다.
② 이슬람사회에서 결혼은 집안끼리의 약속이다.
③ 이슬람사회에서 결혼은 연애가 아닌 중매로 이루어진다.
④ 이슬람사회에서 결혼은 계약관계로 간주된다.

☆**TIP** 빈칸 뒤에서 부부관계는 계약사항이 위반될 때 해체할 수 있으며, 서로 합의 하에 결혼계약서를 작성한다고 했으므로 빈칸에 들어갈 문장으로 적절한 것은 ④이다.

25 다음 글의 내용과 부합하는 것은?

공업화 과정이나 기타 경제 활동의 대부분은 욕망과 이성의 두 가지에 의해 충분히 설명될 수 있다. 하지만 그것만으로는 자유민주주의를 향한 투쟁은 설명할 수 없으며, 이는 인정받고자 하는 영혼의 '패기' 부분에서 궁극적으로 비롯되는 것이다. 공업화의 진전에 따른 사회적 변화, 그 중에서도 보통교육의 보급은 가난하고 교육받지 못한 사람들에게 그때까지 느끼지 못했던 인정받기 위한 욕망을 불러일으킨 것 같다. 만일 인간이 욕망과 이성뿐인 존재에 불과하다면 프랑코 정권하의 스페인, 또는 군사독재 하의 한국이나 브라질 같은 시장경제 지향적인 권위주의 국가 아래에서도 만족하며 살아갈 수 있을 것이다. 그러나 인간은 자기 자신의 가치에 대해 '패기' 넘치는 긍지를 갖고 있기 때문에 자신을 어린아이가 아닌 어른으로서 대해주는 정부, 자유로운 개인으로서의 자주성을 인정해주는 민주적인 정부를 원하게 된 것이다. 오늘날 공산주의가 자유민주주의로 교체되어가고 있는 것은 공산주의가 인정에 대한 중대한 결함을 내포한 통치형태라는 사실이 인식되었기 때문이다. 역사의 원동력인 인정받기 위한 욕망의 중요성을 이해함으로써 우리는 문화나 종교, 노동, 민족주의, 전쟁 등 우리에게 익숙한 여러 가지 현상을 재검토하게 된다. 예를 들면 종교를 믿는 사람은 특정한 신이나 신성한 관습에 대한 인정을 원하고 있다. 한편 민족주의자는 자신이 속해 있는 특정의 언어적, 문화적, 또는 민족적 집단에 대해 인정받기를 원한다. 그러나 이와 같은 인정의 형태는 모두가 자유국가에 대한 보편적 인정에 비해 합리성이 결여되어 있다. 왜냐하면 그것은 성(聖)과 속(俗), 또는 인간 사회의 여러 집단에 대한 임의적 구분을 토대로 하고 있기 때문이다. 종교나 민족주의 또는 어떤 민족의 윤리적 습성과 관습의 혼합체 등이, 전통적으로 민주주의적인 정치제도나 자유시장경제의 건설에 장애가 된다고 생각되는 이유도 여기에 있다.

① 교육은 '인정받기 위한 욕망'에 관하여는 아무런 영향을 미치지 않는다.

② 패기 넘치는 긍지를 가지고 있는 사람은 한국의 권위주의 하에서도 만족하면서 살아 갈 것이다.

③ 민족주의자는 자신이 속한 문화적 집단보다는 그 사회 속에 속한 개인이 인정 받기를 원한다.

④ 공산주의가 인정에 대한 중요한 결함을 내포하고 있기 때문에 자유민주주의로 교체되고 있다.

> ✡ **TIP** ① 보통교육의 보급은 가난하고 교육받지 못한 사람들에게 그때까지 느끼지 못했던 인정받기 위한 욕망을 불러일으킨 것 같다.
> ② '패기' 넘치는 긍지를 갖고 있는 사람은 자신을 어린아이가 아닌 어른으로서 대해주는 정부, 자유로운 개인으로서의 자주성을 인정해주는 민주적인 정부를 원한다.
> ③ 민족주의자는 자신이 속해 있는 특정의 언어적, 문화적, 또는 민족적 집단에 대해 인정받기를 원한다.

26 다음 글의 핵심적인 논지를 바르게 정리한 것은?

주먹과 손바닥으로 상징되는 이항 대립 체계는 롤랑 바르트도 지적하고 있듯이 서구 문화의 뿌리를 이루고 있는 기본 체계이다. 천사와 악마, 영혼과 육신, 선과 악, 괴물을 죽여야 공주와 행복한 결혼을 한다는 이른바 세인트 조지 콤플렉스가 바로 서구 문화의 본질이었다고 할 수 있다. 그러니까 서양에는 이항 대립의 중간항인 가위가 결핍되어 있었던 것이다. 주먹과 보자기만 있는 대립항에서는 어떤 새로운 변화도 일어나지 않는다. 항상 이기는 보자기와 지는 주먹의 대립만이 존재한다.

서양에도 가위바위보와 같은 민속놀이가 있긴 하지만 그것은 동아시아에서 들어온 것이라고 한다. 그들은 이런 놀이를 들여옴으로써 서양 문화가 논리적 배중률이니 모순율이니 해서 극력 배제하려고 했던 가위의 힘, 말하자면 세 손가락은 닫혀 있고 두 손가락은 펴 있는 양쪽의 성질을 모두 갖춘 중간항을 발견하였다. 열려 있으면서도 닫혀 있는 가위의 존재, 그 때문에 이항 대립의 주먹과 보자기의 세계에 새로운 생기와 긴장감이 생겨난다. 주먹은 가위를 이기고 가위는 보자기를 이기며 보자기는 주먹을 이기는, 그 어느 것도 정상에 이를 수 없으며 그 어느 것도 밑바닥에 깔리지 않는 서열 없는 관계가 형성되는 것이다.

유교에서 말하는 중용(中庸)도 가위의 기호 체계로 보면 정태론이 아니라 강력한 동태적 생성력으로 해석될 수 있을 것이다. 그것은 단순한 균형이나 조화가 아니라 주먹과 보자기의 가치 시스템을 파괴하고 새로운 질서를 끌어내는 혁명의 원리라고도 볼 수 있다. 〈역경(易經)〉을 서양 사람들이 변화의 서(書)라고 부르듯이 중용 역시 변화를 전제로 한 균형이며 조화라는 것을 잊어서는 안 된다. 쥐구멍에도 볕들 날이 있다는 희망은 이와 같이 변화의 상황에서만 가능한 꿈이라고 할 수 있다.

요즘 서구에서 일고 있는 '제3의 길'이란 것은 평등과 자유가 이항 대립으로 치닫고 있는 것을 새로운 가위의 패러다임으로 바꾸려는 시도라고 풀이할 수 있다. 지난 냉전 체제는 바로 정치 원리인 평등을 극단적으로 추구하는 구소련의 체제와 경제 원리인 자유를 극대화한 미국 체제의 충돌이었다고 할 수 있다. 이 '바위-보'의 대립 구조에 새로운 가위가 끼어들면서 구소련은 붕괴하고 자본주의는 승리라기보다 새로운 패러다임의 전환점에 서 있게 된 것이다. 새 천년의 21세기는 새로운 게임, 즉 가위바위보의 게임으로 상징된다고도 볼 수 있다. 화식과 생식의 요리 모델밖에 모르는 서구 문화에 화식(火食)도 생식(生食)도 아닌 발효식의 한국 김치가 들어가게 되면 바로 그러한 가위 문화가 생겨나게 되는 것이다.

역사학자 홉스봄의 지적대로 20세기는 극단의 시대였다. 이런 대립적인 상황이 열전이나 냉전으로 나타나 1억 8천만 명의 전사자를 낳는 비극을 만들었다. 전쟁만이 아니라 정신과 물질의 양극화로 환경은 파괴되고 세대의 갈등과 양성의 대립은 가족의 붕괴, 윤리의 붕괴를 일으키고 있다. 원래 예술과 기술은 같은 것이었으나 그것이 양극화되어 이상과 현실의 간극처럼 되고 인간 생활의 균형을 깨뜨리고 말았다. 이런 위기에서 벗어나기 위해 우리는 주먹과 보자기의 대립을 조화시키고 융합하는 방법을 찾아야 할 것이다.

① 예술과 기술의 조화를 이룬 발전을 이루어야 한다.

② 미래의 사회는 자유와 평등을 함께 구현하여야 한다.

③ 동양 문화의 장점을 살려 새로운 문화를 창조해야 한다.

④ 이분법적인 사고에서 벗어나 새로운 발상을 하여야 한다.

✦ **TIP** ④ 이분법적인 사고를 바탕으로 한 이항 대립의 한계(서구 문화)를 극복하고, 새로운 패러다임 (중간항의 존재)으로 전환해야 한다는 논지를 전개하고 있다.

27 다음 글의 논지 전개 방식으로 가장 적절한 것은?

언젠가부터 우리 바다 속에 해파리나 불가사리와 같이 특정한 종들만이 크게 번창하고 있다는 우려의 말이 들린다. 한마디로 다양성이 크게 줄었다는 이야기다. 척박한 환경에서는 몇몇 특별한 종들만이 득세한다는 점에서 자연 생태계와 우리 사회는 닮은 것 같다. 어떤 특정 집단이나 개인들에게 앞으로 어려워질 경제 상황은 새로운 기회가 될지도 모른다. 하지만 이는 사회 전체로 볼 때 그다지 바람직한 현상이 아니다. 왜냐하면 자원과 에너지 측면에서 보더라도 이들 몇몇 집단들만 존재하는 세계에서는 이들이 쓰다 남은 물자와 이용하지 못한 에너지는 고스란히 버려질 수밖에 없고 따라서 효율성이 극히 낮기 때문이다.

다양성 확보는 사회 집단의 생존과도 무관하지 않다. 조류 독감이 발생할 때마다 해당 양계장은 물론 그 주변 양계장의 닭까지 모조리 폐사시켜야 하는 참혹한 현실을 본다. 단 한 마리 닭이 걸려도 그렇게 많은 닭들을 죽여야 하는 이유는 인공적인 교배로 인해 이들 모두가 똑같은 유전자를 가졌기 때문이다. 따라서 다양한 유전 형질을 확보하는 길만이 재앙의 확산을 막고 피해를 줄이는 길이다.

이처럼 다양성의 확보는 자원의 효율적 사용과 사회 안정에 중요하지만 많은 비용이 들기도 한다. 예를 들어 출산 휴가를 주고, 노약자를 배려하고, 장애인에게 보조 공학 기기와 접근성을 제공하는 것을 비롯해 다문화 가정, 외국인 노동자를 위한 행정 제도 개선 등은 결코 공짜가 아니다. 그럼에도 불구하고 다양성 확보가 중요한 이유는 우리가 미처 깨닫고 있지 못하는 넓은 이해와 사랑에 대한 기회를 사회 구성원 모두에게 제공하기 때문이다.

① 다양성 확보의 중요성에 대해 관점이 다른 두 주장을 대비하고 있다.

② 다양성 확보의 중요성에 대해 유추를 통해 설명하고 있다.

③ 다양성이 사라진 사회를 여러 기준에 따라 분류하고 있다.

④ 다양성이 사라진 사회의 사례들을 나열하고 있다.

✦ **TIP** 바다 속 생태계나 닭들의 사례를 통해 우리 사회의 다양성 확보의 중요성에 대해서 설명하고 있다. 따라서 ②가 옳은 설명이다.

28 다음 글의 중심 화제로 가장 적절한 것은?

비행기가 뜨는 작용을 설명하는 베르누이의 원리는 익히 알려져 있다. 베르누이의 원리는 공기나 물 같은 유체의 흐름이 빨라지면, 그 유체로부터 받는 압력이 약해지는 것을 말한다. 비행기는 날개의 윗면이 곡면이고 아랫면은 평면인 반원형에 가깝다. 비행기가 앞으로 전진하게 되면, 공기의 흐름이 위와 아래로 갈라지게 된다. 이때 위쪽으로 간 공기의 흐름은 반원의 둥근 면을 따라 지나가고, 아래쪽으로 지나는 공기는 직선으로 흘러가는데, 위쪽의 둥근 면의 길이가 더 길기 때문에 위쪽으로 지나는 공기의 흐름이 더 빠르다. 따라서 비행기를 상대적으로 압력이 약한 위쪽으로 떠오르게 하는 힘이 만들어지는데, 이것이 바로 양력이다.

그런데 헬리콥터가 뜨는 원리는 약간 다르다. 양력을 이용하긴 하지만, 비행기의 유선형 날개가 양력을 만드는 것과는 다르기 때문이다. 헬리콥터의 회전하는 날개는 윗면과 아랫면이 똑같이 생겼다. 그렇다면 어떻게 양력을 만들까? 헬리콥터는 회전날개의 각도를 달리하여 양력을 만든다. 이것은 차를 타고 실험해 볼 수 있다. 차가 달리는 동안 옆의 유리창 밖으로 손을 약간만 내밀어 보자. 손을 수평으로 펴고 아래쪽으로 비스듬하게 기울이면, 손이 떠오르는 것을 느낄 수 있을 것이다. 이와 마찬가지로 헬리콥터도 중앙 프로펠러의 날개 각도를 기울여 회전시킴으로써 프로펠러 위와 아래의 압력차로 양력을 만들어낸다. 이에 따라 비행기처럼 전진하지 않고도, 날개 자체의 회전으로 수직 이륙이 가능한 것이다.

그러나 중앙의 프로펠러가 회전하게 되면, 헬리콥터의 본체는 그 반대 방향으로 회전을 하게 된다. 이는 뉴턴의 작용·반작용 법칙에 의한 당연한 결과이다. 이 문제를 해결하기 위해 많은 과학자들이 연구를 진행했다. 처음에는 중앙 프로펠러 윗부분에 반대 방향으로 회전하는 또 하나의 날개를 얹어 중앙 날개가 본체를 회전시키려는 힘을 상쇄하도록 설계하였다. 1939년 이고르 시코르스키는 뒷부분에 꼬리 프로펠러를 수직으로 장착하여 이 문제를 해결했다. 수직으로 서 있는 이 프로펠러가 본체의 회전력을 상쇄시키는 역할을 하는 것이다.

하지만 이 꼬리 프로펠러가 헬리콥터의 안정성에 문제를 일으킬 수도 있다. 영화의 헬리콥터 추격 장면에서 꼬리 프로펠러가 고장난 헬리콥터가 마구 회전을 하며 추락하는 것을 가끔 볼 수 있다. 이러한 문제를 해결하기 위해 고민한 결과, 흐르는 유체에 휘어진 물체를 놓으면 유체도 따라 휘면서 흐르는 '코안다 효과'를 이용하여 꼬리 프로펠러 없는 헬리콥터를 제작하게 되었다. 이 헬리콥터에서는 꼬리 날개 대신 공기 흡입 장치를 달아서 공기를 빨아들인 후, 둥근 형태의 파이프를 따라 이 공기를 흘러가게 한다. 그러면 코안다 효과에 의해 파이프 모양을 따라 동그랗게 공기가 회전하면서 나간다. 이러한 공기의 회전력이 꼬리 프로펠러 역할을 대신하는 것이다.

위의 사례에서 본 것처럼 과학의 원리들은 기술 발전의 토대가 된다. 따라서 과학 원리들에 관심을 가지고 우리 생활 주변에서 이를 탐구해 보는 것도 의미 있는 일이 될 것이다.

① 코안다 효과의 응용

② 헬리콥터의 비행 원리

③ 작용과 반작용의 법칙

④ 헬리콥터의 설계 원칙

✡TIP ② 헬리콥터가 공중으로 뜨는 과정과, 그에 따른 문제를 해결하기 위해 적용된 과학 원리를 서술한 글이므로 '헬리콥터의 비행 원리'가 중심 화제이다.

29 〈보기〉를 참조할 때, ㉠과 유사한 예로 볼 수 없는 것은?

> 어머니가 세탁기 버튼을 눌러 놓고는 텔레비전 드라마를 보고 있다. 우리가 이러한 모습을 볼 수 있는 이유는 바로 전자동 세탁기의 등장 때문이다. 전자동 세탁기는 세탁조 안에 탈수조가 있으며 탈수조 바닥에는 물과 빨랫감을 회전시키는 세탁판이 있다. 그리고 세탁조 밑에 클러치가 있는데, 클러치는 모터와 연결되어 있어서 모터의 힘을 세탁판이나 탈수조에 전달한다. 마이크로컴퓨터는 이 장치들을 제어하여 빨래를 하게 한다. 그렇다면 빨래로부터 주부들의 ㉠손을 놓게 한 전자동 세탁기는 어떻게 빨래를 하는가?

> 〈보기〉
> ㉠은 '손(을)'과 '놓다'가 결합하여, 각 단어가 지닌 원래 의미와는 다른 새로운 의미, 즉 '하던 일을 그만두거나 잠시 멈추다.'의 뜻을 나타낸다. 이렇게 두 개 이상의 단어가 만나 새로운 의미를 가지는 경우가 있다.

① 어제부터 모두들 그 식당에 발을 끊었다.

② 모든 학생들이 선생님 말씀에 귀를 기울였다.

③ 결국은 결승전에서 우리 편이 무릎을 꿇었다.

④ 조용히 눈을 감고 미래의 자신의 모습을 생각했다.

✡TIP ④ '눈을 감고'는 눈꺼풀을 내려 눈동자를 덮는 것을 의미한다. 단어의 본래의 의미가 사용되었으므로 관용적 표현이 아니다.

30 다음 글의 내용과 부합하는 것은?

> 희생제의란 신 혹은 초자연적 존재에게 제물을 바침으로써 인간 사회에서 발생하는 중요한 문제를 해결하려는 목적으로 이루어지는 의례를 의미한다. 이 제의에서는 제물이 가장 주요한 구성요소인데, 이때 제물은 제사를 올리는 인간들과 제사를 받는 대상 사이의 유대 관계를 맺게 해주어 상호 소통할 수 있도록 매개하는 역할을 수행한다.
>
> 희생제의의 제물, 즉 희생제물의 대명사로 우리는 '희생양'을 떠올린다. 이는 희생제물이 대개 동물일 것이라고 추정하게 하지만, 희생제물에는 인간도 포함된다. 인간 집단은 안위를 위협하는 심각한 위기 상황을 맞게 되면, 이를 극복하고 사회 안정을 회복하기 위해 처녀나 어린아이를 제물로 바쳤다. 이러한 사실은 인신공희(人身供犧) 설화를 통해 찾아볼 수 있다. 이러한 설화에서 인간들은 신이나 괴수에게 처녀나 어린아이를 희생제물로 바쳤다.
>
> 희생제의는 원시사회의 산물로 머문 것이 아니라 아주 오랫동안 동서양을 막론하고 여러 문화권에서 지속적으로 행해져 왔다. 이에 희생제의의 기원이나 형식을 밝히기 위한 종교현상학적 연구들이 시도되어 왔다. 그리고 인류학적 연구에서는 희생제의에 나타난 인간과 문화의 본질에 대한 탐색이 있어 왔다. 인류학적 관점의 대표적인 학자인 지라르는 「폭력과 성스러움」, 「희생양」 등을 통해 인간 사회의 특징, 사회 갈등과 그 해소 등의 문제를 '희생제의'와 '희생양'으로 설명했다.
>
> 인간은 끊임없이 타인과 경쟁하고 갈등하는 존재이다. 이러한 인간들 간의 갈등은 공동체 내에서 무차별적이면서도 심각한 갈등 양상으로 치닫게 되고 극도의 사회적 긴장 관계를 유발한다. 이때 다수의 사회 구성원들은 사회 갈등을 희생양에게 전이시켜 사회 갈등을 해소하고 안정을 되찾고자 하였다는 것이 지라르 논의의 핵심이다.
>
> 희생제의에서 희생제물로서 처녀나 어린아이가 선택되는 경우가 한국뿐 아니라 많은 나라에서도 발견된다. 처녀와 어린아이에게는 인간 사회의 세속적이고 부정적인 속성이 깃들지 않았다는 관념이 오래 전부터 지배적이었기 때문이다. 그러나 지라르는 근본적으로 이들이 희생제물로 선택된 이유를, 사회를 주도하는 주체인 성인 남성들이 스스로 일으킨 문제를 자신들이 해결하지 않고 사회적 역할 자원에서 자신들과 대척점에 있는 타자인 이들을 희생양으로 삼았기 때문인 것으로 설명하였다.

① 인신공희 설화에서 인간들은 신이나 괴수에게 동물만을 희생제물로 바쳤다.
② 희생제의는 원시사회 시대부터 쭉 행해져 온 동양만의 독특한 문화였다.
③ 지라르에 따르면, 사회 구성원들은 사회적인 안정을 추구하고자 희생양을 제물로 바쳤다.
④ 희생제의에서 처녀나 어린아이가 희생제물로 바쳐지는 문화는 한국에서만 발견된다.

★TIP ① 설화에서 인간들은 신이나 괴수에게 처녀나 어린아이를 희생제물로 바쳤다.
② 희생제의는 원시사회의 산물로 머문 것이 아니라 아주 오랫동안 동서양을 막론하고 여러 문화권에서 지속적으로 행해져 왔다.
④ 희생제의에서 희생제물로서 처녀나 어린아이가 선택되는 경우가 한국뿐 아니라 많은 나라에서도 발견된다.

31 다음 글의 내용과 일치하지 않는 것은?

> 그리스인들이 기하학적인 조화를 이루는 여러 비율 중에서 특히 중히 여긴 것은 황금비 '파이(Ø)'였다. 그 예를 그리스의 대리석 조각 중 걸작으로 꼽히는 '라오콘 군상(群像)'에서 살펴보자. 라오콘 군상은 가로 : 세로의 비가 1 : 1.6인 하나의 황금 직사각형을 이루는 구조로 되어 있으며, 중심인물인 라오콘상은 이 사각형의 대각선상의 한 점에 위치해 있다. 이 '황금 분할'은 아름다움의 균형, 곧 비례의 조화이다.
>
> 우리나라의 신라 미술품에도 이 황금 분할과 관련된 기하학적인 예술품이 많다. 신라의 예술인들은 예술 창조에서 단순히 감각에만 의존하지 않고 미의 보편성을 추구하였다. 미를 감각의 세계에서 이성의 세계로까지 확장하고, 특히 종교적인 열정까지를 포용하는 뛰어난 예술을 창조한 것이다. 그러한 예술 정신을 가장 뚜렷하게 표현한 건축물이 경주의 석굴암이다. 현대의 수학자들은 석굴암이 그리스 기하학과 마찬가지로 자와 컴퍼스만을 이용하여, 정사각형과 대각선, 정삼각형과 꼭짓점에서 밑변에 내린 수선, 원과 구, 육각형과 팔각형 등의 작도법으로 제작된 것임을 밝힌 바 있다. 석굴암 불상 조형에서 특히 흥미를 끄는 것은 '루트 2'라는 무리수가 사용되고 있다는 점이다. 이 루트 2 직사각형은 흔히 '조화의 문'으로 불리는 것으로, 조화적 비례를 나타내는 그리스의 기본 도형으로 꼽힌다.
>
> 이 도형은, 정사각형의 한 변을 가로(짧은 변)로 하고, 그 대각선의 길이를 세로(긴 쪽의 변)로 하는 직사각형으로, 안정감을 주는 여유 있는 형태라는 이유 때문에 미술뿐만 아니라 실용적인 면에서도 옛날부터 세계 여러 나라에서 널리 애용되었다. 이 직사각형은 가로 : 세로의 비가 1 : 루트 2, 즉 1 : 1.414가 되어 정사각형에 가깝다. 이 도형은 그리스인들만의 전유물이 아닌, 고대 문명사회나 우리 조상들이 남긴 탑이나 불상 등의 조형에 빈번히 사용된, 인류 공통의 미적 소산이라고 할 수 있다.
>
> 한편 석굴암의 반지름이 3.64m라는 것도 결코 우연이 아니다. 굴의 천장은 전 우주를 상징하고 있고, 원둘레가 360도인 것은 당시의 1년 날수[日數]를 나타내고 있다. 이렇듯 석굴암의 설계자는 전 우주와 그 사이에 흐르는 시간을 수치로써 상징적으로 표현한 것이다.
>
> 석굴암 외에 신라의 보물 가운데 으뜸으로 꼽는 건축물이 다보탑이다. 다보탑 역시 수학적으로 흥미로운 점이 발견되었는데, 다보탑의 중심에 수직선을 내리 긋고, 이 직선에 중심을 둔 원을 각 층 기단(基壇)에서 그리면 크고 작은 원의 반지름 사이에 루트 2가 수없이 적용된 것을 알 수 있다. 말하자면 고대인들이 각종 건축물 설계 시 원을 자주 활용한 것처럼 우리나라의 고대 건축물에는 루트 2를 빈번하게 적용하였던 것이다.

① 루트 2 황금비는 우리나라 고대 건축물에만 나타난다.
② 석굴암과 다보탑은 수학적인 원리가 적용된 건축물이다.
③ 석굴암의 건축가는 자와 컴퍼스만 가지고 설계도를 그렸다.
④ 루트 2 직사각형은 형태적인 안정감 때문에 널리 애용되었다.

✡ **TIP** 2 ~ 3문단에서, 루트 2 직사각형은 조화적 비례를 나타내는 그리스의 기본 도형이었으며, 옛날부터 세계 여러 나라에서 널리 애용된, 인류 공통의 미적 소산이라 했다.

🎵 ANSWER 〉 30.③ 31.①

32 다음 지문의 논지 전개상 특징으로 가장 적절한 것은?

인간은 성장 과정에서 자기 문화에 익숙해지기 때문에 어떤 제도나 관념을 아주 오래 전부터 지속되어 온 것으로 여긴다. 나아가 그것을 전통이라는 이름 아래 자기 문화의 본질적인 특성으로 믿기도 한다. 그러나 이런 생각은 전통의 시대적 배경 및 사회 문화적 의미를 제대로 파악하지 못하게 하는 결과를 초래한다. 여기에서 과거의 문화를 오늘날과는 또 다른 문화로 보아야 할 필요성이 생긴다.

홉스봄과 레인저는 오래된 것이라고 믿고 있는 전통의 대부분이 그리 멀지 않은 과거에 '발명'되었다고 주장한다. 예컨대 스코틀랜드 사람들은 킬트(kilt)를 입고 전통 의식을 치르며, 이를 대표적인 전통 문화라고 믿는다. 그러나 킬트는 1707년에 스코틀랜드가 잉글랜드에 합병된 후, 이곳에 온 한 잉글랜드 사업가에 의해 불편한 기존의 의상을 대신하여 작업복으로 만들어진 것이다. 이후 킬트는 하층민을 중심으로 유행하였지만, 1745년의 반란 전까지만 해도 전통 의상으로 여겨지지 않았다. 반란 후, 영국 정부는 킬트를 입지 못하도록 했다. 그런데 일부가 몰래 집에서 킬트를 입기 시작했고, 킬트는 점차 전통 의상으로 여겨지게 되었다. 킬트의 독특한 체크무늬가 각 씨족의 상징으로 자리 잡은 것은, 1822년에 영국 왕이 방문했을 때 성대한 환영 행사를 마련하면서 각 씨족장들에게 다른 무늬의 킬트를 입도록 종용하면서부터이다. 이때 채택된 독특한 체크무늬가 각 씨족을 대표하는 의상으로 자리를 잡게 되었다.

킬트의 사례는 전통이 특정 시기에 정착·사회적 목적을 달성하기 위해 만들어지기도 한다는 것을 보여 준다. 특히 근대 국가의 출현 이후 국가에 의한 '전통의 발명'은 체제를 확립하는 데 큰 역할을 담당하기도 하였다. 이 과정에서 전통은 그 전통이 생성되었던 시기를 넘어 아주 오래 전부터 지속되어 온 것이라는 신화가 형성되었다. 그러나 전통은 특정한 시공간에 위치하는 사람들에 의해 생성되어 공유되는 것으로, 정치·사회·경제 등과 밀접한 관련을 맺으면서 시대마다 다양한 의미를 지니게 된다. 그러므로 전통을 특정한 사회 문화적 맥락으로부터 분리하여 신화화(神話化)하면 당시의 사회 문화를 총체적으로 이해할 수 없게 된다.

낯선 타(他) 문화를 통해 자기 문화를 좀 더 객관적으로 바라볼 수 있듯이, 과거의 문화를 또 다른 낯선 문화로 봄으로써 전통의 실체를 올바로 인식할 수 있게 된다. 이러한 관점은 신화화된 전통의 실체를 폭로하려는 데에 궁극적 목적이 있는 것이 아니다. 오히려 과거의 문화를 타 문화로 인식함으로써 신화 속에 묻혀 버린 당시의 사람들을 문화와 역사의 주체로 복원하여, 그들의 입장에서 전통의 사회 문화적 맥락과 의미를 새롭게 조명하려는 것이다. 더 나아가 이러한 관점을 통해 우리는 현대 사회에서 전통이 지니는 현재적 의미를 제대로 이해할 수 있을 것이다.

① 연관된 개념들의 상호 관계를 밝혀 문제의 성격을 규명하고 있다.
② 사례를 통해 사회적 통념의 역사적 변화 과정을 추적하고 있다.
③ 상반된 주장을 대비한 후 절충적인 견해를 제시하고 있다.
④ 논지를 제시하고 사례를 통하여 그것을 뒷받침하고 있다.

33 다음 중 ⊙에 가장 어울리는 말은?

> 슈탈은 베커의 아이디어를 발전시켜 이 기름 성분의 흙을 플로지스톤이라고 명명하고 물질의 연소를 이 플로지스톤의 분리로 해석했다. 이 설은 17, 18세기를 통해 영향력이 대단했기 때문에 많은 과학자들은 새로운 현상이 발견되면 일단 플로지스톤으로 설명하려 들었다. 또 플로지스톤으로 설명이 잘 안 되면 억지로 새로운 성질을 부가하기도 했다. 예를 들어 ⊙금속과 같은 물질을 가열하면(태우면) 무게가 늘어나는 현상을 플로지스톤의 분리로는 잘 설명할 수 없었다. 왜냐하면 플로지스톤이 빠져 나왔는데 되레 무게가 는다는 것은 논리적이지 않기 때문이다. 그래서 머리를 짜낸 게 플로지스톤은 때때로 음(−)의 무게를 갖기도 한다고 편리한 대로 끼워 맞췄다. 오늘날의 관점으로 보면 어이없을 정도로 황당한 풀이지만 정교한 개념 체계가 잡혀 있는 것도 아닌데다 실험 데이터도 충분히 축적되지 않은 상태에서 아리스토텔레스의 '상식적인 역학'이 오랜 기간 지배했듯이 플로지스톤 이론도 상식선에서 별 잘못이 없어 보였으므로 강력한 반론이 제기되지 않고 있었다. 플로지스톤의 지지자들은 훗날 가벼우면서도 타기도 잘 타는 기체인 수소를 발견하자 이 기체야말로 바로 플로지스톤이라고 단정하기도 했다.

① 곡학아세(曲學阿世)

② 견강부회(牽强附會)

③ 인지상정(人之常情)

④ 좌정관천(坐井觀天)

　　소프트웨어 개발에서 자료 관리를 위한 구조로는 '배열'과 '연결 리스트'가 흔히 사용된다. 이 구조를 가진 저장소가 실제 컴퓨터 메모리에 구현된 위치를 '포인터'라고 한다. ㉠배열은 물리적으로 연속된 저장소들을 사용한다. 배열에서는 흔히 〈그림 1〉과 같이 자료의 논리적 순서와 실제 저장 순서가 일치하도록 자료가 저장된다. 이때 원하는 자료의 논리적인 순서만 알면 해당 포인터 값을 계산할 수 있으므로, 바로 접근하여 읽기와 쓰기를 할 수 있다. 그런데 〈그림 1〉에서 자료 '지리'를 삭제하려면 '한라'를 한 칸 당겨야 하고, 가나다순에 따라 '소백'을 삽입하려면 '지리'부터 한 칸씩 밀어야 한다. 따라서 삽입하거나 삭제하는 자료의 순번이 빠를수록 나머지 자료의 재정렬 시간이 늘어난다.

포인터 :	저장소
0000 :	산 이름
1000 :	백두
1001 :	설악
1002 :	지리
1003 :	한라
1004 :	

〈그림 1〉 배열

포인터 :	저장소	
0000 :	산 이름	다음 포인터
1000 :	백두	1008
1002 :	ⓐ	ⓑ
1004 :	지리	1006
1006 :	한라	-
1008 :	설악	ⓒ 1004

〈그림 2〉 연결 리스트

　　㉡연결 리스트는 저장될 자료와 다음에 올 자료의 포인터인 '다음 포인터'를 한 저장소에 함께 저장한다. 이 구조에서는 〈그림 2〉와 같이 '다음 포인터'의 정보를 담을 공간이 더 필요하지만, 이 정보에 의해 물리적 저장 위치에 상관없이 자료의 논리적 순서를 유지할 수 있다. 또한 자료의 삽입과 삭제는 '다음 포인터'의 내용 변경으로 가능하므로 상대적으로 간단하다. 예를 들어 〈그림 2〉에서 '소백'을 삽입하려면 빈 저장소의 ⓐ에 '소백'을 쓰고 ⓑ와 ⓒ에 논리적 순서에 따라 다음에 올 포인터 값인 '1004'와 '1002'를 각각 써 주면 된다. 하지만 특정자료를 읽으려면 접근을 시작하는 포인터부터 그 자료까지 저장소들을 차례로 읽어야 하므로 자료의 논리적 순서에 따라 접근 시간에 차이가 있다. 한편 '다음 포인터'뿐만 아니라 논리순으로 앞에 연결된 저장소의 포인터를 하나 더 저장하는 ㉢'이중 연결 리스트'도 있다. 이 구조에서는 현재 포인터에서부터 앞뒤 어느 방향으로도 연결된 자료에 접근할 수 있어 연결 리스트보다 자료 접근이 용이하다.

34 윗글을 통해 알 수 있는 사실로 옳지 않은 것은?

① 저장된 자료에 접근할 때는 포인터를 이용한다.

② 자료 접근 과정은 사용하는 자료 관리 구조에 따라 달라진다.

③ '배열'에서는 자료의 논리적 순서에 따라 자료 접근 시간이 달라진다.

④ '연결 리스트'는 저장되는 전체 자료의 개수가 자주 변할 때 편리하다.

✯**TIP** 첫 번째 문단에서 '원하는 자료의 논리적 순서만 알면~바로 접근하여 읽기와 쓰기를 할 수 있다'고 하였으므로 ③은 옳지 않은 내용이다.

35 ㄱ~ㄷ에 대해 다음 실험을 한 후 얻은 결과로 옳은 것은?

> 동일 수의 자료를 논리순이 유지되도록 메모리에 저장한 다음 읽기, 삽입, 삭제를 동일 횟수만큼 차례로 실행하였다.
>
> ※ 단, 충분히 많은 양의 자료로 충분한 횟수만큼 실험을 하되, 자료를 무작위로 선택하고 자료의 논리순이 유지되도록 함.

① ㄱ은 ㄴ에 비해 삭제 실험에 걸리는 총시간이 길었다.

② ㄱ은 ㄷ에 비해 저장 실험의 메모리 사용량이 많았다.

③ ㄴ은 ㄱ에 비해 삽입 실험에 걸리는 총시간이 길었다.

④ ㄴ은 ㄷ에 비해 저장 실험의 메모리 사용량이 많았다.

✯**TIP** ②④ 메모리 사용량은 알 수 없다.
③ ㄴ은 ㄱ에 비해 삽입 실험에 걸리는 시간이 짧을 것이다.

채권은 사업에 필요한 자금을 조달하기 위해 발행하는 유가증권으로, 국채나 회사채 등 발행 주체에 따라 그 종류가 다양하다. 채권의 액면 금액, 액면 이자율, 만기일 등의 지급 조건은 채권 발행 시 정해지며, 채권 소유자는 매입 후에 정기적으로 이자액을 받고, 만기일에는 마지막 이자액과 액면 금액을 지급 받는다. 이때 이자액은 액면 이자율을 액면 금액에 곱한 것으로 대개 연 단위로 지급된다. 채권은 만기일 전에 거래되기도 하는데, 이때 채권 가격은 현재 가치, 만기, 지급 불능 위험 등 여러 요인에 따라 결정된다.

채권 투자자는 정기적으로 받게 될 이자액과 액면 금액을 각각 현재 시점에서 평가한 값들의 합계인 채권의 현재 가치에서 채권의 매입 가격을 뺀 순수익의 크기를 따진다. 채권 보유로 미래에 받을 수 있는 금액을 현재 가치로 환산하여 평가할 때는 금리를 반영한다. 가령 금리가 연 10%이고, 내년에 지급받게 될 금액이 110원이라면, 110원의 현재 가치는 100원이다. 즉 금리는 현재 가치에 반대 방향으로 영향을 준다. 따라서 금리가 상승하면 채권의 현재 가치가 하락하게 되고 이에 따라 채권의 가격도 하락하게 되는 결과로 이어진다. 이처럼 수시로 변동 되는 시중 금리는 현재 가치의 평가 구조상 채권 가격의 변동에 영향을 주는 요인이 된다.

채권의 매입 시점부터 만기일까지의 기간인 만기도 채권의 가격에 영향을 준다. 일반적으로 다른 지급 조건이 동일하다면 만기가 긴 채권일수록 가격은 금리 변화에 더 민감하므로 가격 변동의 위험이 크다. 채권은 발행된 이후에는 만기가 점점 짧아지므로 ㉠만기일이 다가올수록 채권 가격은 금리 변화에 덜 민감해진다. 따라서 투자자들은 만기가 긴 채권일수록 높은 순수익을 기대하므로 액면 이자율이 더 높은 채권을 선호한다.

또 액면 금액과 이자액을 약정된 일자에 지급할 수 없는 지급불능 위험도 채권 가격에 영향을 준다. 예를 들어 채권을 발행한 기업의 경영 환경이 악화될 경우, 그 기업은 지급 능력이 떨어질 수 있다. 이런 채권에 투자하는 사람들은 위험을 감수해야하므로 이에 대한 보상을 요구하게 되고, 이에 따라 채권 가격은 상대적으로 낮게 형성된다.

한편 채권은 서로 대체가 가능한 금융 자산의 하나이기 때문에, 다른 자산 시장의 상황에 따라 가격에 영향을 받기도 한다. 가령 주식 시장이 호황이어서 ㉡주식 투자를 통한 수익이 커지면 상대적으로 채권에 대한 수요가 줄어 채권 가격이 하락할 수도 있다.

36 윗글의 설명 방식으로 적절하지 않은 것은?

① 채권 가격을 결정하는 데 영향을 미치는 요인을 몇 가지로 나누어 설명하고 있다.

② 채권의 지급 불능 위험과 채권 가격 간의 관계를 설명하기 위해 예를 들고 있다.

③ 유사한 원리를 보이는 현상에 빗대어 채권의 특성을 설명하고 있다.

④ 금리가 채권 가격에 미치는 영향을 인과적으로 설명하고 있다.

☆ **TIP** 유사한 원리를 보이는 현상에 빗대는 것은 비유나 유추이다. 이 글에서는 비유나 유추의 방식이 사용되지 않았다.

37 윗글로 미루어 알 수 있는 것은?

① 채권이 발행될 때 정해지는 액면 금액은 채권의 현재 가치에서 이자액을 뺀 것이다.

② 채권의 순수익은 정기적으로 지급될 이자액을 합산하여 현재 가치로 환산한 값이다.

③ 다른 지급 조건이 같다면 채권의 액면 이자율이 높을수록 채권 가격은 하락한다.

④ 지급 불능 위험이 커진 채권을 매입하려는 투자자는 높은 순수익을 기대한다.

✫TIP ④ 네 번째 문단을 통해 유추할 수 있다.
   ① 이 글을 통해서는 알 수 없다.
   ② 채권의 순수익은 채권의 현재 가치에서 채권의 매입 가격을 뺀 것이다.
   ③ 이자율이 높을수록 채권 선호도가 상승하여 가격은 상승할 것이다.

38 다음 그래프에서 A는 어떤 채권의 가격과 금리 간의 관계를 나타낸 그래프이다. 윗글의 ⑤과 ⑥에 따른 A의 변화 결과를 바르게 예측한 것은?

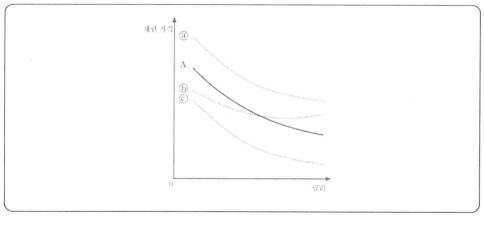

```
      ㉠      ㉡              ㉠      ㉡
① ⓐ      ⓒ          ② ⓑ      ⓐ
③ ⓑ      ⓒ          ④ ⓒ      ⓐ
```

✫TIP ㉠ 만기일이 다가올수록 채권 가격은 금리 변화에 덜 민감해진다고 했으므로 A는 가격폭이 적은 ⓑ로 이동할 것이다.
   ㉡ 주식 투자를 통한 수익이 커지면 상대적으로 채권에 대한 수요가 줄어 채권 가격이 하락한다고 했으므로 A는 가격 하락이 가장 심한 ⓒ로 이동할 것이다.

▌39~40▌ 다음 글을 읽고 물음에 답하시오.

1405년 중국 명나라의 정화는 67척의 배에 2만 8천 명의 인원을 태운 대함대를 거느리고 참파, 자와, 수마트라, 실론 등을 거쳐 인도의 캘리컷에 도착하였다. 그는 항해를 계속하여 페르시아와 아라비아 반도를 거쳐 아프리카 동해안의 말린디, 몸바사 등지까지 갔다. 중국의 비단과 도자기는 인기가 높아 가는 곳마다 환영을 받았다.

이 후에도 정화는 6차례나 인도양을 오가며 조공 무역을 추진하기 위해 활발한 활동을 하였다. 그 결과 바닷길이 발달하고, 명에 조공을 바치게 된 나라가 30여 개국에 달하게 되었다. 또 정화의 원정에 수행한 비신의 「성라승람」, 공진의 「서양번국지」 등의 견문기를 통해 중국인의 지리적 지식이 인도로부터 아프리카 방면에까지 확대되었으며, 그 결과 동남아시아 각지에 진출하는 중국인의 수는 해마다 증가했다. 오늘날 동남아시아 화교 사회의 기초는 이들에 의해 구축되었다.

이슬람 상인에는 소매상, 육로를 이용한 대상 무역 상인, 바닷길을 이용해 상선 무역에 종사하는 다지르 등이 있었다. 이들은 지중해는 물론 아프리카 동해안, 인도양, 중국을 연결하는 바닷길을 왕래하면서 세계 무역을 지배하였다.

중국의 비단과 도자기, 인도 · 동남아시아의 향신료, 아프리카의 상아 · 노예, 비잔티움 제국의 공예품 등 그들이 취급하지 않은 물품이 거의 없을 정도였다. 그들은 이와 같은 상업 활동을 통해 많은 이익을 남겼으며, 무역지의 이슬람화를 촉진하여 이슬람교의 발전에도 큰 공을 세웠다. 이슬람 상인은 우리나라에도 찾아와 교역을 하였다.

신항로의 개척 이후 유럽에는 멕시코, 페루 등으로부터 금 · 은의 귀금속이 대량으로 반입되어 가격 혁명이 일어났다.

물가가 1세기 사이에 2~3배 정도 폭등함에 따라 고정된 지대를 받고 있던 봉건 지주는 타격을 받았다. (㈎) 상공업자들에게는 유리하였으며, 광대한 시장의 확대로 길드가 해체되고 상공업이 발달하는 등 유럽의 자본주의가 더욱 발달하였다. 이와 같이 신항로의 개척을 계기로 나타난 유럽의 경제적 변화를 통틀어 상업혁명이라고 일컫는다. 그리고 그것은 근대 사회의 주역이 될 시민 계급을 성장시키는 결과를 가져왔다. (㈏) 신항로의 개척은 유럽인의 주도하에 이루어진 것이었으므로, 유럽 세력의 확대로 인하여 아시아와 아메리카 대륙이 유럽 세력의 식민지로 전락하는 문제점을 낳았다.

39 윗글의 제목으로 가장 적절한 것은?

① 해상 무역의 의미와 종류
② 새로운 문명의 탄생과 발달
③ 해상 활동의 경과와 결과
④ 각 문명권의 교류와 그 의의

TIP '1405년과 그 이후, 신항로의 개척 이후, 1세기 이후'의 시대 순으로 해상 활동의 경과와 결과를 설명하고 있다.

40 (가), (나)에 들어갈 접속어로 가장 적절한 것은?

	(가)	(나)		(가)	(나)
①	그런데	따라서	②	그러나	그러나
③	그리고	그러나	④	또한	그리고

✦ **TIP** '봉건 지주는 타격을 받았으나 상공업자들에게는 유리하였다'는 내용은 서로 상반되는 내용이므로 역접으로 연결되어야 한다. 또한 '신항로의 개척이 유럽의 산업화와 시민 계급 성장을 가져온 반면 아시아와 아메리카 대륙을 식민지로 전락시켰다'는 내용도 역접의 관계이므로 (가)(나) 모두 '그러나'가 오는 것이 적절하다.

41 다음 두 자료를 통해 추론할 수 있는 내용이 아닌 것은?

> (가) 근래 부녀자들이 경쟁하는 것 중에 능히 기록할 만한 것으로 패설(소설)이 있는데, 이를 좋아함이 나날이 늘고 달마다 증가하여 그 수가 천백 종에 이르렀다. 쾌가(서적 중개상)는 이것을 깨끗이 베껴 쓰고 빌려 주는 일을 했는데, 번번이 그 값을 받아 이익으로 삼았다. 부녀자들은 식견이 없어 비녀나 팔찌를 팔거나 빚을 내면서까지 서로 싸우듯이 빌려 가서 그것으로 긴 해를 보냈다.
>
> – 채제공, 「여사서」 서문 –
>
> (나) 한글로 번역한 소설을 읽느라 집안일을 내버려두거나 여자가 해야 할 일을 게을리해서는 안 된다. 심지어는 돈을 주고 그것을 빌려 보면서 깊이 빠져 그만두지 못하고 가산을 탕진하는 자까지 있다. 소설의 내용은 모두 투기와 음란한 일이어서 부인의 방탕함과 방자함이 여기서 비롯되기도 한다.
>
> – 이덕무, 「사소절」 –

① 소설의 인기 이면에 이로 인한 사회적 파장이 적지 않았구나.
② 이 시기에 이미 서적의 상업적 유통 경로가 존재했구나.
③ 지식인 가운데 부녀자의 소설 독서에 비판적 시각을 가진 이들이 있었구나.
④ 당시 소설의 독자층은 사대부 여성에서 하층 여성에 이르기까지 광범위했구나.

✦ **TIP** 소설의 독자층에 관한 설명은 글에서 언급되지 않았다.
　① 가산을 탕진하거나 집안일에 소홀해지는 사람이 있었고, 소설의 내용이 문제가 되기도 했다는 것을 유추할 수 있다.
　② '쾌가(서적중개상)'가 존재했고, 돈을 주고 빌려 보았다는 내용을 통해 알 수 있다.
　③ (가)(나)의 전반적인 내용을 통해 부정적인 시각이 존재하였음을 알 수 있다.

🍀 **ANSWER 〉 39.③ 40.② 41.④**

▎42~44 ▎ 다음 글을 읽고 물음에 답하시오.

회화적 재현이 성립하려면, 즉 하나의 그림이 어떤 대상의 그림이 되기 위해서는 그림과 대상이 닮아야 할까? 입체주의의 도래를 알리는 「아비뇽의 아가씨들」을 그리기 한 해 전, 피카소는 시인인 스타인을 그린 적이 있었는데, 완성된 그림을 보고 사람들은 놀라움을 금치 못했다. 스타인의 초상화가 그녀를 닮지 않았던 것이다. 이에 대해 피카소는 "앞으로 닮게 될 것이다."라고 말했다고 한다. 이 에피소드는 미술사의 차원과 철학적 차원에서 회화적 재현에 대해 생각해 볼 계기를 제공한다.

우선 어떻게 닮지 않은 그림이 대상의 재현일 수 있는지를 알아보기 위해서는 당시 피카소와 브라크가 중심이 되었던 입체주의의 예술적 실험과 그것을 가능케 한 미술사의 흐름을 고려해 보아야 한다. 르네상스 시대의 화가들은 원근법을 사용하여 '세상을 향한 창'과 같은 사실적인 그림을 그렸다. 현대회화를 출발시켰다고 평가되는 인상주의자들이 의식적으로 추구한 것도 이러한 사실성이었다. 그들은 모든 대상을 빛이 반사되는 물체로 간주하고 망막에 맺힌 대로 그리는 것을 회화의 목표로 삼았다. 따라서 빛을 받는 대상이면 무엇이든 주제가 될 수 있었고, 대상의 고유한 색 같은 것은 부정되었다. 햇빛의 조건에 따라 다르게 그려진 모네의 낟가리 연작이 그 예이다.

그러나 세잔의 생각은 달랐다. "모네는 눈뿐이다."라고 평했던 그는 그림의 사실성이란 우연적 인상으로서의 사물의 외관보다는 '그 사물임'을 드러낼 수 있는 본질이나 실재에 더 다가감으로써 얻게 되는 것이라고 생각하였다. 세잔이 그린 과일 그릇이나 사과를 보면 대부분의 형태는 실물보다 훨씬 단순하게 그려져 있고, 모네의 그림에서는 볼 수 없었던 부자연스러운 윤곽선이 둘러져 있으며, 원근법조차도 정확하지 않다. 이는 어느 한순간 망막에 비친 우연한 사과의 모습 대신 사과라는 존재를 더 잘 드러낼 수 있는 모습을 포착하려 했던 세잔의 문제의식을 보여주는 것이다.

이를 계승하여 한 발 더 나아간 것이 바로 입체주의이다. 입체주의는 대상의 실재를 드러내기 위해 여러 시점에서 본 대상을 한 화면에 결합하는 방식을 택했다. 비록 스타인의 초상화는 본격적인 입체주의 그림은 아니지만, 세잔에서 입체주의로 이어지는 실재의 재현이라는 관심이 반영된 작품으로 볼 수 있는 것이다.

하지만 여전히 의문인 것은 '닮게 될 것'이라는 말의 의미이다. 실제로 세월이 지난 후 피카소의 예언대로 사람들은 결국 스타인의 초상화가 그녀를 닮았다는 것을 발견하게 되었다고 한다. 어떻게 그럴 수 있었을까? 이를 설명하려면 회화적 재현에 대한 철학적 차원의 논의가 필요한데, 곰브리치와 굿맨의 이론이 주목할 만하다.

이들은 대상을 '있는 그대로' 보는 '순수한 눈' 같은 것은 없으며, 따라서 객관적인 사실성이란 없고, 사실적인 그림이란 결국 한 문화나 개인에게 익숙한 재현 체계를 따른 그림일 뿐이라고 주장한다. ⓐ이 이론에 따르면 지각은 우리가 속한 관습과 문화, 믿음 체계, 배경 지식의 영향을 받아 구성된다고 한다. 예를 들어 우리가 작가와 작품에 대해 사전 지식을 가지고 있다면 이러한 믿음은 그 작품을 어떻게 지각하느냐에 까지도 영향을 준다는 것이다. 이것이 사실이라면, 피카소의 경우에 대해서도, '이 그림이 피카소가 그린 스타인의 초상'이라는 우리의 지식이 종국에는 그림과 실물 사이의 닮음을 발견하는 방식으로 우리의 지각을 형성해 냈을 것이라는 설명이 가능하다. 사실성이라는 것이 과연 재현 체계에 따라 상대적인지는 논쟁의 여지가 많지만 피카소의 수수께끼 같은 답변과 자신감 속에는 회화적 재현의 본성에 대한 이러한 통찰이 깔려 있었다고도 볼 수 있다.

42 곰브리치와 굿맨이 인상주의자들에게 할 수 있는 말로 가장 적절한 것은?

① 망막에 맺힌 상은 오히려 '순수한 눈'을 왜곡할 수 있다.

② 객관적인 사실성은 의식적인 노력의 결과라기보다는 우연의 산물이다.

③ 망막에 맺힌 상을 그대로 그린다고 하더라도 객관적인 사실성은 얻을 수 없다.

④ 대상의 숨어 있는 실재를 지각하기 위해서는 눈 이외의 감각 기관이 필요하다.

✗**TIP** 곰브리치와 굿맨은 지각은 우리가 속한 관습과 문화, 믿음 체계, 배경 지식의 영향을 받아 구성
되기 때문에 사실적인 그림이란 결국 한 문화나 개인에게 익숙한 재현 체계를 따른 그림일 뿐이
라고 주장한다. 따라서 사실성을 추구하는 인상주의자들의 그림도 결국 자신들에게 익숙한 재현
체계를 따른 그림이므로 그림에서 객관적 사실성을 얻을 수 없다.

43 윗글을 바탕으로 다음의 그림을 바르게 이해한 것은?

(가)	(나)	(다)
모네(1891) 「늦여름 아침의 낟가리」	세잔(1899) 「사과와 오렌지」	피카소(1907) 「아비뇽의 아가씨들」

① (가)와 (나)는 모두 뚜렷한 윤곽선이 특징인 그림이군.

② (나)와 (다)는 모두 대상이 빛에 따라 달라지는 모습을 그린 그림이군.

③ (가)와 달리 (나)는 원근법이 잘 지켜지지 않고 있는 그림이군.

④ (가)와 달리 (다)는 사물의 고유색을 인정하지 않고 있는 그림이군.

✗**TIP** 셋째 문단 네 번째 줄의 '모네의 그림에서는 볼 수 없었던 부자연스러운 윤곽선이 둘러져 있으며
~'에서 답을 확인할 수 있다.
① (나)는 윤곽선이 부자연스럽다.
② 대상이 빛에 따라 달라지는 모습을 그린 작품은 (가)이다.
④ 둘째 문단 마지막 줄의 '대상의 고유한 색 같은 것은 부정되었다. 햇빛의 조건에 따라 ~'을
통해 사물의 고유색을 인정하지 않은 그림은 (가)임을 알 수 있다.

44 ⊙을 뒷받침하는 근거로 적절한 것은?

① 나무를 그린 소묘 속의 불분명한 연필 자국은 나무를 보게 될 것이라는 우리의 사전 지식으로 인해 나무로 보이고, 소 떼 그림에 있는 비슷한 연필 자국은 소로 보인다.

② 서양 사람이라도 동양의 수묵화나 사군자화를 감상하는 데 어려움이 없다.

③ 그림에 재현된 대상이 무엇인지 알아보는 능력은 서로 다른 문화에 속한 사람들 간에도 크게 다르지 않다.

④ 그림에서 대상을 알아보는 능력은 선천적이어서 생후 일정 기간 그림을 보지 않고 자란 아이들도 처음 그림을 대하자마자 자신들이 알고 있는 대상을 그림에서 알아본다.

　✦ **TIP** ⊙은 지각이 개인이 속한 문화, 믿음 체계, 배경 지식의 영향을 받기 때문에 대상을 '있는 그대로' 볼 수 없다는 이론으로, 문화나 사전 지식에 의해 사실이 파악됨을 말하고 있다. 따라서 사전 지식에 의해 같은 대상이 다르게 보이는 것을 설명하고 있는 ①이 ⊙의 근거가 된다.

┃45~48┃ 다음 글을 읽고 물음에 답하시오.

> (가) 쾌락 원칙이 현실 원칙을 이길 수는 없다. 쾌락 원칙이 현실 원칙을 이길 때, 사회는 유지될 수 없다. 사회는 그래서 쾌락 원칙을 좇는 사람들을 감옥이나 정신 병원으로 보낸다. ⊙이야기는 바로 그 감옥이나 정신 병원에 들어가지 않기 위해 쾌락 원칙이 현실 원칙을 피해 자신을 드러내는 자리이다. 아니다. 이야기 쾌락원칙이 자신을 드러내는 자리가 아니라, 현실 원칙이 쾌락 원칙을 어떻게 억압하고 있으며, 그것은 올바른 것인가 아닌가를 무의식적으로 반성하는 자리이다. 쾌락 원칙만을 좇아서 살 수는 없다. 그래서는 사회가 유지될 수 없다. 그러나 현실 원칙이 적절하게 쾌락 원칙을 규제하고 있는가 그렇지 않은가는 반성할 수 있다. 그래야 자유로운 공간이 조금씩 넓어질 수 있다.
>
> (나) 「정보 사회는 여러 가지 관점에서 규정되고 있다. 한 나라의 산업구조에서 지식·정보 산업을 포함하는 3차 산업의 취업 인구가 50%를 넘을 때, 그 나라는 정보사회로 들어간다고 보는 사람들이 있다.」 한편, 「땅이 제일 중요했던 농경 사회, 자원·자본이 제일 중요한 산업 사회를 거쳐, 지식·정보가 가장 중시 되는 사회가 정보사회라는 관점도 있다.」 이렇게 본다면, 정보사회란 지식·정보의 생산, 처리, 저장, 전달이 가장 활발하고 중요해진 사회를 말한다. 그러나 아마도 가장 구체적으로 정보 사회를 개념화(槪念化)해 주는 것은 여러 ⓛ전자 기기, 특히 ⓒ텔레비전, 전화, 전신, 컴퓨터, 인공 위성 등과 같은 정보 테크놀로지의 출현과 보급이라고 해도 좋을 것이다. 이런 의미에서 정보사회는 전자사회라고도 할 수 있다.
>
> (다) 하회동의 서낭신은 '무진생 서낭님'이며, 이 곳 서낭제는 동제라고 부르는 평상제와 별신굿이라고 부르는 5년 10년에 한 번씩 지내는 임시 대제가 있다. 인근 마을에서까지 모여들어 성시를 이루었던 하회 별신굿은 ⓔ이 굿을 못 보면 죽어서 좋은 데로 못간다고까지 일러 오던 대축제였으나, 시대적 추이(推移)와 더불어 경제적 원인과 기타의 이유로 해서 1928년 이래로 중단되고, 탈과 탈놀이만 문화재로 남아 있다.

45 ㈎의 ㉠에서 말하는 '이야기'의 성격을 가장 잘 보여주는 예는 무엇인가?

① 음담패설   ② 자서전

③ 편지   ④ 수수께끼

> ✡**TIP** 쾌락 원칙이 현실을 피해 자신을 드러내는 이야기라고 했으므로 '음담패설'이 적절하다. '음담패설'이란 음탕하고 덕의에 벗어나는 상스러운 이야기를 뜻한다.
> ② 작자 자신의 일생을 소재로 스스로 짓거나, 남에게 구술하여 쓰게 한 전기를 말한다.
> ④ 어떤 사물에 대하여 바로 말하지 않고, 빗대어 말하여 알아맞히는 놀이를 말한다.

46 ㈏에서 사용된 설명 방식은 무엇인가?

① 분류   ② 분석

③ 비교   ④ 정의

> ✡**TIP** 정보사회에 대한 정의를 내리고 이야기를 설명해 나가고 있다.
> ① 종류에 따라 가르다.
> ② 얽혀있거나 복잡한 것을 풀어서 개별적인 요소나 성질로 나누다.
> ③ 둘 이상의 사물을 견주어 서로 간의 유사점, 차이점, 일반 법칙 따위를 고찰하는 일을 말한다.

47 ㈏의 ㉡ : ㉢의 관계와 가장 유사한 단어는?

① 공책 : 가방   ② 과일 : 사과

③ 남자 : 여자   ④ 빵 : 밀가루

> ✡**TIP** '전자기기 : 텔레비전'은 상의어와 하의어의 관계이다.

48 ㈐의 ㉣의 뜻으로 적절한 것은 무엇인가?

① 하회 별신굿을 구경하지 못하면 이승에 한이 남는다.

② 하회 별신굿을 보지 못하면 부자가 될 수 없다.

③ 하회 별신굿에 참여하지 않으면 재수가 없다.

④ 하회 별신굿에 협조하지 않으면 나쁜 일이 생긴다.

> ✡**TIP** 죽어서도 이승에 한이 남아 좋은 곳으로 가지 못한다고 생각할만큼 중요하게 여겨졌던 굿이었다는 뜻이다.

(가) 동주는 시를 함부로 써서 원고지(原稿紙) 위에서 고치는 일이 별로 없었다. 즉, 한 편의 시가 이루어지기까지는 몇 주일, 몇 달 동안을 마음속에서 고민(苦悶)하다가, 한번 종이 위에 옮기면 그것으로 완성되는 것이었다. 그의 시집을 보면, 1941년 5월 31일 하루에 '또 태초(太初)의 아침', '십자가(十字架)', '눈을 감고 간다' 등 세편을 썼고, 6월 2일에는 '바람이 불어'를 썼는데, 동주와 같은 과작(寡作)의 시인(詩人)이 하루에 세 편의 시를 쏟아 놓고, 이틀 뒤에 또 한 편을 썼다는 사실은 믿어지지 않는 일이다. 그것은 머릿속에서 완성된 시를 다만 원고지에 옮겨 적은 날이라고 생각할 때에야 비소로 수긍(首肯)이 가는 일이다. 그는 이처럼 마음속에서 시를 다듬었기 때문에, 한 마디의 시어(詩語) 때문에도 몇 달을 고민하기도 했다. 유명한 '또 다른 고향(故鄕)'에서

어둠 속에서 곱게 풍화 작용(風化作用)하는

백골(白骨)을 들여다보며

눈물짓는 것이 내가 우는 것이냐

라는 구절에서 ㉠'풍화 작용'이란 말을 놓고, 그것이 시어답지 못하다고 매우 불안스러워한 적이 있었다.

그러나 고칠 수 있는 적당한 말을 찾지 못해 그대로 두었지만, 끝내 만족해하지를 않았다.

(나) 이중건 : 내가 초 잡은 게 어떻소.

김의원 : 네 뭣이라구요. (옆방의 이중생 기절하듯)

최변호사 : ㉡(당황하여) 영감께서는 사랑으로 나가계시죠.

이중건 : 옳지, 옳지……. 그런게 아니었다! 저, 저, 사랑 손님이 있어서 전 실례합니다. (후원으로 나가면서 녹백) 어 참, 큰코 다칠 뻔했군, 기와집과 삼백만 환이 제물에 살짝 녹을 뻔 했지. 달지. 아범더러 후원으로 한 상 채려 오라고 이르게.

최변호사 : 영감이 동생 잃은 후론 그만 뒤죽박죽입니다.

김의원 : 그러실테죠.

최변호사 : 암, 그렇구 말구요. 고인의 생전에는 모리베이니 인색가이니 많은 시비두 받았지만, 하나밖에 없는 동기간에는 각별했습죠. 이번 유서에두 당신의 백씨 일을 가장 걱정했습니다. 훌륭허시죠 보통이 아니예요. 자기가 과오를 범했다구 자결하는 그 용기만 보아두 범인이 아닙네다.

49 (개의 ㉠의 이유로 알맞은 것은?

① 정서를 함축적으로 표현할 수 없기 때문에

② 단어 자체의 모호성 때문에

③ 너무나 상징성을 갖고 있기에

④ 단순한 표현이었기에

✿**TIP** 시어는 단어가 여러 가지 의미를 함축하는 경우가 많은데, '풍화 작용'이라는 단어는 정서를 함축적으로 표현할 수 없다고 생각하여 만족해하지 못했다.

50 (나)와 같은 글의 특성으로 틀린 것은?

① 무대 상연의 문학   ② 행동의 문학

③ 과거형의 전개   ④ 대사 중심

✕ **TIP** (나)는 희곡으로 과거형으로 전개되는 것이 아니라 현재형으로 전개되는 것이 특징이다. 희곡은 무대에서의 상연을 목적으로 하는 문학이기 때문에 과거형으로의 전개가 어렵다.

PLUS tip ....

희곡의 특징

㉠ 무대 상연의 문학 : 희곡은 무대 상연을 전제로 한 문학, 즉 연극의 각본이다.

㉡ 행동의 문학 : 희곡에서의 행동은 압축과 생략, 집중과 통일이 이루어져야 하며, 배우의 연기에 의해 무대에서 직접 형상화된다.

㉢ 대사의 문학 : 소설에서는 마음껏 묘사와 설명을 할 수 있지만, 희곡에서는 오직 극중 인물의 대사와 행동만으로 이루어진다.

㉣ 현재화된 인생을 보여주는 문학이다.

㉤ 내용이 막(幕, act)과 장(場, scene)으로 구분되는 문학이다.

㉥ 시간적, 공간적 제약을 받는 문학이다.

㉦ 의지의 대립, 갈등을 본질로 하는 문학이다.

51 (나)의 등장인물 중 관객에게 웃음을 유발시키는 사람은?

① 최 변호사   ② 이중건

③ 송달지   ④ 김 의원

✕ **TIP** 횡설수설하고 당황해 하는 모습을 통해서 관객에게 웃음을 유발시키고 있다.

52 (나)의 ㉡은 희곡의 구성 요소 중 무엇에 해당하는가?

① 해설   ② 무대

③ 지문   ④ 대사

✕ **TIP** ① 해설 : 희곡의 첫머리나 막과 막 사이에서 등장인물, 장소, 심리, 표정 등을 지시하고 설명하는 글이다.

③ 지문 : 희곡에서, 해설과 대사를 뺀 나머지 부분의 글을 말한다. 인물의 동작, 표정, 심리, 말투 따위를 지시하거나 서술한다.

④ 대사 : 등장인물이 하는 말을 뜻한다.

ANSWER 〉 49.①   50.③   51.②   52.③

우리 전통 건축에서 날아갈 듯한 기와지붕 처마선의 아름다움은 어디서 오는 것일까? 그 비밀은 서까래를 이중으로 처리한 겹처마에 있다. 겹처마는 길쭉한 서까래의 끝부분 위에 짧은 덧서까래를 얹어 만든 이중 처마를 말한다. 덧서까래는 처마 끝을 살짝 들어 올리면서 부드러운 곡선을 만들어낸다. 처마선의 아름다움은 벽체로부터 서까래가 시원스럽게 빠져나오는 데 있다. 그런데 거기에 다시 덧서까래를 올렸으니 그 선은 날듯이 하늘을 향하게 되는 것이다.

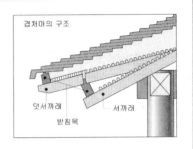

덧서까래의 매력은 건물 네 귀 모퉁이의 추녀에서 절정을 이룬다. 건물 모퉁이 추녀에 올린 서까래를 귀서까래(덧서까래의 모퉁이 부분)라 하는데, 이들 귀서까래는 부챗살인 양 벽체 밖으로 쫙 펼쳐지면서 처마 끝을 한껏 들어올린다. 그 모양이 부드러우면서 날렵하되 천박하지는 않다. 그 거침없음과 세련됨, 처마선의 백미(白眉)라 하기에 충분하다.

귀서까래를 추녀 중앙 쪽보다 훨씬 길게 빼내어 높이 들어 올린 것은, 멋도 멋이지만 사람들의 착시(錯視)를 막기 위한 절묘한 장치다. 건물을 정면에서 바라보면 귀서까래 쪽은 상대적으로 멀리 떨어져 있다. 만약 기와지붕 처마의 실제 높이를 모두 같게 한다면, 귀서까래 쪽은 다른 부분과 실제 높이가 같은데도 시각적으로 밑으로 처져 보여 산뜻한 맛이 떨어지기 마련이다. 이런 착시를 고려하여 모퉁이 추녀를 높게 들어 올린 것이다. 길게 빼낸 귀서까래는 이런 미적 효과만이 아니라, 들이치는 빗물을 막아 건물 모퉁이를 보호하는 효과도 있다.

덧서까래를 받쳐 주는 긴 받침목에도 처마선의 비밀 하나가 숨어 있다. 먼저 지붕 중앙 부분의 반듯한 받침목을 보자. 시간의 흐름에 따라 받침목 가운데 부분은 지붕의 무게로 인해 자연스레 살짝 내려앉을 것이다. 그러면 받침목의 모양이 상한 것으로 생각할 수도 있겠지만, 오히려 추녀 쪽 처마선이 날아갈 듯 들어 올려지는 효과를 발휘하는 것이다. 이와 같은 우연적인 요소가 처마선의 독특한 아름다움을 만들어내는 것이다. 다음으로 모퉁이 부분의 휘어진 받침목에서 휘어진 목재를 의도적으로 사용한 것은 모퉁이 쪽 추녀선이 올라가게 한 섬세한 배려임을 확인할 수 있다. 이것은 분명히 곡선미를 의식한 것으로, 고도의 안목을 보여 주는 것이다.

우리의 전통 건축은 서까래 하나를 올리면서도 인공적 측면뿐 아니라 우연의 측면까지 끌어안았다. 이 처마선의 아름다움은 목조 기와 건축물에서만이 아니라 석탑의 옥개석에서도 나타난다. 석탑 옥개석의 날렵한 곡선에서도 기와지붕 처마선의 아름다움을 그대로 느낄 수 있다. 기와지붕 처마의 곡선미, 그것은 우리 전통 건축의 미감을 살려주는 중요한 요소 중의 하나이다.

53 윗글의 내용과 일치하지 않는 것은?

① 덧서까래는 귀서까래의 대용물 역할을 한다.
② 귀서까래는 다른 서까래보다 길이가 길고 더 높다.
③ 처마선의 아름다움은 서까래와 밀접한 관련이 있다.
④ 겹처마는 서까래 위에 또 하나의 서까래를 얹은 것이다.

☆**TIP** ② 귀서까래는 다른 서까래보다 높게 뽑아내었다고 하였다.

　　　③ 서까래가 펼쳐지면서 처마가 우아한 곡선미를 드러낸다고 하였다.

　　　④ 사진에서 볼 수 있듯이 서까래 위의 서까래가 덧서까래이다.

54 윗글의 서술상 특징으로 가장 적절한 것은?

① 대상의 미적 특성을 분석적으로 드러내고 있다.

② 상반된 견해를 소개한 후 그것을 절충하고 있다.

③ 문답을 통해 설명 대상의 범위를 점점 확장하고 있다.

④ 권위자의 학설을 들어서 자신의 주장을 강화하고 있다.

☆**TIP** 이 글은 첫 번째 문단에서 '기와지붕 처마선의 아름다움이 어디에서 오는 것일까?'라는 화제를 제시한 후 아름다움을 드러내는 것과 관련된 점을 나누어 설명하고 있다. 따라서 분석적 전개라고 할 수 있다.

55 윗글을 참조하여 판단할 때 다음의 빈칸에 들어갈 말로 알맞은 것은?

　　수업 시간에 배운 전통 건축 처마선의 아름다움을 직접 감상하기 위해 고궁을 찾았다. 과연 고궁의 처마가 보여주는 곡선미는 그야말로 환상적이었다. 가볍게 날아갈 듯 솟아오르며 부드러운 자태로 아름다움을 뽐내는 모양을 한 마디로 평한다면 (　　　　)고 할 수 있을 것 같다.

① 소박하고 둔탁하다.　　　　② 경쾌하고 유려하다.

③ 투박하고 웅장하다.　　　　④ 단아하고 둔중하다.

☆**TIP** 날아갈 듯하고 부드러운 자태와 관련하여 보았을 때 '경쾌하다(날아갈 듯 가볍고 상쾌하다)'와 '유려하다(물 흐르듯 아름답다)'를 사용할 수 있다.

☝ANSWER 〉 53.① 54.① 55.②

|56~58| 다음 글을 읽고 물음에 답하시오.

일반적으로 문화는 '생활양식' 또는 '인류의 진화로 이룩된 모든 것'이라는 포괄적인 개념을 갖고 있다. 이렇게 본다면 언어는 문화의 하위 개념에 속하는 것이다. 그러나 언어는 문화의 하위 개념에 속하면서도 문화 자체를 표현하여 그것을 전파, 전승하는 기능도 한다. 이로 보아 언어에는 그것을 사용하는 민족의 문화와 세계 인식이 녹아 있다고 할 수 있다.

(가) ┌─ 가령 '사촌'이라고 할 때, 영어에서는 'cousin'으로 이를 통칭(通稱)하는 것을 우리말에서는 친외·고종·이종 등으로 구분하고 있다. 친족 관계에 대한 표현에서 우리말이 영어보다 좀 더 섬세하게 되어 있는 것이다. 이것은 친족 관계를 좀 더 자세히 표현하여 차별 내지 분별하려 한 우리 문화와 그것을 필요로 하지 않는 영어권 문화의 차이에서 기인한 것이다.

문화에 따른 이러한 언어의 차이는 낱말에서만이 아니라 어순(語順)에서도 나타난다. 우리말은 영어와 주술 구조가 다르다. 우리는 주어 다음에 목적어, 그 뒤에 서술어가 온다. 이에 비해 영어에서는 주어 다음에 서술어, 그 뒤에 목적어가 온다. 우리말의 경우 '나는 너를 사랑한다.'라고 할 때, '나'와 '너'를 먼저 밝히고 그 다음에 '나의 생각'을 밝히는 것에 비하여, 영어에서는 '나'가 나오고 그 다음에 '나의 생각'이 나온 뒤에 목적어인 '너'가 나온다. 이러한 어순의 차이는 결국 나의 의사보다 상대방에 대한 관심을 먼저 보이는 우리들과, 나의 의사를 밝히는 것이 먼저인 영어를 사용하는 사람들의 문화 차이에서 기인한 것이다.

대화를 할 때 다른 사람을 대우하는 것에서도 이런 점을 발견할 수 있다. 손자가 할아버지에게 무엇을 부탁하는 경우를 생각해 보자. 이 경우 영어에서는 'You do it, please.'라고 하고, 우리말에서는 '할아버지께서 해 주세요.'라고 한다. 영어에서는 상대방이 누구냐에 관계없이 상대방을 가리킬 때 'You'라는 지칭어를 사용하고, 서술어로는 'do'를 사용한다. 그런데 우리말에서는 상대방을 가리킬 때, 무조건 영어의 'You'에 대응하는 '당신(너)'이라는 말만을 쓰는 것은 아니고 상대에 따라 지칭어를 달리 사용한다. 뿐만 아니라, 영어의 'do'에 대응하는 서술어도 상대에 따라 '해 주어라, 해 주게, 해 주오, 해 주십시오, 해 줘, 해 줘요'로 높임의 표현을 달리한다. 이는 우리말이 서열을 중시하는 전통적인 유교 문화를 반영하고 있기 때문이다.

언어는 단순한 음성 기호 이상의 의미를 지니고 있다. 앞의 예에서 알 수 있듯이 언어에는 그 언어를 사용하는 민족의 문화가 용해되어 있다. 따라서 우리 민족이 한국어라는 구체적인 언어를 사용한다는 것은 단순히 지구상에 있는 여러 언어 가운데 개별 언어 한 가지를 쓴다는 사실만을 의미하지는 않는다. 한국어에는 우리 민족의 문화와 세계 인식이 녹아 있기 때문이다. 따라서 우리말에 대한 애정은 우리 문화에 대한 사랑이요, 우리의 정체성을 살릴 수 있는 길일 것이다.

56 윗글의 내용과 일치하지 않는 것은?

① 문화의 하위 개념인 언어는 문화와 밀접한 관련이 있다.

② 영어에 비해 우리말은 친족 관계를 나타내는 표현이 다양하다.

③ 우리말에 높임 표현이 발달한 것은 서열을 중시하는 문화가 반영된 것이다.

④ 우리말의 문장 표현에서는 상대방에 대한 관심보다는 나의 생각을 우선시한다.

✦TIP ④ 우리말의 경우 '나'와 '너'를 먼저 밝히고 그 다음에 '나의 생각'을 밝히는 것에 비하여, 영어에서는 '나'가 나오고 그 다음에 '나의 생각'이 나온 뒤에 목적어인 '너'가 나오는 어순의 차이는 나의 의사보다 상대방에 대한 관심을 먼저 보이는 우리들과, 나의 의사를 밝히는 것이 먼저인 영어를 사용하는 사람들의 문화 차이에서 기인한 것이라고 언급되어 있다. 우리말의 문장 표현에서는 나의 생각보다 상대방에 대한 관심을 우선시한다고 볼 수 있다.

57 본문의 글쓴이가 다음과 같은 입장을 밝힌다고 할 때, 가장 적절한 것은?

> 세계화 시대에 영어를 모르면 국제 사회에서 제대로 활동하기 어렵습니다. 특히 수출이 경제 활동의 근간인 우리나라의 경우 영어를 못하면 곤란한 문제가 발생할 수 있습니다. 우리나라 사람들에게 영어는 선택이 아니라 필수라 생각합니다. 따라서 이제는 영어를 공용어로 삼아야 합니다.

① 언어를 사용하는 것도 시대의 변화에 발맞춰야 한다고 생각합니다. 그러기에 당신의 견해도 일리가 있습니다.
② 영어를 공용어로 삼는다면 외국인들도 쉽게 우리 문화에 접근할 수 있다는 점에서 당신의 주장에 찬성합니다.
③ 언어는 단순히 의사 표현의 수단에 불과한 것이 아닙니다. 당신 말대로 했다가는 우리의 민족 문화는 위태로워질 겁니다.
④ 영어를 공용어로 채택할 것인지 말 것인지는 한두 사람의 생각에 달려 있는 것이 아니라 국민 대다수의 생각에 달려 있습니다.

✦TIP 윗글에서는 세계화 시대에 영어를 모르면 국제 사회에서 제대로 활동하기 어렵다며 영어를 공용어로 삼아야 한다고 주장하고 있다. 그런데 본문의 글쓴이는 우리말에는 우리 민족의 문화와 세계 인식이 녹아 있기 때문에 우리말에 대한 애정은 우리 문화를 사랑하고 우리의 정체성을 살릴 수 있는 길이라고 주장하고 있다. 따라서 언어는 단순히 의사 표현의 수단에 불과한 것이 아니기 때문에 영어를 공용어로 삼으면 우리 민족 문화는 위태로워질 것이라는 ③이 정답이다.

58 (가)와 유사한 예를 추가한다고 할 때, 가장 적절한 것은?

① 우리가 '집'이라 부르는 것을 미국인들은 'house', 중국인들은 '家', 프랑스인들은 'maison' 이라는 말로 지칭한다.

② 쌀을 주식으로 했던 우리는 '쌀', '벼', '밥'을 구별해서 사용하지만, 그렇지 않았던 영어 권에서는 이를 뜻하는 단어로 'rice' 하나만을 사용한다.

③ 우리말 '섬'을 중세 국어에서는 '셤[셤]', 고대 일본어에서는 'しま[시마]'로 발음하였다. 이로 보아 우리말과 일본어는 친근 관계에 있음을 알 수 있다.

④ 영어의 'milk'는 1음절 어휘인데, 우리말은 음절 구조상 음절의 끝소리에 자음과 자음이 연속하여 올 수 없다. 따라서 우리말에서는 모음 'ㅡ'를 첨가하여 2음절인 '[밀크]'라고 발음한다.

> ✦ **TIP** (가)는 우리 문화가 친족 관계를 좀 더 자세히 표현하여 차별 내지 분별하려 하기 때문에 친족 관계에 대한 표현에서 우리말이 영어보다 좀 더 섬세하게 되어 있다는 내용이다. 이와 유사한 예를 추가한다고 할 때 쌀을 주식으로 했던 우리는 '쌀', '벼', '밥'이라는 말을 구별해서 사용하지만, 그렇지 않았던 영어권에서는 'rice' 하나의 말만을 사용한다는 ②가 적절하다.

상처를 보호하기 위해 손가락에 붙이는 밴드가 매끄러운 피부에 잘 붙는 이유는 무엇일까? 이는 분자와 분자 사이에 작용하는 '쿨롱의 힘'과 관련이 있다고 한다. 그런데 쿨롱의 힘이 작용하려면 전자가 남거나 모자란 상태의 이온처럼 물체가 전하를 띠어야 한다. 그렇다면 밴드도 전하를 띠고 있다는 것인가? 물 분자의 경우를 중심으로 분자 사이에 작용하는 쿨롱의 힘에 대해 살펴보자.

물 분자는 수소 원자 두 개가 하나의 산소 원자 양쪽에 공유결합을 하고 있는 구조를 이루고 있는데, 산소를 중심으로 104.5도로 꺾여 있어 마치 부메랑처럼 생겼다. 그런데 물 분자 안에 들어 있는 전자는 산소와 수소의 ㉠전기음성도 차에 의해 한쪽으로 치우쳐 있다. 전기음성도는 특정 원자가 화학 결합을 이루고 있는 전자를 끌어당기는 정도를 수치로 나타낸 값으로 산소 원자의 전기음성도는 수소 원자의 전기음성도보다 크다. 따라서 산소 원자와 수소 원자 사이의 공유결합은 대칭적이지 않고, 전자가 산소 원자 쪽으로 쏠려 산소 원자 부근에는 음전하가, 수소 원자 부근에는 양전하가 만들어진다.

물 분자처럼 공유결합에서 전자가 한쪽으로 쏠려 분자 하나가 양전하와 음전하로 갈려있는 상태를 쌍극자라 한다. 그리고 분자 안에서 양전하와 음전하가 생기는 정도를 ㉡쌍극자모멘트라 한다. 쌍극자모멘트는 크기와 방향을 모두 갖는 벡터량이다. 따라서 각 쌍극자가 만드는 쌍극자모멘트의 벡터합을 구하면 분자 전체의 극성을 알 수 있다. 부메랑 구조를 가진 물 분자의 쌍극자모멘트 합을 구해 보면 산소 원자 쪽이 음전하를 띤다는 사실을 알 수 있다. 물 분자처럼 쌍극자모멘트의 합에 의해 극성이 생기는 분자를 극성분자라 한다.

분자에 극성이 생겼으니 이제 쿨롱의 힘을 이야기할 수 있다. ㉢극성분자 사이에 작용하는 쿨롱의 힘은 막대자석 사이에 작용하는 힘에 빗대어 설명할 수 있다. 막대자석은 N극과 S극으로 이루어져 있다. 두 개의 반대되는 성질이 양쪽으로 나누어져 있으니 극성분자처럼 쌍극자가 있는 셈이다. 막대자석 여러 개를 이어 붙여 큰 구조물을 만든다고 해 보자. 같은 극끼리는 밀어내고 다른 극끼리는 끌어당기므로 N극과 S극을 이어 붙여야 한다. 극성분자인 물도 마찬가지다. 양전하를 띠는 수소 원자는 다른 물 분자의 음전하를 띠는 산소 원자 쪽에 가까워지려고 한다.

그런데 공유결합의 힘보다는 약하지만, 극성분자는 쌍극자를 갖고 있기 때문에 분자들을 적절히 배치하면 분자들 사이에 쿨롱의 힘이 작용한다. 이처럼 극성분자 사이에 작용하는 쿨롱의 힘을 ㉣쌍극자간 힘이라 부른다. 극성분자 사이에 작용하는 쿨롱의 힘은 물질의 점성이나 상태를 결정한다. 예컨대 물 분자들이 쌍극자간 힘으로 촘촘히 결합되어 있으면 얼음이 되고 물 분자 사이의 결합이 느슨해지다가 끊어지면 수증기가 된다.

밴드의 접착력도 분자 사이에 작용하는 쿨롱의 힘으로 설명할 수 있다. 밴드의 접착면은 극성을 강하게 띠는 고분자물질로 처리되어 있어 피부에 잘 붙는다. 밴드가 떨어지는 이유는 밴드와 피부를 이루는 분자 사이에 작용하는 힘이 이 둘을 떨어뜨리려는 외부의 힘에 비해 약하기 때문이다. 밴드 외에도 우리 주위를 살펴보면 분자간 힘이 작용하는 현상을 손쉽게 찾아볼 수 있다. 순간접착제로 깨진 그릇을 붙일 수 있는 이유도 순간접착제와 그릇을 구성하고 있는 분자 사이의 힘이 손으로 뗄 수 없을 정도로 강하기 때문이다.

59 윗글에 대한 설명으로 가장 적절한 것은?

① 특수한 현상에 대한 다양한 이론을 소개하고 있다.
② 새로 발견된 과학 원리의 응용 가능성을 전망하고 있다.
③ 사례들의 공통점을 추출하여 보편적 원리를 도출하고 있다.
④ 현상의 과학적 원리를 특정 대상을 중심으로 설명하고 있다.

> ✦ **TIP** 본문의 첫째 문단에서 물 분자의 경우를 중심으로 분자 사이에 작용하는 쿨롱의 힘에 대해 살펴보자고 제시하며 뒤의 내용이 전개된다. 따라서 쿨롱의 힘의 과학적 원리를 특정 대상인 물 분자를 중심으로 설명하고 있다는 ④가 가장 적절하다.

60 ㉠~㉣에 대한 설명으로 적절하지 않은 것은?

① ㉠ : 특정 원자가 전자를 끌어당기는 정도와 관련이 있다.
② ㉡ : 분자 전체의 극성을 알 수 있게 하는 척도가 된다.
③ ㉢ : 쌍극자모멘트에 의해 극성이 생긴 분자를 말한다.
④ ㉣ : 극성이 없는 분자 사이에도 작용한다.

> ✦ **TIP** ㉣의 바로 앞에 공유결합의 힘보다는 약하지만, 극성분자는 쌍극자를 갖고 있기 때문에 분자들을 적절히 배치하면 분자들 사이에 쿨롱의 힘이 작용한다. 이처럼 극성분자 사이에 작용하는 쿨롱의 힘을 쌍극자간 힘이라 부른다고 언급되어 있다.

61 다음 〈조건〉에 따를 때 바나나우유를 구매한 사람을 바르게 짝지은 것은?

〈조건〉

• 남은 우유는 10개이며, 흰우유, 초코우유, 바나나우유, 딸기우유, 커피우유 각각 두 개씩 남아 있다.
• 독미, 민희, 영진, 호섭 네 사람이 남은 열 개의 우유를 모두 구매하였으며, 이들이 구매한 우유의 수는 모두 다르다.
• 우유를 전혀 구매하지 않은 사람은 없으며, 같은 종류의 우유를 두 개 구매한 사람도 없다.
• 독미와 영진이가 구매한 우유 중에 같은 종류가 하나 있다.
• 영진이와 민희가 구매한 우유 중에 같은 종류가 하나 있다.
• 독미와 민희가 동시에 구매한 우유의 종류는 두 가지이다.
• 독미는 딸기우유와 바나나우유는 구매하지 않았다.
• 영진이는 흰우유와 커피우유는 구매하지 않았다.
• 호섭이는 딸기우유를 구매했다.
• 민희는 총 네 종류의 우유를 구매했다.

---

① 민희, 호섭

② 독미, 영진

③ 민희, 영진

④ 영진, 호섭

✦ **TIP** 독미는 민희와 같은 종류의 우유를 2개 구매하였고, 영진이와도 같은 종류의 우유를 하나 구매하였다. 따라서 독미는 우유를 3개 이상을 구매하게 되는데 딸기우유와 바나나우유를 구매하지 않았다고 했으므로 흰우유, 초코우유, 커피우유를 구매했다. 독미와 영진이가 구매한 우유 중에 같은 종류가 하나 있다고 하였고 영진이가 흰우유와 커피우유를 구매하지 않았다고 하였으므로 영진이는 초코우유를 구매했다. 이로서 초코우유는 독미와 영진이가 구매하였고, 민희는 4종류의 우유를 구매했다고 했으므로 초코우유를 제외한 흰우유, 바나나우유, 딸기우유, 커피우유를 구매하였다. 민희와 영진이가 구매한 우유 중에 같은 종류가 하나 있다고 하였는데 그 우유가 바나나우유이다. 따라서 바나나우유를 구매한 사람은 민희와 영진이다.

🖒 ANSWER 〉 59.④ 60.④ 61.③

62 다음 (가)와 (나)의 상황에서 도둑은 각각 누구인가?

> (가) 도둑 용의자인 A, B, C가 수사과정에서 다음과 같은 진술을 하였다. 그런데 나중에 세 명 중 두 명의 말은 거짓이었고 도둑은 한 명이라는 것이 밝혀졌다.
> - A : 저는 도둑이 아닙니다.
> - B : C는 확실히 도둑질을 하지 않았습니다.
> - C : 제가 바로 도둑입니다.
>
> (나) 도둑 용의자인 甲, 乙, 丙이 수사과정에서 다음과 같은 진술을 하였다. 그런데 나중에 도둑은 한 명이고 그 도둑은 거짓말을 했다는 것이 밝혀졌다.
> - 甲 : 저는 결코 도둑이 아닙니다.
> - 乙 : 甲의 말은 참말입니다.
> - 丙 : 제가 바로 도둑입니다.

① (가) － A, (나) － 甲
② (가) － A, (나) － 乙
③ (가) － B, (나) － 丙
④ (가) － B, (나) － 甲

✦ **TIP** ㉠ (가) 상황
- A가 도둑인 경우 : A는 거짓, B는 참, C는 거짓이므로 조건에 부합한다.
- B가 도둑인 경우 : A는 참, B는 참, C는 거짓이므로 조건에 부합하지 않는다.
- C가 도둑인 경우 : A는 참, B는 거짓, C는 참이므로 조건에 부합하지 않는다.

㉡ (나) 상황
- 甲이 도둑인 경우 : 甲은 거짓, 乙은 거짓, 丙은 거짓이므로 조건에 부합한다.
- 乙이 도둑인 경우 : 甲은 참, 乙은 참, 丙은 거짓이므로 조건에 부합하지 않는다.
- 丙이 도둑인 경우 : 甲은 참, 乙은 참, 丙은 참이므로 조건에 부합하지 않는다.

㉢ 따라서, (가) 상황에서는 A가 도둑이며, (나) 상황에서는 甲이 도둑이다.

63 다음 근거에 따를 때, 기밀 유출에 가담한 사람을 모두 고르면?

> 甲회사는 신제품 출시를 앞두고 기밀이 유출되었다. 내부 소행으로 밝혀졌으며 관련자 5명(A, B, C, D, E)을 소환하여 조사한 결과 다음과 같은 사항들이 밝혀졌다.
> • 소환된 다섯 명이 모두 가담한 것은 아니다.
> • A와 B는 기밀 유출에 함께 가담하였거나 함께 가담하지 않았다.
> • B가 가담했다면 C가 가담했거나 A가 가담하지 않았다.
> • A가 가담하지 않았다면 D도 가담하지 않았다.
> • D가 가담하지 않았다면 A가 가담했고, C는 가담하지 않았다.
> • A가 가담하지 않았다면 E도 가담하지 않았다.
> • E가 가담했다면 C는 가담하지 않았다.

① A, B
② C, E
③ C, D, E
④ A, B, C, D

✡ **TIP** ㉠ A와 B 둘다 가담한 경우 : 세 번째 조건에 의해 C가 가담했으며, 마지막 조건의 대우에 의해 E는 가담하지 않았다. 다섯 번째 조건의 대우에 의해 D도 가담했다. 따라서 가담한 사람은 A, B, C, D 4명이다.

　　㉡ A와 B 둘다 가담하지 않은 경우 : 네 번째 조건에 의해 D는 가담하지 않았다. 그러나 다섯 번째 조건에서 D가 가담하지 않았다면 A가 가담했다고 나와있으므로 이는 조건에 위배된다.

64 다음 글을 근거로 판단할 때 참말을 한 사람은?

> 사랑, 하나, 두리, 용만 네 명의 학생 각각은 다른 학교 학생들과 30회씩 가위바위보를 했다. 각 게임에서 이길 경우 5점, 비길 경우 1점, 질 경우 −1점을 받는다. 게임이 모두 끝나자 네 명의 학생들은 자신의 점수를 다음과 같이 말했다. 이들 중 한 명의 진술만이 진실이라고 판명났다.
> • 사랑 : 내 점수는 148점이다.
> • 하나 : 내 점수는 145점이다.
> • 두리 : 내 점수는 143점이다.
> • 용만 : 내 점수는 140점이다.

① 사랑   ② 하나
③ 두리   ④ 용만

✦ **TIP** 30회의 게임을 해서 나올 수 있는 점수를 받는 사람이 참말을 하고 있는 것이다. 30회의 게임을 다 이겼을 경우 150점을 받게 되며, 29번 이기고 1번 비기면 146점, 29번 이기고 1번 지면 144점을 받는다. 28번 이기고 1번 비기고 1번 지면 140점이 된다. 따라서 용만이가 참말을 하고 있다.

65 다음과 같은 조건일 때, 진실을 말하고 있는 사람은 누구인가?

> • 갑, 을, 병, 정 네 사람의 절도용의자가 심문을 받고 있다.
> • 절도범은 한 명이다.
> • 네 사람 중 단 한 사람만이 진실을 말하고 있다.
> • 갑 : 을이 절도를 하였다.
> • 을 : 정이 절도를 하였다.
> • 병 : 나는 훔치지 않았다.
> • 정 : 을은 거짓말을 하고 있다.

① 갑   ② 을
③ 병   ④ 정

66 A는 잊어버린 네 자리 숫자의 비밀번호를 기억해 내려고 한다. 비밀번호에 대해서 가지고 있는 단서가 다음과 같을 때 사실이 아닌 것은?

㉠ 비밀번호를 구성하고 있는 어떤 숫자도 소수가 아니다.

㉡ 6과 8 중에 단 하나만 비밀번호에 들어가는 숫자다.

㉢ 비밀번호는 짝수로 시작한다.

㉣ 골라 낸 네 개의 숫자를 큰 수부터 차례로 나열해서 비밀번호를 만들었다.

㉤ 같은 숫자는 두 번 이상 들어가지 않는다.

---

① 비밀번호는 짝수이다.

② 비밀번호의 앞에서 두 번째 숫자는 4이다.

③ 위의 조건을 모두 만족시키는 번호는 모두 세 개가 있다.

④ 비밀번호는 1을 포함하지만 9는 포함하지 않는다.

67 용의자 A, B, C, D 4명이 있다. 이들 중 A, B, C는 조사를 받는 중이며 D는 아직 추적 중이다. 4명 중에서 한 명만이 진정한 범인이며, A, B, C의 진술 중 한명의 진술만이 참일 때 범인은 누구인가?

> • A : B가 범인이다.
> • B : 내가 범인이다.
> • C : D가 범인이다.

① A   ② B
③ C   ④ D

✿ **TIP** 만약 B가 범인이라면 A와 B의 진술이 참이어야 한다. 하지만 문제에서 한명의 진술만이 참이라고 했으므로 A, B는 거짓을 말하고 있고 C의 진술이 참이다. 따라서 범인은 D이다.

68 다음 조건에 따를 때, 선정이의 병명은 무엇인가?

> 소윤, 홍미, 효진, 선정이가 처방전을 가지고 약국을 방문하였는데, 처방전을 받아 A~D의 약을 조제한 약사는 처방전을 잃어버리고 말았다.
> • 약국을 방문한 4명의 병명은 감기, 배탈, 치통, 위염이었다.
> • 홍미의 처방전은 B에 해당하는 것이었고, 그녀는 감기나 배탈 환자가 아니었다.
> • A는 배탈 환자에 사용되는 약이 아니다.
> • D는 위염에 사용되는 약이 포함되어 있다.
> • 소윤이는 임신을 한 상태이고, A와 D에는 임산부가 먹으면 안 되는 약이 포함되어 있다.
> • 효진이는 감기 환자가 아니었다.

① 감기   ② 배탈
③ 치통   ④ 위염

✿ **TIP**

	소윤	홍미	효진	선정
감기(A)	×	×	×	○
배탈(C)	○	×	×	×
치통(B)	×	○	×	×
위염(D)	×	×	○	×

69 어느 회사에서 사원들을 장기 출장 보내려고 한다. 후보자 5명(갑, 을, 병, 정, 무)을 불러 심사해보니 다음과 같다. 이에 대한 설명으로 옳지 않은 것은?

> • 갑, 을, 병, 정, 무 다섯 사람이 다 출장 가는 것은 아니다.
> • 갑과 을은 함께 출장을 가거나 함께 가지 않는다.
> • 을이 출장 간다면 병이 출장 가거나 갑이 출장 가지 않는다.
> • 갑이 출장 가지 않는다면 정도 출장 가지 않는다.
> • 정이 출장 가지 않는다면 갑이 출장을 가고 병은 출장 가지 않는다.
> • 갑이 출장 가지 않는다면 무도 출장 가지 않는다.
> • 무가 출장 간다면 병은 출장 가지 않는다.

① 갑, 을 2명만 출장을 간다.

② 갑, 을, 병 3명만 출장을 간다.

③ 갑, 을, 병, 정 4명만 출장을 간다.

④ 5명 모두 출장을 간다.

✡ **TIP** ㉠ **갑, 을이 함께 출장 가지 않는 경우**: 갑이 출장 가지 않으므로 정도 출장 가지 않는다(4번째 조건). 정이 출장 가지 않는다면 갑이 출장을 간다고 했으므로 모순이 된다(5번째 조건).
ㄴ **갑, 을이 함께 출장 가는 경우**: 을이 출장을 가므로 병도 출장을 간다(3번째 조건). 병이 출장을 가므로 무는 출장 가지 않는다(7번째 조건의 대우). 병이 출장을 가므로 정도 출장을 간다(5번째 조건).

70 편의점에 우유, 콜라, 사이다, 이온음료, 오렌지주스로 구성된 다섯 가지 음료가 진열돼 있다. 아래 조건을 만족시킬 때 왼쪽에서 두 번째에 진열될 수 있는 음료가 아닌 것은?

> • 우유는 오렌지주스보다 왼쪽에 진열돼 있다.
> • 콜라와 사이다 사이에는 반드시 음료 하나가 진열돼야 한다.
> • 이온음료는 가장 오른쪽에 진열돼 있다.

① 우유　　　　　　　　　　　② 콜라
③ 사이다　　　　　　　　　　④ 오렌지주스

✦ **TIP**

콜라/사이다	우유	사이다/콜라	오렌지주스	이온음료
우유	콜라/사이다	오렌지주스	사이다/콜라	이온음료

71 A~E가 일렬로 섰을 때 다음과 같은 사실을 알 수 있었다. 이때 확실하게 말할 수 있는 것은 어느 것인가?

> • A는 왼쪽에서 2번째이다.
> • B는 A보다 오른쪽에 있다.
> • C와 D는 이웃해 있다.

① D는 가장 오른쪽이다.
② B는 정중앙에 있다.
③ A의 위치는 알 수 없다.
④ E는 가장 왼쪽이다.

✦ **TIP** 주어진 조건을 정리하면 다음과 같다.
　○ A ○ ○ ○
　B가 A보다 오른쪽이고, C와 D는 이웃해 있으므로 A보다 오른쪽에 올 수밖에 없다. 따라서 E는 가장 왼쪽이 된다.

72 다음 조건과 절차에 따를 때 사탕, 젤리, 초콜릿을 합하여 가장 많은 개수를 가져간 사람은?

> 효은, 태운, 세정이네 가족은 마트에서 사탕 15개, 젤리 40개, 초콜릿 25개를 사서 나눠 가지려고 하였다. 효은, 태운, 세정이네 가족은 다음과 같다.
> • 효은이의 가족 : 아버지(44세), 어머니(42세), 효은(14세)
> • 태운이의 가족 : 아버지(46세), 어머니(45세), 태운(16세)
> • 세정이의 가족 : 할아버지(72세), 할머니(71세), 아버지(43세), 어머니(40세), 세정(15세)
> 　사탕, 젤리, 초콜릿을 나눠가지는 절차는 다음과 같다. 첫째, 한 사람당 사탕은 1개씩, 젤리는 3개씩, 초콜릿은 2개씩 가진다. 둘째, 남은 것 중 사탕은 효은이네 가족만, 젤리는 태운이네 가족만, 초콜릿은 세정이네 가족만 나눠 가진다. 단, 사탕은 나이가 많은 사람부터 순서대로 1개씩 가지고, 젤리와 초콜릿은 나이가 적은 사람부터 순서대로 1개씩 가진다. 두 번째 절차는 사탕, 젤리, 초콜릿을 다 나눠가질 때까지 반복한다.

① 효은이네 아버지　　　　　② 태운이네 아버지
③ 태운　　　　　　　　　　④ 세정이네 어머니

✖**TIP**

효은이의 가족	아버지	사탕(3), 젤리(3), 초콜릿(2), 총 8개
	어머니	사탕(2), 젤리(3), 초콜릿(2), 총 7개
	효은	사탕(2), 젤리(3), 초콜릿(2), 총 7개
태운이의 가족	아버지	사탕(1), 젤리(5), 초콜릿(2), 총 8개
	어머니	사탕(1), 젤리(5), 초콜릿(2), 총 8개
	태운	사탕(1), 젤리(6), 초콜릿(2), 총 9개
세정이의 가족	할아버지	사탕(1), 젤리(3), 초콜릿(2), 총 6개
	할머니	사탕(1), 젤리(3), 초콜릿(2), 총 6개
	아버지	사탕(1), 젤리(3), 초콜릿(3), 총 7개
	어머니	사탕(1), 젤리(3), 초콜릿(3), 총 7개
	세정	사탕(1), 젤리(3), 초콜릿(3), 총 7개

73 종현, 민호, 태민, 시원, 동진 다섯 명이 인적성 시험을 봤다. 이들의 시험 결과가 다음과 같을 때, 동진이보다 시험을 못 본 사람은 누구인가?

> • 종현이는 동진이보다 시험을 못봤다.
> • 시원이는 종현이와 민호보다 시험을 못봤다.
> • 동진이는 태민이보다 시험을 못봤다.
> • 민호와 태민이의 등수 차는 '1'이다.

① 시원
② 민호, 시원
③ 종현, 시원
④ 민호, 종현, 시원

> ✿**TIP** 제시된 조건을 정리하면 다음과 같다.
> 시원<종현<동진<(민호)<태민<(민호)

74 A, B, C, D 네 사람은 볼펜, 연필, 자, 지우개 중 각각 서로 다른 학용품을 하나씩 가져왔다. 다음 중 지우개를 가져온 사람은 누구인가?

> • A는 볼펜과 연필을 가져오지 않는다.
> • B와 C는 모두 자를 가져오지 않는다.
> • B와 C는 모두 지우개를 가져오지 않는다.
> • D는 볼펜 또는 자를 가져온다.

① A   ② B
③ C   ④ D

> ✿**TIP** 조건에 따르면 다음과 같다. 지우개를 가져온 사람은 A이다.
>
> | A | B | C | D |
> |---|---|---|---|
> | 지우개 | 볼펜 또는 연필 | 볼펜 또는 연필 | 자 |

75 Z회사에 근무하는 7명의 직원이 교육을 받으려고 한다. 교육실에서 직원들이 앉을 좌석의 조건이 다음과 같을 때 직원 중 빈 자리 바로 옆 자리에 배정받을 수 있는 사람은?

〈교육실 좌석〉

첫 줄	A	B	C
중간 줄	D	E	F
마지막 줄	G	H	I

〈조건〉
- 직원은 강훈, 연정, 동현, 승만, 문성, 봉선, 승일 7명이다.
- 서로 같은 줄에 있는 좌석들끼리만 바로 옆 자리일 수 있다.
- 봉선의 자리는 마지막 줄에 있다.
- 동현이의 자리는 승만이의 바로 옆 자리이며, 또한 빈 자리 바로 옆이다.
- 승만이의 자리는 강훈이의 바로 뒷 자리이다.
- 문성이와 승일이는 같은 줄의 좌석을 배정 받았다.
- 문성이나 승일이는 누구도 강훈이의 바로 옆 자리에 배정받지 않았다.

① 승만
② 문성
③ 연정
④ 봉선

✦ **TIP** 주어진 조건을 정리해 보면 마지막 줄에는 봉선, 문성, 승일이가 앉게 되며 중간 줄에는 동현이와 승만이가 앉게 된다. 그러나 동현이가 승만이 바로 옆 자리이며, 또한 빈자리가 바로 옆이라고 했으므로 승만이는 빈자리 옆에 앉지 못한다. 첫 줄에는 강훈이와 연정이가 앉게 되고 빈자리가 하나 있다. 따라서 연정이는 빈 자리 옆에 배정 받을 수 있다.

76 다음 조건에 따를 때 옳은 것은?

> • A가 가진 모든 옷의 색깔은 파란색이거나 보라색이다.
> • A는 B에게 가끔 자기의 옷을 빌려준다.
> • B는 보라색 옷을 즐겨 입는다.
> • A는 C에게만 가끔 옷을 빌려 입는다.
> • C가 가진 옷 중에 파란색이나 보라색은 없다.

① A가 입은 옷의 빛깔은 항상 파란색이거나 보라색이다.
② B가 보라색 옷을 입고 있다면 그 옷은 A의 것이다.
③ C는 A나 B로부터 결코 옷을 빌려 입는 일이 없다.
④ A가 가진 옷과 C가 가진 옷은 색이 다르다.

✦**TIP** ① A가 C에게 옷을 빌려 입었을 때는 파란색이거나 보라색이 아니다.
② B에게도 보라색 옷이 있을 수 있다.
③ 주어진 사실만으로는 알 수 없다.

77 M회사 구내식당에서 근무하고 있는 N씨는 식단을 편성하는 업무를 맡고 있다. 식단편성을 위한 조건이 다음과 같을 때 월요일에 편성되는 식단은?

> 〈조건〉
> • 다음 5개의 메뉴를 월요일~금요일 5일에 각각 하나씩 편성해야 한다.
> – 돈가스 정식, 나물 비빔밥, 크림 파스타, 오므라이스, 제육덮밥
> • 월요일에는 돈가스 정식을 편성할 수 없다.
> • 목요일에는 오므라이스를 편성할 수 없다.
> • 제육덮밥은 금요일에 편성해야 한다.
> • 나물 비빔밥은 제육덮밥과 연달아 편성할 수 없다.
> • 돈가스 정식은 오므라이스보다 먼저 편성해야 한다.

① 나물 비빔밥   ② 크림 파스타
③ 오므라이스   ④ 제육덮밥

✦**TIP** 금요일에는 제육덮밥이 편성된다. 목요일에는 오므라이스를 편성할 수 없고, 다섯 번째 조건에 의해 나물 비빔밥도 편성할 수 없다. 따라서 목요일에는 돈가스 정식 또는 크림 파스타가 편성되어야 한다. 마지막 조건과 두 번째 조건에 의해 돈가스 정식은 월요일, 목요일에도 편성할 수 없으므로 돈가스 정식은 화요일에 편성된다. 따라서 목요일에는 크림 파스타, 월요일에는 나물 비빔밥이 편성된다.

78 갑, 을, 병, 정의 네 나라에 대한 다음의 조건으로부터 추론할 수 있는 것은?

> ㉠ 이들 나라는 시대 순으로 연이어 존재했다.
> ㉡ 네 나라의 수도는 각각 달랐는데 관주, 금주, 평주, 한주 중 어느 하나였다.
> ㉢ 한주가 수도인 나라는 평주가 수도인 나라의 바로 전 시기에 있었다.
> ㉣ 금주가 수도인 나라는 관주가 수도인 나라의 바로 다음 시기에 있었으나, 정보다는 이전 시기에 있었다.
> ㉤ 병은 가장 먼저 있었던 나라는 아니지만, 갑보다는 이전 시기에 있었다.
> ㉥ 병과 정은 시대 순으로 볼 때 연이어 존재하지 않았다.

① 금주는 갑의 수도이다.
② 관주는 병의 수도이다.
③ 평주는 정의 수도이다.
④ 을은 갑의 다음 시기에 존재하였다.

✫ **TIP** ㉢㉣에 의해 관주 – 금주 – 한주 – 평주 순서임을 알 수 있다. 그리고 ㉣㉤㉥에 의해 을 – 병 – 갑 – 정의 순서임을 알 수 있다.

79 A회사의 건물에는 1층에서 4층 사이에 5개의 부서가 있다. 다음 조건에 일치하는 것은?

> • 영업부와 기획부는 복사기를 같이 쓴다.
> • 3층에는 경리부가 있다.
> • 인사부는 홍보부의 바로 아래층에 있다.
> • 홍보부는 영업부의 아래층에 있으며 2층의 복사기를 쓰고 있다.
> • 경리부는 위층의 복사기를 쓰고 있다.

① 영업부는 기획부와 같은 층에 있다.
② 경리부는 4층의 복사기를 쓰고 있다.
③ 인사부는 2층의 복사기를 쓰고 있다.
④ 기획부는 4층에 있다.

✫ **TIP** ① 복사기를 같이 쓴다고 해서 같은 층에 있는 것은 아니다. 영업부가 경리부처럼 위층의 복사기를 쓸 수도 있다.
③ 인사부가 2층의 복사기를 쓰는지는 알 수 없다.
④ 제시된 조건으로 기획부의 위치는 알 수 없다.

ANSWER 〉 76.④ 77.① 78.③ 79.②

80 다음을 읽고 추리한 것으로 옳은 것은?

> ㉠ 어떤 회사의 사원 평가 결과 모든 사원이 최우수, 우수, 보통 중 한 등급으로 분류되었다.
> ㉡ 최우수에 속한 사원은 모두 45세 이상이었다.
> ㉢ 35세 이상의 사원은 '우수'에 속하거나 자녀를 두고 있지 않았다.
> ㉣ 우수에 속한 사원은 아무도 이직경력이 없다.
> ㉤ 보통에 속한 사원은 모두 대출을 받고 있으며, 무주택자인 사원 중에는 대출을 받고 있는 사람이 없다.
> ㉥ 이 회사의 직원 A는 자녀가 있으며 이직경력이 있는 사원이다.

① A는 35세 미만이고 무주택자이다.
② A는 35세 이상이고 무주택자이다.
③ A는 35세 미만이고 주택을 소유하고 있다.
④ A는 45세 미만이고 무주택자이다.

✻TIP 마지막 단서에서부터 시작해서 추론하면 된다.
직원 A는 자녀가 있으며 이직경력이 있는 사원이다. 따라서 이직경력이 있기 때문에 ㉣에 의해 A는 우수에 속한 사원이 아니다. 또 자녀가 있으며 우수에 속하지 않았기 때문에 ㉢에 의해 35세 미만인 것을 알 수 있다. 35세 미만이기 때문에 ㉡에 의해 최우수에 속하지도 않고, 이 결과 A는 보통에 해당함을 알 수 있다. ㉤에 의해 대출을 받고 있으며, 무주택 사원이 아님을 알 수 있다.
∴ A는 35세 미만이고 주택을 소유하고 있다.

81 4명의 사원을 세계의 각 도시로 출장을 보내려고 한다. 도쿄에 가는 사람은 누구인가?

> • 甲은 뉴욕과 파리를 선호한다.
> • 乙은 도쿄와 파리를 싫어한다.
> • 乙과 丁은 함께 가야한다.
> • 丙과 丁은 뉴욕과 도쿄를 선호한다.
> • 丙은 甲과 같은 도시에는 가지 않을 생각이다.

① 甲   ② 乙
③ 丙   ④ 丁

✻TIP 丙은 뉴욕과 도쿄를 선호하는데 甲과 같은 도시에는 가지 않을 생각이므로 뉴욕은 갈 수 없고 丙 아니면 丁이 도쿄에 가는데 乙이 丁과 함께 가야하므로 丁이 도쿄에 갈 수 없다. 따라서 丙이 도쿄에 간다.

82 6권의 책을 책장에 크기가 큰 것부터 차례대로 책을 배열하려고 한다. 책의 크기가 동일할 때 알파벳 순서대로 책을 넣는다면 다음 조건에 맞는 진술은 어느 것인가?

> • Demian은 책장의 책들 중 두 번째로 큰 하드커버 북이다.
> • One Piece와 Death Note의 책 크기는 같다.
> • Bleach는 가장 작은 포켓북이다.
> • Death Note는 Slam Dunk보다 작다.
> • The Moon and Sixpence는 One Piece보다 크다.

① Demian은 Bleach 다음 순서에 온다.

② 책의 크기는 Slam Dunk가 The Moon and Sixpence 보다 크다.

③ One Piece는 Bleach의 바로 앞에 온다.

④ Slam Dunk 다음 순서로 Demian이 온다.

✦**TIP**　① Bleach는 가장 작은 포켓북이므로 마지막 순서에 온다.
　　② Slam Dunk와 The Moon and Sixpence 둘 중 어떤 책이 더 큰지는 알 수 없다.
　　④ Demian이 더 큰지 Slam Dunk가 더 큰지 알 수 없다.

83 A, B, C, D, E 5명의 입사성적을 비교하여 높은 순서로 순번을 매겼더니 다음과 같은 사항을 알게 되었다. 입사성적이 두 번째로 높은 사람은?

> • 순번 상 E의 앞에는 2명 이상의 사람이 있고 C보다는 앞이었다.
> • D의 순번 바로 앞에는 B가 있다.
> • A의 순번 뒤에는 2명이 있다.

① A　　　　　　　　　　　　② B

③ C　　　　　　　　　　　　④ D

✦**TIP**　조건에 따라 순번을 매겨 높은 순으로 정리하면 BDAEC가 된다.

84 다음 중 주화가 선택한 과목은?

> • 은지, 주화, 민경이 각자 보충수업으로 서로 다른 과목을 선택하였다.
> • 과목은 국어, 영어, 수학이다.
> • 은지는 국어를 선택하지 않았다.
> • 주화가 민경이는 수학을 선택하였다고 한다.

① 국어   ② 영어
③ 수학   ④ 알 수 없음

✦ **TIP** 은지는 영어, 주화는 국어, 민경이는 수학을 선택했다.

┃85~89┃ 다음의 말이 전부 참일 때 항상 참인 것을 고르시오.

85

> • 날씨가 시원하면 기분이 좋다.
> • 배고프면 라면이 먹고 싶다.
> • 기분이 좋으면 마음이 차분하다.
> • '마음이 차분하면 배고프다'는 명제는 참이다.

① 배고프면 마음이 차분하다.
② 날씨가 시원하면 라면이 먹고 싶다.
③ 날씨가 시원하지 않으면 기분이 나쁘다.
④ 배고프면 짬뽕이 먹고 싶다.

✦ **TIP** 날씨가 시원함→기분이 좋음→마음이 차분함→배고픔→라면이 먹고 싶음

86

- 글을 잘 쓰는 사람은 눈물이 많다.
- 말을 잘 하는 사람은 감정이 풍부하다.
- 눈물이 많은 사람은 감정이 풍부하다.

① 말을 잘 하는 사람은 눈물이 많다.
② 감정이 풍부하지 않은 사람은 글을 잘 쓰지 못한다.
③ 글을 잘 쓰는 사람은 말도 잘한다.
④ 눈물이 적은 사람은 감정이 풍부하지 않다.

✧ **TIP** 감정이 풍부하지 않음→눈물이 많지 않음→글을 잘 쓰지 못함

87

- 민수는 A기업에 다닌다.
- 영어를 잘하면 업무능력이 뛰어난 것이다.
- 영어를 잘하지 못하면 A기업에 다니지 않는다.

① 민수는 업무능력이 뛰어나다.
② A기업에 다니는 사람들은 업무능력이 뛰어나지 못하다.
③ 민수는 영어를 잘하지 못한다.
④ 업무능력이 뛰어난 사람은 A기업에 다니는 사람이 아니다.

✧ **TIP** 민수 = A, A기업사람 = B, 영어를 잘함 = C, 업무능력 뛰어남=D라 하고, 영어를 잘하지 못함 = ~C, A기업 사람이 아님 = ~B라 한다. 주어진 조건에서 A→B, C→D, ~C→~B인데 ~C →~B는 B→C이므로(대우) 전체적인 논리를 연결시키면 A→B→C→D가 되어 A→D의 결론 이 나올 수 있다.

88

> • 이씨는 김씨보다 앞에 있다.
> • 최씨는 김씨보다 뒤에 있다.
> • 박씨는 최씨 바로 앞에 있다.
> • 홍씨는 제일 뒤에 있다.
> • 박씨 앞에는 두 명이 있다.

① 김씨와 박씨는 같이 있다.
② 최씨는 이씨보다 뒤에 있다.
③ 이씨는 홍씨 바로 앞에 있다.
④ 박씨 뒤에는 김씨와 최씨가 있다.

✿**TIP** 제시된 조건 중 첫 번째와 두 번째는 변수가 생길 수 있는 것이나, 세 번째와 네 번째 조건을 통해 확실한 위치를 추론할 수 있다.

89

> • 피란상지는 노란상자에 들어간다.
> • 녹색상자는 분홍상자에 들어간다.
> • 주황상자는 노란상자에 들어간다.
> • 파란상자와 분홍상자의 크기가 같다.

① 주황상자는 파란상자에 들어간다.
② 분홍상자는 주황상자에 들어간다.
③ 노란상자는 분홍상자에 들어가지 않는다.
④ 녹색상자는 파란상자에 들어가지 않는다.

✿**TIP** 파란상자와 분홍상자는 크기가 같으므로 파란상자보다 더 큰 노란상자는 분홍상자에 들어가지 않는다.

▌90~94 ▌ 다음 조건을 읽고 옳은 것을 고르시오.

90

- 바보는 웃음이 많다.
- 어떤 과학자는 바보이다.
- 웃음이 많은 사람은 행복하다.

A : 모든 과학자는 바보이다.
B : 어떤 과학자는 행복하다.

① A만 옳다.
② B만 옳다.
③ A와 B 모두 옳다.
④ A와 B 모두 그르다.

TIP 어떤 과학자가 바보라고 했으므로, 모든 과학자가 바보인 것은 아니다. '어떤 과학자→바보→웃음이 많음→행복함'이 성립하므로 B만 옳다.

91

- 어떤 작곡가는 현학적이다.
- 모든 작곡가는 유복하다.
- 어떤 시인은 작곡가이다.

A : 어떤 시인은 유복하다.
B : 어떤 작곡가는 현학적이고 유복하다.

① A만 옳다.
② B만 옳다.
③ A와 B 모두 옳다.
④ A와 B 모두 그르다.

TIP '어떤 시인→작곡가→유복함'이므로 A는 옳다. 어떤 작곡가는 현학적이고 모든 작곡가는 유복하므로 B도 옳다. 따라서 A와 B 모두 옳다.

ANSWER 〉 88.② 89.③ 90.② 91.③

92

- 피아노를 잘 치는 사람은 천재다.
- 천재는 일찍 죽는다.
- 수영이는 천재다.
- 수영이의 동생인 수미는 피아노를 잘 친다.

A : 피아노를 잘 치는 수미는 일찍 죽는다.
B : 수영이는 오래 산다.

① A만 옳다.
② B만 옳다.
③ A와 B 모두 옳다.
④ A와 B 모두 그르다.

✿ **TIP** 피아노를 잘 치는 사람은 천재이고, 천재는 일찍 죽으므로 A는 옳다. 수영이는 천재이므로 일찍 죽는다. 따라서 A만 옳고 B는 옳지 않다.

93

- 정혁, 인국, 태주, 태하는 모두 열매를 좋아한다.
- 지원이는 석현이를 좋아한다.
- 열음이는 인국이를 좋아한다.
- 열매는 태하를 좋아한다.

A : 열매와 태하는 서로 좋아하는 사이다.
B : 석현이는 지원이를 좋아한다.

① A만 옳다.
② B만 옳다.
③ A와 B 모두 옳다.
④ A와 B 모두 그르다.

✿ **TIP** 태하는 열매를 좋아하고, 열매도 태하를 좋아하기 때문에 A는 옳다. 지원이가 석현이를 좋아한다는 내용은 나와 있지만 석현이가 누굴 좋아하는지는 나와 있지 않다. 따라서 A만 옳다.

94

- C회사에서는 근무 연수가 많을수록 연봉이 많다.
- 태우는 수영이보다 연봉이 적다.
- 영진이는 수영이보다 1년 더 근무하였다.
- 지수는 영진이보다 1년 더 근무하였다.
- 수영이는 C회사에서 5년 근무하였다.

A : 네 사람 중에서 지수의 연봉이 가장 많다.
B : 태우의 근무 연수는 5년 미만이다.

① A만 옳다.　　　　　　　　② B만 옳다.
③ A와 B 모두 옳다.　　　　　④ A와 B 모두 그르다.

✫ **TIP**　'지수(7년) > 영진(6년) > 수영(5년) > 태우'순이므로 A와 B 모두 옳다.

95　'갑, 을, 병, 정, 무, 기, 경, 신' 8명을 4명씩 두 조로 만들 때 다음 조건을 만족하는 가능한 조 편성은?

- '병'과 '기'는 각 조의 조장을 맡는다.
- '을'은 '정' 또는 '기'와 같은 조가 되어야 한다.

① 갑, 을, 병, 기　　　　　　② 갑, 정, 기, 신
③ 을, 정, 기, 신　　　　　　④ 을, 병, 무, 경

✫ **TIP**　① '병'과 '기'가 같은 조여서는 안 된다.
　　　②④ '을'이 '정' 또는 '기'와 같은 조가 아니다.

96 무게가 서로 다른 ㉠~㉽의 6개 돌이 다음과 같은 조건을 가질 때 추론할 수 없는 것은?

> • ㉡은 ㉠보다 무겁고, ㉽보다 무겁다.
> • ㉢은 ㉡보다 무겁고, ㉣보다 가볍다.
> • ㉤은 ㉢보다 가볍다.

① ㉠은 ㉽보다 무겁다.
② ㉢은 두 번째로 무겁다.
③ ㉤은 ㉣보다 가볍다.
④ ㉢과 ㉣은 ㉡보다 무겁다.

✦**TIP** ① 주어진 조건으로는 ㉠과 ㉽의 무게 차이를 알 수 없다.

▌ 먼저 주어진 지문을 읽고, 그 다음에 주어진 글이 옳은지(①) 그른지(②) 아니면 주어진 지문으로는 알 수 없는지(③)를 판단하시오.

97

> 만화에서 한 대 맞은 것을 은유적으로 표현하기 위해, 머리 위에 풍선 모양을 만들고 별을 그리는 기법을 흔히 볼 수 있다. 하지만 이러한 해석과는 달리, 머리 위의 별들은 말 그대로 사람 머리 위에 별이 떠 있는 장면을 작가는 의도했을 수도 있다. 이 같은 착오는 만화라는 인쇄매체가 면대면(face-to-face)으로 이뤄지는 직접적 소통 방식이 아니라, 전달 과정을 거치는 간접적 소통 방식을 채택하는 데서 비롯된다. 더구나 직접적인 의사소통이 불가능한 사이버 공간에서는 커뮤니케이션 착오가 훨씬 빈번하게 발생한다. 면전에서 상대방 표정과 의중을 확인할 수 없으니, 현대인들은 상대의 본질을 파악하기 보다는 미리 지레짐작하는 가상적 의사소통 구조에 익숙하다. "우리가 관찰하는 대상은 그 자체가 아니라, 무엇을 위해 우리가 관찰하는 것이다."라는 칸트의 표현처럼 말이다.
>
> 사이버 공간에서는 상대방 숨소리의 결과 표정의 행간을 느끼는 의사소통이 더 힘들다. 상대방이 남자라고 소개해도 정말 그가 남자인지 판별하기 쉽지 않다. 정치권은 어떤가. 국민들의 실제 표정을 살피지 않고 '마땅히 이럴 것이다.'라는, 그들에게 유리하고 편리한 '탁상 정치'가 판을 친다. 사이버 공간은 면대면 상황보다 더 재미있고, 박진감 넘친 커뮤니케이션 여건을 제공하고 있는 것도 사실이다. 또 실제 상황이 마냥 따뜻하고 좋은 것만은 아니다. 현실적 소통이 힘드니까 많은 사람들이 편한 쪽을 선택할지 모른다. 하지만 우리는 정말 인간과 대화 하고 있는 것일까? 상대 말이 진실일까, 허구일까? 이런 것들이 여전히 궁금하다.
>
> 이제부터는 무엇을 위해 설정된 대화가 아니라, 상대 실체에 대해 진실로 탐구하는 대화를 직접 해 보는 것은 어떨까. 그것은 곤혹스러울 수도 있지만 진솔함과 용기를 키울 수 있다. 신경을 삐걱거리게 하는 상대의 모순을 그대로 보는 것도 필요하다. "타자의 장소로 이행해서 규칙을 공유하지 않는 이질적인 사람을 만나는 일"이라는 마르크스가 내린 커뮤니케이션 정의처럼 말이다.

97-1 글쓴이는 마르크스의 커뮤니케이션 정의를 인용하여 상대 실체에 대해 진실로 탐구하는 대화를 해보는 것을 권유하고 있다. ① ② ③

97-2 사이버 공간에서는 직접적인 의사소통이 불가능 하였으나 기술의 발달로 인해 커뮤니케이션 착오가 훨씬 줄어들었다. ① ② ③

✱ **TIP** 97-1 ① 보기의 내용은 지문과 일치한다.

97-2 ② '더구나 직접적인 의사소통이 불가능한 사이버 공간에서는 커뮤니케이션 착오가 훨씬 빈번하게 발생한다. 면전에서 상대방 표정과 의중을 확인할 수 없으니, 현대인들은 상대의 본질을 파악하기 보다는 미리 지레짐작하는 가상적 의사소통 구조에 익숙하다.' 라고 언급하고 있으므로 ②가 적절하다.

🖐 ANSWER 〉 96.① 97-1.① 97-2.②

98

마늘은 미국 국립암연구소가 추천한 항암식품 중 우선적으로 꼽히는 식품이다. 미국 시사주간지 A도 10대 장수 식품의 하나로 마늘을 선택했고, 미국에서 출판된 한 식품 관련 서적은 마늘을 대표적인 16개 건강기능식품 중 건강을 유지하는 최고의 것으로 꼽았다.

생마늘의 영양 성분은 100g당 수분이 63.1%이고, 단백질 5.4g, 지질은 0g, 회분 1.5g, 탄수화물 30g, 섬유소 1g을 함유한다. 철과 칼륨의 함량이 높으며 비타민 B1, B2, 나이아신 등과 비타민 C 함량도 매우 높다. 무엇보다 마늘은 유기황화합물을 함유하고 있는데, 알리신, 다이아릴설파이드, 다이아릴 다이설파이드 등으로 암을 비롯해 다른 질병의 위험을 줄이는 건강 기능성을 나타낸다.

마늘추출물은 특히 암세포에서 아폽토시스(암세포의 자살)를 유도하고, 암세포의 증식을 억제하는 효과가 있다. 알리신은 비타민 B1과 결합하여 알리티아민을 만들어 에너지 대사에 관여하여 정력을 좋게 하며, 또한 암과 관련된 염증을 막아주고 암세포를 죽이는 면역력을 증강시키는 효과를 갖는다. 또한 마늘은 암세포가 항암제에 대한 저항성을 갖게 되는 것을 막고, 염증 및 바이러스나 세균으로 인한 감염도 억제하는 것으로 연구돼 있다. 특히 암세포의 전이도 억제하는 효과가 발표됨으로써 마늘은 암 예방 및 치료 전반에 걸쳐 매우 중요한 역할을 할 것으로 보인다.

요즈음 유행하고 있는 흑마늘은 생마늘을 일정한 온도와 습도에서 숙성, 발효시켜 만든 것으로, 알리신에서 나는 특유의 자극적인 맛을 제거하고 숙성 과정에서 유황아미노산인 아릴 시스테인과 폴리페놀을 증가시킨 것이다. 이 과정에서 흑마늘은 생마늘에 비해 항산화력이 상승돼 심혈관계질환 예방과 항암 효과가 높아진다.

98-1 마늘추출물은 암세포의 죽음을 유도하고, 암세포의 증식을 억제하는 효과가 있다.

① ② ③

98-2 흑마늘은 생마늘에 비해 기능이 감소하므로 생마늘을 섭취하는 것이 바람직하다.

① ② ③

☆**TIP** 98-1 ① 보기의 내용은 지문과 일치한다.

98-2 ③ 흑마늘에 대해 '흑마늘은 생마늘에 비해 항산화력이 상승돼 심혈관계질환 예방과 항암 효과가 높아진다.'라고 언급하고 섭취에 대한 언급은 하지 않았으므로 위의 지문으로는 알 수 없다.

간이나 담낭 질환은 오른쪽 윗배가 아프고, 가운데 윗배가 아프면 위 질환이다. 과민성 대장염, 급성 췌장염 등일 때 왼쪽윗배가 아플 수 있다. 신장이나 대장에 문제가 생기면 왼쪽 아랫배가 아프다. 하지만 증상이 없는 경우도 있고 정도, 유형, 지속시간 등에 따라 처방도 다르다.

오른쪽 윗배가 아픈 경우 담석 혹은 담낭염, 간염 등을 의심할 수 있다. 담석이란 담즙 내 구성 성분이 담낭(쓸개)이나 담관 내에서 굳어져 덩어리를 형성한 것이다. 고령, 고지방식, 비만 등 다양한 원인에 의해서 생긴다. 담낭염이란 담석 등으로 인해 장내 세균이 담즙 내에서 증식하면서 담낭에 염증을 일으키는 질환이다.

담석이나 담낭염의 경우 열이 나며, 오른쪽 윗배에서 느껴지던 통증이 오른쪽 어깨 혹은 등까지 퍼지는 경우가 많다. 보통 초음파 검사를 통해 병을 진단할 수 있다. 간염은 바이러스, 알코올, 여러 가지 약물 등에 의해 간세포 및 간 조직에 염증이 생긴 것이다. 보통 오른쪽 윗배가 아프며, 촉진 시 간 비대가 동반되는 경우가 많다. 간염이 의심되는 경우 혈액검사로 간 기능을 검사할 수 있다.

99-1 신장이나 대장에 문제가 생기면 왼쪽 아랫배가 아프나 증상이 없는 경우도 있고 정도, 유형, 지속시간 등에 따라 처방도 다르다. ① ② ③

99-2 담석이란 담즙 내 구성 성분이 담낭이나 담관 내에서 굳어져 덩어리를 형성한 것인데 유전적인 요인이 주요 원인이다. ① ② ③

✦ **TIP** 99-1 ① 보기의 내용은 지문과 일치한다.
　　　　99-2 ② '담석이란 담즙 내 구성 성분이 담낭(쓸개)이나 담관 내에서 굳어져 덩어리를 형성한 것이다. 고령, 고지방식, 비만 등 다양한 원인에 의해서 생긴다.'라고 언급하고 있으므로 ②가 적절하다.

ANSWER 〉 98-1.① 98-2.③ 99-1.① 99-2.②

100

　산을 오르는 등의 운동을 하면 땀을 통해 수분과 전해질이 빠져나가 탈수 증상이 오기 쉽다. 이때 술을 마시면 알코올이 분해되는 과정에서 이뇨작용이 활성화되어 수분이 소변으로 빠져나가므로 탈수 증상이 더욱 심해진다. 갑작스러운 어지럼증이나 가슴이 심하게 두근거리는 등의 신체 증상이 나타날 수 있고 심하면 의식을 잃고 쓰러질 수도 있다. 특히 운동 후 음주를 할 경우에는 평소와 같은 양의 술을 마셔도 혈중 알코올 농도는 더 높아져 평소보다 적은 양으로도 취하기 쉽다. 운동 후 음주를 가급적 피하고, 물과 이온음료 등을 마셔 수분과 전해질을 공급해 주어야 한다.

　공기가 맑은 곳에서 술을 마시면 실내에서보다 술이 덜 취한다는 속설 때문에 운동 후 야외에서 과음하는 경우도 잦은 편이다. 알코올이 분해되는 과정에서 다량의 산소가 필요하므로 산소가 풍부한 곳에서 술을 마시면 알코올이 잘 분해돼 덜 취한다고 알려져 있지만, 기분에 따른 무리한 음주는 피하는 것이 좋다. 결국 전체 음주량에 따라 알코올이 간 등 인체에 미치는 영향이 결정되기 때문이다. 운동 후 음주는 다이어트에도 도움이 되지 않는다. 일반적으로 적절한 강도로 운동을 하면 식욕이 억제되어 평소보다 덜 먹게 된다고 알려져 있는데, 운동 후 음주를 하면 육류 등 고칼로리 식사와 안주를 많이 섭취하게 되므로 오히려 비만해지기 쉽다.

100-1 운동 후 음주를 할 경우에는 평소와 같은 양의 술을 마셔도 혈중 알코올 농도는 더 높아져 평소보다 적은 양으로도 취하기 쉽다.　① ② ③

100-2 산소가 풍부한 곳에서 술을 마시면 알코올이 잘 분해돼 덜 취한다고 알려져 있으나 기분에 따른 무리한 음주는 피하는 것이 좋다.　① ② ③

TIP　100-1 ① 보기의 내용은 지문과 일치한다.
　　　　100-2 ① 보기의 내용은 지문과 일치한다.

101

한국 노령 인구의 고용률이 세계 최고 수준인 것으로 나타났다. 이는 우리보다 앞서 이미 '초고령 사회'로 진입한 일본보다도 높은 것이다. 노후 소득 보장체계가 제대로 구축되지 않은 상황에서 생계 위기로 내몰리는 노인들이 많은 탓으로 분석된다. 경제협력개발기구(OECD) 통계에 따르면 지난 2011년 기준 한국의 65~69세 고용률(해당 연령 인구 대비 취업자 수)은 41.0%로 비교 대상 OECD 32개 국 평균(18.5%)보다 배 이상 높은 것으로 나타났다.

이는 아이슬란드(46.7%)에 이어 세계 두 번째로 높은 것이며, 일본(36.1%), 미국(29.9%), 캐나다(22.6%), 영국(19.6%), 독일(10.1%), 이탈리아(7.5%), 프랑스(5.3%) 등 주요 7개 선진국(G7)보다도 크게 높은 수치이다.

또 실질적인 은퇴 시점도 우리나라는 남성 71.4세, 여성 69.9세로 멕시코(남성 71.5세·여성 70.1세)와 함께 32개 국 중 선두권이었다. 특히 우리나라 고령자들의 실질 은퇴 시점은 G7 국가 중 은퇴가 가장 늦은 일본(남 69.3세·여 66.7세)보다도 더 늦었다. 통계 비교가 가능한 27개 국 중 고령자의 실질 은퇴 시점(남성 기준)이 40년 전보다 늦춰진 곳은 한국(65.5세→71.4세)밖에 없었다. 일본(72.6세→69.3세)을 포함한 나머지 26개국은 모두 은퇴 시점이 앞당겨졌다.

OECD는 고령 근로인구가 노동력으로부터 빠져 나가는 평균 나이, 즉 실질적 은퇴 시점을 '유효 은퇴 연령', 전액 노령연금을 받을 수 있는 나이를 '공식 은퇴 연령'으로 정의하고 있다. 전문가들은 "우리나라 노령층은 본인 자신은 물론 국가마저도 보장 수준이 떨어지다 보니 노후 준비가 안 되어 있다."면서 "올해를 시작으로 노령 연금 수령 시점도 점점 늦춰질 예정이어서 생계형 취업에 나서는 노령층은 더욱 늘 것"이라고 전망했다.

101-1 한국 노령 인구의 고용률이 세계적으로 높은 편이나 초고령 사회로 진입한 일본보다는 낮은 편이다. ① ② ③

101-2 전문가들은 우리나라 노령층은 노후준비가 안 되어 있어 생계형 취업에 나서는 노령층이 더욱 늘 것으로 전망했다. ① ② ③

✗ **TIP** 101-1 ② '한국 노령 인구의 고용률이 세계 최고 수준인 것으로 나타났다. 이는 우리보다 앞서 이미 초고령 사회로 진입한 일본보다도 높은 것이다.'라고 언급하고 있으므로 ②가 적절하다.

101-2 ① 보기의 내용은 지문과 일치한다.

ANSWER 〉 100-1.① 100-2.① 101-1.② 101-2.①

02 수리력

CHAPTER

▌1~5 ▌ 다음 식을 계산하여 알맞은 답을 고르시오.

1

$$\sqrt{64} \times \frac{9}{2}$$

① 24　　　　　　　　　② 28

③ 32　　　　　　　　　④ 36

✿ **TIP**　$\sqrt{64} = 8, \ 8 \times \frac{9}{2} = 36$

2

$$\frac{32}{16} \times 3$$

① 2　　　　　　　　　② 4

③ 6　　　　　　　　　④ 8

✿ **TIP**　$\frac{32}{16} = 2$

　　　　　$\therefore \ 2 \times 3 = 6$

3

$$256_{(8)}+348_{(5)}$$

① 173　　② 202
③ 231　　④ 277

TIP $256_{(8)}=2\times8^2+5\times8^1+6\times8^0=128+40+6=174$

$348_{(5)}=3\times5^2+4\times5^1+8\times5^0=75+20+8=103$

$\therefore 174+103=277$

4

$$7^3\times432_{(4)}$$

① 10523　　② 15987
③ 21039　　④ 26754

TIP $7^3=343$

$432_{(4)}=4\times4^2+3\times4^1+2\times4^0=64+12+2=78$

$\therefore\ 343\times78=26754$

5

$$\frac{15}{4}\times\frac{32}{9}\times3$$

① 40　　② 50
③ 60　　④ 70

TIP $\frac{15}{4}\times\frac{32}{9}\times3=40$

ANSWER 〉 1.④　2.③　3.④　4.④　5.①

▌6~10 ▌ 다음 빈칸에 들어갈 알맞은 수를 고르시오.

6

27 32 37 42 47 52 ( )

① 56   ② 57

③ 58   ④ 59

✯ **TIP** 위 제시된 수들의 관계는 모두 +5만큼 나열한 수들이다. 따라서 52+5=57이다.

7

13 26 39 52 65 78 ( )

① 88   ② 89

③ 90   ④ 91

✯ **TIP** 위 제시된 수들의 관계는 모두 13의 배수들이다. 따라서 78 다음에 올 숫자는 91이다.

8

100 99 97 94 90 85 ( )

① 79   ② 78

③ 77   ④ 76

✯ **TIP** 위 제시된 수들의 관계는 왼쪽의 수부터 각각 −1, −2, −3…으로 뺀 수로 괄호 안에 들어갈 수는 85에서 −6을 한 79이다.

9

| 1　2　6　24　120　720　( ) |

① 5010　　　　　　② 5020

③ 5030　　　　　　④ 5040

☆**TIP**　위 제시된 수들의 관계는 각각 ×2, ×3, ×4…으로 곱한 수들로 괄호 안에 들어갈 수는 720에
7을 곱한 5040이다.

10

| 3　5　8　13　21　( )　55 |

① 34　　　　　　　② 35

③ 36　　　　　　　④ 37

☆**TIP**　세 번째 항부터 이전의 두 항을 더한 값으로 이루어지게 되는 수열이다.
따라서 13+21=34이다.

11 신입사원인 태원이는 입사 후 첫 월급의 30%를, 두 번째 월급의 35%를, 세 번째 월급의
25%를 생활비로 지출하고 나머지는 모두 저축을 하였더니 3개월 후 504만 원을 모았다면,
태원이의 월급은 얼마인가? (단, 3개월 동안 월급은 일정하다)

① 210만 원　　　　　② 220만 원

③ 230만 원　　　　　④ 240만 원

☆**TIP**

태원이의 월급을 x라 하면, $3x - \left(x \times \dfrac{30}{100} + x \times \dfrac{35}{100} + x \times \dfrac{25}{100} \right) = 504$

$3x - 0.9x = 2.1x = 504$

∴ $x = 240$(만 원)

12 원가가 400원인 공책이 있다. 이 공책을 정가의 20%를 할인해서 팔아도 8%의 이익을 남게 하기 위해서는 원가의 몇 %의 이익을 붙여 정가를 정해야 하는가?

① 30%
② 35%
③ 40%
④ 45%

✦ **TIP** $400 + (400 \times 0.08) \leq \{400 + (400 \times x)\} \times 0.8$

$320x + 320 \geq 432$

$320x \geq 112$

$\therefore\ x \geq 0.35$

따라서 35%의 이익을 붙여 정가를 정해야 한다.

13 A는 B보다 1살 많고, C는 B보다 4살이 적으며 A, B, C의 나이 평균은 12살이다. C의 나이는?

① 9세
② 10세
③ 11세
④ 12세

✦ **TIP** $A = B + 1 \cdots \bigcirc$

$C = B - 4 \cdots \bigcirc$

$\dfrac{A + B + C}{3} = 12$

$\therefore\ A + B + C = 36$

㉠과 ㉡을 대입하면,

$B + 1 + B + B - 4 = 36$

$\therefore\ B = 13$

$\therefore\ A = 14,\ C = 9$

14 현재 아버지의 나이는 형의 나이의 3배이며, 형의 나이는 동생 나이의 2배이다. 4년 전에 아버지의 나이가 형 나이의 4배이면, 4년 전에 아버지의 나이는 동생의 나이의 몇 배인가?

① 4배   ② 8배

③ 16배   ④ 32배

⭐**TIP** 형의 현재 나이를 x라 하면, 아버지의 나이는 $3x$가 되고, 동생의 나이는 $\dfrac{1}{2}x$가 된다.

$3x - 4 = 4(x - 4)$

$3x - 4 = 4x - 16$

$\therefore x = 12$

현재 형의 나이는 12살이므로, 아버지의 나이는 36살이고, 동생의 나이는 6살이 된다.

4년 전의 형의 나이는 8살, 아버지의 나이는 32살, 동생의 나이는 2살이다.

따라서 4년 전에 아버지의 나이는 동생의 나이에 16배가 된다.

15 어느 중학교의 작년 총 학생 수는 870명이었다. 올해는 작년에 비해 남학생 수가 5% 감소하고, 여학생 수는 6% 증가하여 전체 6명이 증가하였다. 올해의 남학생 수는 몇 명인가?

① 367명   ② 372명

③ 375명   ④ 399명

⭐**TIP** 작년 남학생 수를 x, 작년 여학생 수를 y라고 하면 $x + y = 870$이다.

$x \times 0.95 + y \times 1.06 = x + y + 6$

$95x + 106y = 100x + 100y + 600$

$6y - 5x = 600$

$x = 870 - y$이므로 대입하면

$6y - 5(870 - y) = 600$

$11y = 4,950$

$\therefore x = 420,\ y = 450$

올해의 남학생 수는 $420 \times 0.95 = 399$(명)이다.

16 농도 8%의 소금물 24g에 4%의 소금물 몇 g을 넣으면 5%의 소금물이 되겠는가?

① 24g
② 48g
③ 72g
④ 96g

✧ TIP $24 \times \dfrac{8}{100} + x \times \dfrac{4}{100} = (24 + x) \times \dfrac{5}{100}$

$192 + 4x = 120 + 5x$

$\therefore\ x = 72$

17 아버지가 9만 원을 나눠서 세 아들에게 용돈을 주려고 한다. 첫째 아들과 둘째 아들은 2 : 1, 둘째 아들과 막내아들은 5 : 3의 비율로 주려고 한다면 막내아들이 받는 용돈은 얼마인가?

① 12,000원
② 13,000원
③ 14,000원
④ 15,000원

✧ TIP 아들들이 받는 돈의 비율은 10 : 5 : 3이다. 막내아들은 90,000원의 $\dfrac{3}{18}$ 을 받으므로 15,000원을 받는다.

18 의자에 5명씩 앉으면 의자에 모두 앉은 채로 1명이 남고, 의자에 6명씩 앉으면 의자 11개가 완전히 빈 채로 3명이 서 있었다. 의자는 개수는?

① 61개
② 62개
③ 63개
④ 64개

✧ TIP 의자의 개수를 x 라 하면
$5x + 1 = (x - 11) \times 6 + 3$
$5x + 1 = 6x - 66 + 3$
$x = 64$

19 갑, 을, 병은 각각 640원, 760원, 1,100원의 저금을 가지고 있다. 매주 갑이 240원, 을이 300원, 병이 220원씩 더 저축한다고 하면, 갑, 을의 저축액의 합이 병의 저축액의 2배가 되는 것은 몇 주 후인가?

① 6주

② 7주

③ 8주

④ 9주

⭐ **TIP** 2배가 되는 시점을 x주라고 하면
$(640 + 240x) + (760 + 300x) = 2(1,100 + 220x)$
$540x - 440x = 2,200 - 1,400$
$100x = 800$
$\therefore x = 8$

20 A기업에서는 매년 3월에 정기 승진 시험이 있다. 시험을 응시한 사람이 남자사원, 여자사원을 합하여 총 100명이고 시험의 평균이 남자사원은 72점, 여자사원은 76점이며 남녀 전체평균은 73점일 때 시험에 응시한 여자사원의 수는?

① 25명

② 30명

③ 35명

④ 40명

⭐ **TIP** 시험에 응시한 여자사원의 수를 x라 하고, 여자사원의 총점 + 남자사원의 총점 = 전체 사원의 총점이므로 $76x + 72(100 - x) = 73 \times 100$
식을 간단히 하면 $4x = 100$, $x = 25$
∴ 여자사원은 25명이다.

21 어떤 강을 따라 36km 떨어진 지점을 배로 왕복하려고 한다. 올라 갈 때에는 6시간이 걸리고 내려올 때는 4시간이 걸린다고 할 때 강물이 흘러가는 속력은 몇인가? (단, 배의 속력은 일정하다)

① 1.3km/h

② 1.5km/h

③ 1.7km/h

④ 1.9km/h

⭐ **TIP** 배의 속력을 x라 하고 강물의 속력을 y라 하면 거리는 36km로 일정하므로
$6(x - y) = 36 \cdots \bigcirc$
$4(x + y) = 36 \cdots \bigcirc$
ⓒ식을 변형하여 $x = 9 - y$를 ⊙에 대입하면
$\therefore y = 1.5km/h$

👍ANSWER 〉 16.③   17.④   18.④   19.③   20.①   21.②

22 반상회에서 어느 안건을 의결하는 데 찬성표가 반대표보다 6표 많아서 전체 투표수의 60%를 차지하였다. 무효표나 기권은 없다고 할 때, 투표에 참여한 학생 수는 몇 명인가?

① 25명　　　　　　　　　　　　② 27명

③ 30명　　　　　　　　　　　　④ 33명

✦ **TIP** 반대표를 x라고 하면, 찬성표는 $x+6$이다.

$$\frac{x+6}{2x+6} \times 100 = 60$$

$$100x + 600 = 120x + 360$$

$$20x = 240$$

$$\therefore \ x = 12$$

반대표는 12표, 찬성표는 18표이므로 투표에 참여한 학생 수는 30명이다.

23 20,000원을 모두 사용해서 800원짜리 색연필과 2,000원짜리 볼펜을 종류에 상관없이 최대한 많이 산다고 할 때 색연필과 볼펜을 합하여 총 몇 개를 살 수 있는가? (단, 색연필과 볼펜 모두 한 개 이상 사야 한다)

① 25개　　　　　　　　　　　　② 22개

③ 20개　　　　　　　　　　　　④ 16개

✦ **TIP** 색연필 구매 개수를 x, 볼펜 구매 개수를 y라 할 때,
$800x + 2,000y = 20,000$인 정수 x, y는 (5, 8), (10, 6), (15, 4), (20, 2)이므로 종류에 상관없이 최대한 많이 살 수 있는 경우는 (20, 2)로 총 22개를 살 수 있다.

24 보험회사에서 근무하고 있는 동주와 현수 두 사람의 2월 실적은 두 사람 합해서 25건이다. 동주의 3월 실적은 2월에 비하여 30% 증가했고, 현수의 실적은 40% 감소해서 두 사람 합하여 12% 감소했다. 3월 동주의 실적은 몇 건인가?

① 11건　　　　　　　　　　　　② 12건

③ 13건　　　　　　　　　　　　④ 14건

✦ **TIP** 동주의 2월 실적을 x, 현수의 2월 실적을 y라고 하면,
　　㉠ $x+y = 25$ (2월 실적)
　　㉡ $1.3x + 0.6y = 0.88 \times 25 = 22$ (3월 실적)
　　㉠과 ㉡을 연립해서 풀면, $x = 10$, $y = 15$
3월 실적이라고 하였으므로, 동주의 실적은 $10 \times 1.3 = 13$(건)이다.

25 비가 온 다음 날 비가 올 확률은 $\frac{1}{3}$ 이고, 비가 오지 않은 다음 날 비가 올 확률은 $\frac{1}{4}$ 이다. 수요일에 비가 왔을 때, 금요일에 비가 올 확률은?

① $\frac{1}{9}$　　　　　　　　　　② $\frac{1}{6}$

③ $\frac{2}{9}$　　　　　　　　　　④ $\frac{5}{18}$

✦**TIP**　목요일에 비가 왔을 경우의 확률과 목요일에 비가 오지 않았을 경우의 확률을 더하면 된다.

목요일에 비가 오고, 금요일에 비가 올 확률 : $\frac{1}{3} \times \frac{1}{3} = \frac{1}{9}$

목요일에 비가 오지 않고, 금요일에 비가 올 확률 : $\frac{2}{3} \times \frac{1}{4} = \frac{1}{6}$

따라서 금요일에 비가 올 확률은 $\frac{1}{9} + \frac{1}{6} = \frac{2+3}{18} = \frac{5}{18}$ 이다.

26 현재 58세인 홍만씨에게는 7세, 4세의 손자가 있다. 홍만씨의 나이가 두 손자 나이를 더한 것의 2배가 되었을 때 홍만씨는 몇 세이겠는가?

① 60세　　　　　　　　　　② 65세

③ 70세　　　　　　　　　　④ 75세

✦**TIP**　몇 년 뒤를 x라고 하면,
$58 + x = 2(7 + x + 4 + x)$
$58 + x = 22 + 4x$
$\therefore x = 12$
12년 뒤, 손자들은 19세, 16세가 되며, 홍만씨는 70세가 된다.

27 배로 강을 100km 거슬러 올라가는 데 5시간, 같은 거리를 내려오는 데 2시간이 걸렸다. 배의 속력과 강물의 속력을 각각 구하면?

① 배의 속력 : 25km/시, 강물의 속력 : 15km/시

② 배의 속력 : 28km/시, 강물의 속력 : 10km/시

③ 배의 속력 : 30km/시, 강물의 속력 : 12km/시

④ 배의 속력 : 35km/시, 강물의 속력 : 15km/시

TIP 배의 속력을 x, 강물의 속력을 y라 하면

$$\begin{cases} \dfrac{100}{x-y}=5 \Rightarrow x-y=20 \\ \dfrac{100}{x+y}=2 \Rightarrow x+y=50 \end{cases}$$

$$\therefore x=35(\text{km/시}),\ y=15(\text{km/시})$$

28 합창 단원 선발에 지원한 남녀의 비가 $3:5$이다. 응시결과 합격자 가운데 남녀의 비가 $2:3$이고, 불합격자 남녀의 비는 $4:7$이다. 합격자가 160명이라고 할 때, 여학생 지원자의 수는 몇 명인가?

① 300명   ② 305명

③ 310명   ④ 320명

TIP

구분	합격자	불합격자	지원자 수
남자	$2a$	$4b$	$2a+4b$
여자	$3a$	$7b$	$3a+7b$

합격자가 160명이므로 $5a=160 \Rightarrow a=32$

$3:5=(2a+4b):(3a+7b)$

$\Rightarrow 5(2a+4b)=3(3a+7b)$

$\Rightarrow a=b=32$

따라서 여학생 지원자의 수는 $3a+7b=10a=320(\text{명})$이다.

29 직선을 따라 1분에 2m씩 움직이는 물체 A와 1분에 3m씩 움직이는 물체 B가 있다. 물체 A가 원점 O를 출발한지 2분 후에 같은 장소인 원점에서 A가 움직인 방향으로 물체 B가 움직이기 시작했다. A와 B가 서로 만나는 것은 A가 출발한지 몇 분 후인가?

① 3분 ② 4분
③ 5분 ④ 6분

✎ **TIP** A가 출발한 지 x분 후의 위치를 y라 하면 A는 $y = 2x$, B는 $y = 3(x-2)$를 만족한다.
서로 만나는 것은 위치가 같다는 뜻이므로 $2x = 3(x-2)$
$\therefore x = 6$(분)

30 두 가지 메뉴 A, B를 파는 어느 음식점에서 지난주에 두 메뉴를 합하여 1,000명분을 팔았다. 이번 주에는 지난주에 비하여 A 메뉴는 5% 감소하고, B 메뉴는 10% 증가하여 전체적으로 4% 증가하였다. 이번 주에 판매된 A 메뉴는 몇 명분인가?

① 350명 ② 380명
③ 400명 ④ 415명

✎ **TIP** 지난 주 판매된 A 메뉴를 x, B 메뉴를 y라 하면
$\begin{cases} x + y = 1,000 \\ 0.95x + 1.1y = 1,040 \end{cases}$
두 식을 연립하면 $x = 400$, $y = 600$
따라서 이번 주에 판매된 A 메뉴는 $x \times 0.95 = 400 \times 0.95 = 380$명분이다.

31 지수가 낮잠을 자는 동안 엄마가 집에서 마트로 외출을 했다. 곧바로 잠에서 깬 지수는 엄마가 출발하고 10분 후 엄마의 뒤를 따라 마트로 출발했다. 엄마는 매분 100m의 속도로 걷고, 지수는 매분 150m의 속도로 걷는다면 지수는 몇 분 만에 엄마를 만나게 되는가?

① 10분 ② 20분
③ 30분 ④ 40분

✎ **TIP** 지수가 걸린 시간을 y, 엄마가 걸린 시간을 x라 하면
$\begin{cases} x - y = 10 & \cdots \ \bigcirc \\ 100x = 150y & \cdots \ \bigcirc \end{cases}$ 에서 $\bigcirc$을 $\bigcirc$에 대입한다.
$100(y + 10) = 150y \Rightarrow 5y = 100 \Rightarrow y = 20$
따라서 지수는 20분 만에 엄마를 만나게 된다.

⚜ANSWER 〉 27.④ 28.④ 29.④ 30.② 31.②

32 정아와 민주가 계단에서 가위바위보를 하는데, 이긴 사람은 2계단을 올라가고, 진 사람은 1계단을 내려간다고 한다. 두 사람이 가위바위보를 하여 처음보다 정아는 14계단, 민주는 5계단을 올라갔을 때, 민주는 몇 번 이겼는가? (단, 비기는 경우는 없다)

① 7회　　　　　　　　　　　　　② 8회

③ 10회　　　　　　　　　　　　④ 11회

　　✦**TIP** 정아가 이긴 횟수를 x, 민주가 이긴 횟수를 y라 하면
　　　　　$\begin{cases} 2x-y=14 \cdots ㉠ \\ 2y-x=5 \cdots ㉡ \end{cases} \Rightarrow$ ㉠+㉡×2를 계산하면 $3y=24 \Rightarrow y=8$
　　　　　따라서 민주가 이긴 횟수는 8회이다.

33 두 자리의 자연수가 있다. 십의 자리의 숫자의 2배는 일의 자리의 숫자보다 1이 크고, 십의 자리의 숫자와 일의 자리의 숫자를 바꾼 자연수는 처음 수보다 9가 크다고 한다. 이를 만족하는 자연수는?

① 11　　　　　　　　　　　　　② 23

③ 35　　　　　　　　　　　　　④ 47

　　✦**TIP** 두 자리 자연수를 $10a+b$라 하면 주어진 문제에 따라 다음이 성립한다.
　　　　　$\begin{cases} 2a=b+1 \\ 10b+a=(10a+b)+9 \end{cases} \Rightarrow \begin{cases} 2a-b=1 \\ 9a-9b=-9 \end{cases} \Rightarrow \begin{cases} 18a-9b=9 \\ 9a-9b=-9 \end{cases} \Rightarrow a=2, \ b=3$
　　　　　따라서 구하는 두 자리 자연수는 $10a+b=23$이다.

34 A와 B가 함께 일하면 6일 걸리는 일을 A가 3일 일하고 B가 8일 일하여 완성하였다. 같은 작업을 B가 혼자 일하면 며칠이 걸리겠는가?

① 10일　　　　　　　　　　　　② 11일

③ 12일　　　　　　　　　　　　④ 13일

　　✦**TIP** 전체 일의 양을 1이라 하고, A, B가 하루 동안 할 수 있는 일의 양을 각각 x, y라 하면
　　　　　$\begin{cases} 6(x+y)=1 \\ 3x+8y=1 \end{cases}$ 에서 B가 하루 동안 할 수 있는 일의 양은 전체 일의 $\frac{1}{10}$이므로,
　　　　　B 혼자 일하면 10일이 걸린다.

35 4%의 소금물과 10%의 소금물을 섞은 후 물을 더 부어 4.5%의 소금물 200g을 만들었다. 10%의 소금물의 양과 더 부은 물의 양이 같다고 할 때, 4% 소금물의 양은 몇 g인가?

① 100g

② 105g

③ 110g

④ 120g

★**TIP** 4%의 소금물을 x, 10%의 소금물을 y라 하면

$x+2y=200 \cdots$ ①

$\dfrac{4}{100}x+\dfrac{10}{100}y=\dfrac{45}{1000}\times200 \cdots$ ②

두 식을 연립하면 $x=100$, $y=50$이므로 4% 소금물의 양은 100g이다.

36 8%의 소금물 200g에서 한 컵의 소금물을 떠내고 떠낸 양만큼의 물을 부은 다음 다시 2%의 소금물을 더 넣었더니 3%의 소금물 320g이 되었다. 이때, 떠낸 소금물의 양은?

① 110g

② 120g

③ 130g

④ 140g

★**TIP** 소금물을 떠내고 떠낸 양만큼 물을 부은 다음 2%의 소금물을 넣은 후의 소금물의 양이 320g이므로 2% 소금물의 양은 120g이라는 것을 알 수 있다.

따라서 처음 8%의 소금물에서 떠낸 소금물의 양을 x라 하면

(처음 소금물을 떠내고 남은 소금물의 소금의 양)+(2% 소금물의 소금의 양)=(최종 소금물의 소금의 양)

$\Rightarrow \left\{(200-x)\times\dfrac{8}{100}\right\}+\left(120\times\dfrac{2}{100}\right)=320\times\dfrac{3}{100}$

$\Rightarrow \left\{(200-x)\times\dfrac{8}{100}\right\}+\dfrac{12}{5}=\dfrac{48}{5}$

$\Rightarrow (200-x)\times\dfrac{8}{100}=\dfrac{36}{5}$

$\Rightarrow 200-x=90$

$\therefore x=110(\text{g})$

37 190원짜리 사탕과 220원짜리 초콜릿을 합하여 총 18개를 사고 금액을 3,800원 이하로 할 때 초콜릿은 최고 몇 개까지 살 수 있는가?

① 10개　　　　　　　　　　　② 11개

③ 12개　　　　　　　　　　　④ 13개

> ✦ **TIP** 초콜릿의 개수를 x라 하면
> $$190(18-x)+220x \leq 3,800$$
> $$x \leq 12\frac{2}{3}$$
> ∴ 초콜릿은 최고 12개까지 살 수 있다.

38 어떤 모임에서 참가자에게 귤을 나누어 주는데 1명에게 5개씩 나누어 주면 3개가 남고, 6개씩 나누어주면 1명만 4개보다 적게 받게된다. 참가자는 적어도 몇 명인가?

① 2인　　　　　　　　　　　② 6인

③ 9인　　　　　　　　　　　④ 10인

> ✦ **TIP** 참가자의 수를 x라 하면
> 전체 귤의 수는 $5x+3$,
> 6개씩 나누어 주면 1명만 4개보다 적게 되므로
> $$(5x+3)-\{6\times(x-1)\}<4$$
> $$-x<-5$$
> $$x>5$$
> ∴ 참가자는 적어도 6인이 있다.

39 어느 버스 터미널에서 A버스는 12분마다, B버스는 18분마다 출발한다. 운행시간이 7~9시 일 때 두 버스가 동시에 출발하는 것은 몇 번인가?

① 2번　　　　　　　　　　　② 3번

③ 4번　　　　　　　　　　　④ 5번

> ✦ **TIP** A버스는 12분마다, B버스는 18분마다 출발하므로 12와 18의 최소공배수를 구하면 36이 된다. 오전 7시에서 9시까지의 시간이 $2\times60=120$분이므로 같이 출발하는 것은 4번이다(7시, 7시 36분, 8시 12분, 8시 48분).

40 A명이 36시간 동안 해야 끝나는 작업을 12시간 안에 마치려고 한다. 이때 필요한 인원수는?

① A

② $2A$

③ $3A$

④ $6A$

✿ **TIP** 작업시간이 36시간에서 12시간으로 $\frac{1}{3}$ 로 단축되므로 인원은 그 3배가 동원되어야 한다.

41 남자 4명, 여자 3명을 한 줄로 나란히 세울 때 양 끝이 남자가 되게 늘어서는 방법은 몇 가지인가?

① 1,320가지

② 1,440가지

③ 1,550가지

④ 1,620가지

✿ **TIP** 양 끝에 남자 2명을 세울 수 있는 방법의 수는 $_4P_2$,
가운데 나머지 5명을 세울 수 있는 방법의 수는 $_5P_5$이다.
$\therefore {}_4P_2 \times {}_5P_5 = (4 \times 3) \times (5 \times 4 \times 3 \times 2 \times 1) = 1,440$(가지)

42 1, 2, 3, 4, 5의 숫자가 쓰인 카드가 있다. 카드를 전부 사용하여 만들 수 있는 5자리의 정수 중 작은 수부터 순서대로 배열할 때 23451은 몇 번째에 오게 되는가?

① 30번째

② 32번째

③ 34번째

④ 36번째

✿ **TIP** 작은 수부터 배열하는데, 23451의 앞에 오는 수의 개수를 구해보면,

```
1 ○ ○ ○ ○ : 4!
2 1 ○ ○ ○ : 3!
2 3 1 ○ ○ : 2!
2 3 4 1 5
2 3 4 5 1
```

$\therefore$ 4! + 3! + 2! + 1 + 1 = 34, 23451은 34번째 수가 된다.

ANSWER ⟩ 37.③ 38.② 39.③ 40.③ 41.② 42.③

43 영문자 embarrass를 일렬로 배열하는데 양 끝에 s가 위치하도록 배열하는 방법의 수는?

① 950가지   ② 1,100가지

③ 1,260가지   ④ 1,350가지

✿ **TIP** 양 끝에 s를 위치시키고 가운데의 문자 e, m, b, a, r, r, a를 배열하는 방법을 구하는 것이므로

$$\frac{7!}{2! \times 2!} = \frac{7 \times 6 \times 5 \times 4 \times 3 \times 2 \times 1}{2 \times 1 \times 2 \times 1} = 1,260(가지)$$

※ 같은 것이 있는 경우의 순열 … n개 중에 같은 것이 각각 A개, B개 있다면 배열의 수는 $\frac{n!}{A! B!}$

44 영민, 은정, 은수는 A기업에 입사지원서를 냈다. 영민이가 입사 전형에 합격할 확률은 $\frac{1}{3}$, 은정이가 합격할 확률은 $\frac{2}{5}$, 은수가 합격할 확률은 $\frac{2}{7}$ 라면 은정이만 합격할 확률은?

① $\frac{1}{3}$ ② $\frac{7}{15}$

③ $\frac{4}{21}$ ④ $\frac{9}{25}$

✿ **TIP** 은정이만 합격할 확률 = 영민이가 불합격할 확률 × 은정이가 합격할 확률 × 은수가 불합격할 확률

$$= (1 - \frac{1}{3}) \times \frac{2}{5} \times (1 - \frac{2}{7}) = \frac{4}{21}$$

45 민희는 친구와 내기를 하는데, 주사위의 숫자 2나 5가 나오면 이기는 것으로 하였다. 민희가 내기에서 이길 확률은?

① $\frac{1}{6}$ ② $\frac{1}{3}$

③ $\frac{1}{12}$ ④ $\frac{1}{36}$

✿ **TIP** 주사위에서 2가 나올 확률은 $\frac{1}{6}$, 5가 나올 확률은 $\frac{1}{6}$

∴ 2나 5가 나올 확률 $= \frac{1}{6} + \frac{1}{6} = \frac{1}{3}$

46 다음 〈표〉는 중학생의 주당 운동시간 현황을 조사한 자료이다. 이에 대한 〈보기〉의 설명 중 옳지 않은 것을 모두 고르면?

(단위 : %, 명)

구분		남학생			여학생		
		1학년	2학년	3학년	1학년	2학년	3학년
1시간 미만	비율	10.0	5.7	7.6	18.8	19.2	25.1
	인원수	118	66	87	221	217	281
1시간 이상 2시간 미만	비율	22.2	20.4	19.7	26.6	31.3	29.3
	인원수	261	235	224	312	353	328
2시간 이상 3시간 미만	비율	21.8	20.9	24.1	20.7	18.0	21.6
	인원수	256	241	274	243	203	242
3시간 이상 4시간 미만	비율	34.8	34.0	23.4	30.0	27.3	14.0
	인원수	409	392	266	353	308	157
4시간 이상	비율	11.2	19.0	25.2	3.9	4.2	10.0
	인원수	132	219	287	46	47	112
합계	비율	100.0	100.0	100.0	100.0	100.0	100.0
	인원수	1,176	1,153	1,138	1,175	1,128	1,120

〈보기〉

ⓐ 1시간 이상 2시간 미만 운동하는 남학생은 1학년이 다른 학년보다 인원수가 많지만, 여학생은 2학년이 다른 학년보다 인원수가 많다.

ⓑ 여학생은 학년이 높아질수록 3시간 이상 4시간 미만 운동하는 학생의 비율이 낮아지지만, 남학생은 학년이 높아질수록 3시간 이상 4시간 미만 운동하는 학생의 비율이 높아진다.

ⓒ 1학년의 남학생과 여학생을 비교하면, 2시간 이상 3시간 미만 운동하는 학생의 비율은 남학생이 더 높다.

ⓓ 4시간 이상 운동하는 2학년 남학생 수는 1시간 미만 운동하는 2학년 여학생 수보다 적다.

① ⓐⓑ   ② ⓐⓓ
③ ⓑⓓ   ④ ⓒⓓ

✦ **TIP** ⓑ 남학생과 여학생 각각, 학년이 높아질수록 3시간 이상 4시간 미만 운동하는 학생의 비율이 낮아진다.
ⓓ 4시간 이상 운동하는 2학년 남학생 수(219명)는 1시간 미만 운동하는 2학년 여학생 수(217명) 보다 많다.

✦ANSWER〉 **43.**③ **44.**③ **45.**② **46.**③

47 다음 〈표〉는 2004년과 2014년의 전국의 지역별 · 산업별 고용인원에 대한 자료이다. 이에 대한 〈보기〉의 설명 중 옳지 않은 것을 모두 고르면?

(단위 : 천명)

	수도권		중부권		영남권		호남권	
	2004년	2014년	2004년	2014년	2004년	2014년	2004년	2014년
농업 · 임업 · 어업	194	166	434	358	650	484	547	444
제조업	2,170	2,209	399	538	1,329	1,441	279	322
건설업	893	896	244	239	456	424	225	236
도소매 · 숙박 · 음식점업	2,932	3,142	729	714	1,566	1,445	634	588
사업 · 개인 · 공공서비스	3,297	4,825	813	1,271	1,512	2,018	692	965
전기 · 운수 · 통신 · 금융	1,411	1,778	290	317	595	667	255	279
합계	10,897	12,836	2,909	3,437	6,108	6,479	2,632	2,834

※ 전국은 수도권, 중부권, 영남권, 호남권으로 구성됨

〈보기〉

㉠ 2004년 대비 2014년에 호남권 고용증가인원은 영남권 고용증가인원보다 많다.

㉡ 2004년 대비 2014년에 전기 · 운수 · 통신 · 금융의 전국고용인원은 증가하였다.

㉢ 전국으로 봤을 때, 2004년 대비 2014년에 농업 · 임업 · 어업의 고용인원은 감소하고 사업 · 개인 · 공공서비스 고용인원은 증가하였다.

㉣ 2004년 대비 2014년 수도권의 사업 · 개인 · 공공서비스 고용인원은 50% 이상 증가하였다.

① ㉠㉡
② ㉠㉣
③ ㉡㉢
④ ㉢㉣

✿ **TIP** ㉠ 2004년 대비 2014년에 호남권 고용증가인원(202천명)은 영남권 고용증가인원(371천명)보다 적다.

㉣ $\dfrac{4,825 - 3,297}{3,297} \times 100 = 46.3\%$

48 다음은 어느 회사 전체 사원의 SNS 이용 실태를 조사한 자료이다. 이에 대한 설명 중 옳은 것은?

사용기기	성명	SNS 종류	SNS 활용형태	SNS 가입날짜	기기 구입비	앱 구입비
스마트폰	김하나	페이스북	소통	2013.08.01	440,000원	6,500원
스마트폰	김준영	트위터	소통	2014.02.02	420,000원	12,000원
태블릿PC	정민지	페이스북	교육	2014.01.15	400,000원	10,500원
컴퓨터	윤동진	블로그	교육	2015.02.19	550,000원	14,500원
스마트폰	이정미	트위터	소통	2013.10.10	380,000원	6,500원
태블릿PC	박진숙	페이스북	취미	2014.02.28	440,000원	14,500원
컴퓨터	김영지	트위터	교육	2014.01.10	480,000원	18,000원
컴퓨터	한아름	블로그	취미	2013.09.11	580,000원	10,500원

※ 각 사원은 SNS를 한 종류만 사용하고 SNS 활용형태도 하나임

① 페이스북을 이용하거나 태블릿PC를 사용하는 사원은 4명이다.

② SNS를 2014년에 가입한 사원은 트위터를 이용하거나 페이스북을 이용한다.

③ 취미로 SNS를 활용하는 사원의 기기구입비 합계는 100만원을 넘지 않는다.

④ 2013년에 SNS를 가입하거나 블로그를 이용하는 사원은 5명이다.

✗ **TIP** ① 페이스북을 이용하거나 태블릿PC를 사용하는 사원은 김하나, 정민지, 박진숙 3명이다.
③ 취미로 SNS를 활용하는 사원인 박진숙, 한아름의 기기구입비는 440,000 + 580,000 = 1,020,000 원이다.
④ 2013년에 SNS를 가입하거나 블로그를 이용하는 사원은 김하나, 윤동진, 이정미, 한아름 4명이다.

49 다음 〈표〉는 2008년부터 2013년까지의 연도별 평균 가계직접부담의료비에 대한 자료이다. 이에 대한 설명으로 옳지 않은 것은?

(단위 : 만원)

구분		2008년	2009년	2010년	2011년	2012년	2013년
전체		135.9	132.6	147.9	168.4	177.4	176.4
가구원수	1인	66.6	70.8	78.3	103.7	105.2	99.4
	2인	138.7	146.5	169.2	188.8	194.1	197.3
	3인	154.8	145.3	156.4	187.7	203.2	201.4
	4인	153.4	145.8	165.1	178.4	191.7	198.9
	5인	194.9	180.4	197.6	210.8	233.7	226.6
	6인 이상	221.3	203.2	250.4	251.8	280.7	259.3
소득분위	1분위	93.7	93.6	104.0	122.3	130.8	134.2
	2분위	126.4	119.9	139.5	169.5	157.3	161.1
	3분위	131.9	122.6	141.0	166.8	183.2	178.4
	4분위	145.7	143.5	170.3	170.5	190.0	188.5
	5분위	180.5	179.7	185.4	214.7	226.1	219.3
지역	서울	139.5	143.6	152.2	180.5	189.0	192.4
	광역시	139.2	128.7	147.7	159.3	164.1	168.2
	도	132.9	130.2	146.3	168.2	179.4	174.4

① 매년 저소득층에서 고소득층으로 갈수록 가계직접부담의료비가 증가하고 있다.

② 지역만 놓고 볼 때, 서울은 도보다 매년 가계직접부담의료비가 많다.

③ 2013년 전체 가계직접부담의료비는 2008년보다 약 30% 증가했다.

④ 2008년 6인 이상 가구 가계직접부담의료비는 1인 가구의 3배를 넘는다.

✫ **TIP** ① 2011년에는 2분위가 3분위보다 가계직접부담의료비가 많다.

50 다음 표는 어느 회사의 공장별 제품 생산 및 판매 실적에 대한 자료이다. 이에 대한 설명으로 옳지 않은 것은?

(단위 : 대)

공장	2016년 12월	2016년 전체	
	생산 대수	생산 대수	판매 대수
A	25	586	475
B	21	780	738
C	32	1,046	996
D	19	1,105	1,081
E	38	1,022	956
F	39	1,350	1,238
G	15	969	947
H	18	1,014	962
I	26	794	702

※ 2017년 1월 1일 기준 재고 수＝2016년 전체 생산 대수－2016년 전체 판매 대수

※ 판매율(%) = $\frac{판매\ 대수}{생산\ 대수} \times 100$

※ 2016년 1월 1일부터 제품을 생산·판매하였음

① 2017년 1월 1일 기준 재고 수가 가장 적은 공장은 G공장이다.

② 2017년 1월 1일 기준 재고 수가 가장 많은 공장의 2016년 전체 판매율은 90% 이상이다.

③ 2016년 12월 생산 대수가 가장 많은 공장과 2017년 1월 1일 기준 재고 수가 가장 많은 공장은 동일하다.

④ I공장의 2016년 전체 판매율은 90% 이상이다.

✮ **TIP** ④ I공장의 2016년 전체 판매율 : $\frac{702}{794} \times 100 = 88.4\%$

51 다음 〈표〉는 서울시 자치구별 내·외국인 현황에 대한 자료이다. 다음 표에 대한 설명으로 옳지 않은 것은?

(단위 : 명, %)

권역	자치구	내국인	구성비	외국인	구성비	전체	구성비
1	성북구	445,710	4.7	11,134	3.3	456,844	4.6
	강북구	315,754	3.3	4,238	1.3	319,992	3.2
	도봉구	337,541	3.5	2,554	0.8	340,095	3.4
	노원구	558,270	5.8	4,726	1.4	562,996	5.7
2	성동구	285,137	3.0	9,869	2.9	295,006	3.0
	광진구	350,993	3.7	17,206	5.1	368,199	3.7
	동대문구	349,957	3.7	14,830	4.4	364,787	3.7
	중랑구	397,487	4.2	5,750	1.7	403,237	4.1
	강동구	438,201	4.6	6,184	1.8	444,385	4.5
3	종로구	146,119	1.5	15,402	4.6	161,521	1.6
	중구	118,021	1.2	10,457	3.1	128,478	1.3
	용산구	212,189	2.2	15,093	4.5	227,282	2.3
	은평구	472,775	4.9	5,599	1.7	478,374	4.8
	서대문구	297,761	3.1	11,007	3.3	308,768	3.1
	마포구	369,875	3.9	11,455	3.4	381,330	3.9
4	양천구	459,665	4.8	5,847	1.7	465,512	4.7
	강서구	562,468	5.9	8,039	2.4	570,507	5.8
	구로구	405,371	4.2	39,461	11.7	444,832	4.5
	금천구	225,898	2.4	24,792	7.4	250,690	2.5
	영등포구	357,484	3.7	49,044	14.5	406,528	4.1
5	동작구	392,969	4.1	14,925	4.4	407,894	4.1
	관악구	495,600	5.2	24,022	7.1	519,622	5.2
	서초구	413,695	4.3	7,109	2.1	420,804	4.2
	강남구	533,061	5.6	8,627	2.6	541,688	5.5
	송파구	625,195	6.5	9,746	2.9	639,941	6.4
	총계	9,567,196	100.0	337,116	100.0	9,904,312	100.0

① 4권역의 내국인이 2권역의 내국인보다 많다.

② 1~5권역 중 외국인들이 가장 적은 곳은 1권역이다.

③ 영등포구 외국인 수는 관악구 외국인 수의 2배 이상이다.

④ 4권역의 외국인들의 구성비는 40%를 넘는다.

✮ **TIP** ④ 4권역의 외국인들의 구성비 : 1.7+2.4+11.7+7.4+14.5=37.7%

52 다음 표는 A카페의 커피 판매정보에 대한 자료이다. 한 잔만을 더 판매하고 영업을 종료한다고 할 때, 총이익이 정확히 64,000원이 되기 위해서 판매해야 하는 메뉴는?

〈표〉 A카페의 커피 판매정보

(단위 : 원, 잔)

구분 메뉴	한 잔 판매가격	현재까지의 판매량	한 잔당 재료(재료비)				
			원두 (200)	우유 (300)	바닐라시럽 (100)	초코시럽 (150)	카라멜시럽 (250)
아메리카노	3,000	5	○	×	×	×	×
카페라떼	3,500	3	○	○	×	×	×
바닐라라떼	4,000	3	○	○	○	×	×
카페모카	4,000	2	○	○	×	○	×
카라멜마끼아또	4,300	6	○	○	○	×	○

※ 1) 메뉴별 이익＝(메뉴별 판매가격－메뉴별 재료비)×메뉴별 판매량

2) 총이익은 메뉴별 이익의 합이며, 다른 비용은 고려하지 않음

3) A카페는 5가지 메뉴만을 판매하며, 메뉴별 한 잔 판매가격과 재료비는 변동 없음

4) ○ : 해당 재료 한 번 사용

× : 해당 재료 사용하지 않음

① 아메리카노

② 카페라떼

③ 바닐라라떼

④ 카페모카

⭐**TIP** 현재까지의 판매 이익은 다음과 같다.

- 아메리카노 : $(3,000 - 200) \times 5 = 14,000$
- 카페라떼 : $(3,500 - 500) \times 3 = 9,000$
- 바닐라라떼 : $(4,000 - 600) \times 3 = 10,200$
- 카페모카 : $(4,000 - 650) \times 2 = 6,700$
- 카라멜마끼아또 : $(4,300 - 850) \times 6 = 20,700$

현재까지 60,600원의 판매 이익을 얻었으므로, 3,400원이 더 필요하다. 따라서 바닐라라떼 한 잔을 더 팔면 이익을 채울 수 있다.

53 다음 〈표〉는 34개국의 국가별 1인당 GDP와 학생들의 수학성취도 자료이다. 이에 대한 설명으로 옳지 않은 것은?

(단위 : 천달러, 점)

국가	1인당 GDP	수학성취도
룩셈부르크	85	490
카타르	77	375
싱가포르	58	573
미국	47	481
노르웨이	45	489
네덜란드	42	523
아일랜드	41	501
호주	41	504
덴마크	41	500
캐나다	40	518
스웨덴	39	478
독일	38	514
핀란드	36	519
일본	35	536
프랑스	34	495
이탈리아	32	485
스페인	32	484
한국	29	554
이스라엘	27	466
포르투칼	26	487
체코	25	499
헝가리	21	477
폴란드	20	518
러시아	20	482
칠레	17	423
아르헨티나	16	388
터키	16	448
멕시코	15	413
말레이시아	15	421
불가리아	14	439
브라질	13	391
태국	10	427
인도네시아	5	375
베트남	4	511

① 1인당 GDP가 스웨덴보다 높은 국가 중에서 수학성취도가 34개국 학생 전체의 평균보다 낮은 국가는 4개이다.
② 이탈리아는 베트남보다 1인당 GDP가 높지만 수학성취도는 낮다.
③ 수학성취도 하위 5개 국가의 수학성취도는 모두 300점대이다.
④ 1인당 GDP 하위 5개 국가의 수학성취도 평균은 428.6점이다.

✭ TIP ③ 수학성취도 하위 5개 국가는 카타르, 아르헨티나, 브라질, 인도네시아, 멕시코인데 멕시코는 413점이다.

54 다음 표는 연도별 환경오염물질 배출업소 감시 단속실적이다. 이에 대한 설명으로 옳지 않은 것은?

연도 \ 구분	점검대상 업소수(개) (A)	점검 업소수(개) (B)	위반 업소수(개) (C)	점검률 (D)=B/A	점검대상 적발률(%) (E)
2002	77,434	101,076	6,419	1.31	8.29
2003	92,490	119,771	7,965	1.29	8.61
2004	77,424	116,472	5,813	1.50	7.51
2005	91,126	114,665	5,145	1.26	(㉠)
2006	91,093	113,325	5,327	1.24	5.85
2007	92,346	105,132	4,476	1.14	4.85
2008	92,713	102,354	3,848	1.10	4.15
2009	91,710	79,956	3,128	0.87	3.41
2010	89,895	77,973	3,801	0.87	4.23

※ 단속적발률(%)=(C/B)×100
※ E(%)=(C/A)×100

① 2007~2009년 사이에 위반업소수는 매년 감소하고 있다.
② 2004년의 단속적발률은 2002년의 단속적발률보다 낮다.
③ ㉠에 들어갈 알맞은 수치는 6.65이다.
④ 점검대상 적발률은 2007~2009년에는 감소하다가 2010년에 증가하였다.

✭ TIP ③ (5,145/91,126)×100=5.65

55 다음 표는 지역별 할랄식품 시장에 대한 자료이다. 이에 대한 설명으로 옳지 않은 것은?

지역		2012년		2013년	
		시장 규모 (백만 달러)	비중(%)	시장 규모 (백만 달러)	비중(%)
아시아	서아시아	85,000	7.8	93,000	7.2
	동아시아	229,000	21.0	226,000	17.5
	남아시아	177,000	16.3	212,000	16.4
	중앙아시아	137,000	12.6	204,000	15.8
아프리카	북아프리카	237,000	21.8	319,000	24.7
	사하라 이남 아프리카	120,000	11.0	114,000	8.8
유럽	서유럽	45,000	4.1	54,000	4.2
	동유럽	40,000	3.7	49,000	3.8
아메리카	북아메리카	15,000	1.4	16,000	1.2
	남아메리카	2,000	0.2	3,000	0.2
오세아니아		2,000	0.2	2,000	0.2
전체		( )	100.0	( )	100.0

※ 제시된 지역 외에는 고려하지 않음
※ 비중(%)은 소수 둘째 자리에서 반올림한 값임

① 서아시아의 2013년 할랄식품 시장 규모는 전년에 비해 증가하였지만 비중은 감소하였다.
② 2012년 아시아의 할랄식품 시장규모는 전체에서 50% 이상을 차지한다.
③ 2013년 전체 할랄식품 시장 규모는 전년 대비 15% 이상 증가하였다.
④ 2013년 할랄식품 시장 규모가 전년에 비해 증가한 지역은 7곳이다.

✦ **TIP** ④ 2013년 할랄식품 시장 규모가 전년에 비해 증가한 지역은 8곳이다.

56 다음은 11개 전통건축물의 공포양식과 주요 구조물의 치수에 대한 조사 자료이다. 이에 대한 설명 중 옳은 것은?

(단위 : 척)

명칭	현 소재지	공포양식	기둥 지름	처마서까래 지름	부연	
					폭	높이
숭례문	서울	다포	1.80	0.60	0.40	0.50
관덕정	제주	익공	1.50	0.50	0.25	0.30
봉정사 화엄강당	경북	주심포	1.50	0.55	0.40	0.50
문묘 대성전	서울	다포	1.75	0.55	0.35	0.45
창덕궁 인정전	서울	다포	2.00	0.70	0.40	0.60
남원 광한루	전북	익공	1.40	0.60	0.55	0.55
화엄사 각황전	전남	다포	1.82	0.70	0.50	0.60
창의문	서울	익공	1.40	0.50	0.30	0.40
장곡사 상대웅전	충남	주심포	1.60	0.60	0.40	0.60
무량사 극락전	충남	다포	2.20	0.80	0.35	0.50
덕수궁 중화전	서울	다포	1.70	0.70	0.40	0.50

① 서울에 있는 건축물은 모두 다포식으로 지어졌다.

② 11개 건축물의 최대 기둥 지름은 2.00척이다.

③ 11개 건축물의 부연은 높이가 폭보다 크다.

④ 각 건축물의 기둥 지름 대비 처마서까래 지름 비율은 0.50을 넘지 않는다.

✬ **TIP** ① 창의문은 익공식으로 지어졌다.

② 11개 건축물의 기둥 지름이 가장 큰 건축물은 무량사 극락전으로 2.20척이다.

③ 남원 광한루는 부연의 높이와 폭이 같다.

▌57~58▌ 다음 표는 문화재 상시관리 실적 현황에 관한 자료이다. 다음을 보고 물음에 답하시오.

(단위 : 수, 건)

지역	관리대상	실적 (=A+B+C)	모니터링 (A)	제초청소 (B)	경미수리 (C)
서울	45	355	−	270	85
부산	13	682	−	661	21
울산	86	524	−	517	7
세종	10	31	−	28	3
경기	517	1,219	−	−	1,219
강원	442	7,225	1,589	5,133	503
충남	541	(　)	1,544	6,729	1,664
제주	169	3,672	52	3,463	157
대구	251	1,794	296	1,002	496
대전	167	2,336	231	1,915	190
광주	139	2,814	−	2,471	343
인천	197	4,964	201	4,443	320
충북	464	(　)	1,229	3,846	370
경남	696	(　)	2,930	2,766	741
경북	946	(　)	1,199	2,471	1,664
전남	577	7,295	93	5,947	1,255
전북	402	6,723	666	4,421	1,636
합계	5,662	66,787	10,030	46,083	10,674

57 **충남과 충북의 실적 차이는 얼마인가?**

① 3,871　　② 3,938

③ 4,122　　④ 4,492

TIP (1,544+6,729+1,664)−(1,229+3,846+370)=4,492

58 경남과 경북의 실적 차이는 얼마인가?

① 1,103

② 1,201

③ 1,283

④ 1,322

✡ **TIP** $(2,930+2,766+741)-(1,199+2,471+1,664)=1,103$

59 다음 표는 조선시대 부산항의 연도별 무역규모에 관한 자료이다. 이에 대한 설명으로 옳지 않은 것은?

(단위 : 천원)

연도	수출액(A)	수입액(B)	무역규모(A+B)
1881	1,158	1,100	2,258
1882	1,151	784	1,935
1883	784	731	1,151
1884	253	338	591
1885	184	333	517
1886	205	433	638
1887	394	659	1,053
1888	412	650	1,062
1889	627	797	1,424
1890	1,908	1,433	3,341

① 1882년 이후 수출액의 전년 대비 증감방향과 무역규모의 전년 대비 증감방향은 매년 동일하다.

② 제시된 연도 중에서 수출액이 가장 많았던 해에 수입액도 가장 많았다.

③ 1884년 무역규모는 전년에 비해 50% 이상 감소하였다.

④ 각 연도의 무역규모에서 수출액이 차지하는 비중이 50% 이상인 연도의 횟수는 총 4번이다.

✡ **TIP** ③ $\dfrac{591-1,151}{1,151}\times100=-48.65\%$

60 다음은 2010년 기준 주요 국가별 담배에 관한 자료이다. 이에 대한 설명으로 옳은 것을 모두 고르면?

(단위 : 달러, %)

국가	담배가격	담배 관련 세금 비율	흡연율(15세 이상)		
			여성	남성	전체
노르웨이	13.30	72	19.0	19.0	19.0
아일랜드	11.14	79	27.0	31.0	29.0
호주	10.77	64	13.9	16.4	15.1
영국	9.80	77	20.7	22.3	21.5
뉴질랜드	8.19	72	17.0	19.3	18.1
프랑스	7.30	69	20.7	26.4	23.3
스웨덴	6.91	72	15.1	12.8	14.0
미국	5.72	45	13.6	16.7	15.1
이탈리아	4.82	75	17.1	29.6	23.1
일본	3.47	63	8.4	32.2	19.5
체코	3.31	79	19.4	30.0	24.6
멕시코	2.37	63	6.5	21.6	13.3
한국	2.11	62	5.2	40.8	22.9

> ㉠ 담배가격이 높은 국가일수록 담배 관련 세금 비율도 높다.
> ㉡ 담배가격이 한국의 5배 이상인 국가는 노르웨이, 아일랜드, 호주이다.
> ㉢ 담배가격이 높은 국가일수록 15세 이상 흡연율은 낮다.
> ㉣ 미국을 제외한 12개 국가들은 담배 관련 세금 비율이 50%를 넘는다.

① ㉠㉡ 　　　　　　② ㉠㉣

③ ㉡㉢ 　　　　　　④ ㉡㉣

✫**TIP** ㉠ 노르웨이가 아일랜드보다 담배가격은 높으나, 담배 관련 세금비율은 낮다.
　　　 ㉢ 아일랜드가 호주보다 담배가격이 높으며 흡연율 또한 높다.

61 다음은 조선시대 국책 사업의 1인당 노동임금에 대한 자료이다. 이에 대한 설명 중 옳지 않은 것은?

연도	왕릉 축조	궁궐 수리
1600	나무 8단	면포 2필, 쌀 12두
1650	나무 2단, 쌀 8두	면포 4필, 쌀 10두
1700	나무 4단, 엽전 6냥	엽전 12냥, 쌀 6두
1750	나무 1단, 쌀 6두	나무 3단, 쌀 6두
1800	나무 5단, 쌀 5두	엽전 8냥
1850	쌀 20두	엽전 15냥

※ 궁궐 수리의 1인당 노동임금은 왕릉 축조의 1인당 노동임금의 1.5배로, 이 비율은 모든 시기에 걸쳐 동일하다고 가정하며, 1인당 노동임금은 물품들의 총합이다.

① 1750년에 나무 1단은 쌀 2두의 가치에 해당한다.

② 1650년에 나무 1단이 면포 1필과 동일한 가치를 갖는다고 가정하면, 면포 1필은 쌀 2두의 가치에 해당한다.

③ 나무, 쌀, 엽전 간의 가치비율이 1700년과 1750년에 동일하다면, 엽전 1냥은 쌀 2두의 가치에 해당한다.

④ 1600년에 나무 1단이 면포 0.5필과 동일한 가치를 갖는다고 가정하면, 면포 1필은 쌀 4두의 가치에 해당한다.

☆**TIP** 왕릉 축조 : 궁궐 수리 = 1 : 1.5
∴ 궁궐수리 = 왕릉축조 × 1.5
① 1750년의 나무 1단에 쌀 2두 대입하면, 8두 : 12두 = 1 : 1.5
② 1650년의 나무 1단과 면포 1필에 쌀 2두를 대입하면, 12두 : 18두 = 1 : 1.5
③ 1700년의 엽전 1냥에 쌀 2두를 대입하면, 20두 : 30두 = 1 : 1.5
④ 1600년의 나무 1단에 면포 0.5필을 대입하여 4필 : 2필 12두 = 1 : 1.5가 되려면, 12두 = 4필
이어야 한다. 즉 면포 1필이 쌀 3두에 해당해야 한다.

||62~63|| 다음 두 표는 A, B 두 목격자의 도주자 성별에 대한 판정의 정확성을 정리한 것이다. 다음 물음에 답하시오.

〈표1〉 A 목격자

실제성별 \ A의 결정	여자	남자	합
여자	35	15	50
남자	25	25	50
합	60	40	100

〈표2〉 B 목격자

실제성별 \ B의 결정	여자	남자	합
여자	20	30	50
남자	5	45	50
합	25	75	100

62 B 목격자의 여성 도주자에 대한 판정성공률은?

① 20% ② 30%

③ 40% ④ 80%

⭐ **TIP** B의 여성 도주자에 대한 결정 중에서 20%만이 정확했으므로

∴ $\frac{20}{50} \times 100 = 40(\%)$

63 다음 기술 중 옳은 것을 모두 고르면?

> ㉠ 전체 판정성공률은 B가 A보다 높다.
> ㉡ 실제 도주자가 여성일 때 판정성공률은 B가 A보다 높다.
> ㉢ 실제 도주자가 남성일 때 판정성공률은 B가 A보다 높다.
> ㉣ A, B 모두 여성 도주자에 대한 판정성공률이 남성 도주자에 대한 판정성공률보다 높다.

① ㉠   ② ㉠㉢

③ ㉠㉡㉢   ④ ㉡㉢㉣

✡**TIP** ㉠ 전체 판정성공률

- A : $\dfrac{35+25}{100} = 60(\%)$

- B : $\dfrac{20+45}{100} = 65(\%)$

∴ A < B

㉡ 실제 도주자가 여성일 때 판정성공률

- A : $\dfrac{35}{50} \times 100 = 70(\%)$

- B : $\dfrac{20}{50} \times 100 = 40(\%)$

∴ A > B

㉢ 실제 도주자가 남성일 때 판정성공률

- A : $\dfrac{25}{50} \times 100 = 50(\%)$

- B : $\dfrac{45}{50} \times 100 = 90(\%)$

∴ A < B

㉣ ㉡㉢에서 보면 A는 여성 도주자에 대한 판정성공률이 높고, B는 남성 도주자에 대한 판정성공률이 높다는 것을 알 수 있다.

64~65 다음 표는 국제결혼 건수에 관한 표이다. 물음에 답하시오.

(단위 : 명)

연도 \ 구분	총 결혼건수	국제 결혼건수	외국인 아내건수	외국인 남편건수
1990	399,312	4,710	619	4,091
1994	393,121	6,616	3,072	3,544
1998	375,616	12,188	8,054	4,134
2002	306,573	15,193	11,017	4,896
2006	332,752	39,690	30,208	9,482

64 다음 중 표에 관한 설명으로 가장 적절한 것은?

① 외국인과의 결혼 비율이 점점 감소하고 있다.

② 21세기 이전에는 총 결혼건수가 증가 추세에 있었다.

③ 총 결혼건수 중 국제 결혼건수가 차지하는 비율이 증가 추세에 있다.

④ 한국 남자와 외국인 여자의 결혼건수 증가율과 한국 여자와 외국인 남자의 결혼건수 증가율이 비슷하다.

� **TIP** ① 외국인과의 결혼 비율은 점점 증가하고 있다.
② 1990년부터 1998년까지는 총 결혼건수가 감소하고 있었다.
④ 한국 남자와 외국인 여자의 결혼건수 증가율이 한국 여자와 외국인 남자의 결혼건수 증가율보다 훨씬 높다.

65 다음 중 총 결혼건수 중 국제 결혼건수의 비율이 가장 높았던 해는 언제인가?

① 1990년　　　　　　　　② 1994년

③ 1998년　　　　　　　　④ 2002년

✧ **TIP** ① 1990년 : $\frac{4,710}{399,312} \times 100 \fallingdotseq 1.18(\%)$　　② 1994년 : $\frac{6,616}{393,121} \times 100 \fallingdotseq 1.68(\%)$

③ 1998년 : $\frac{12,188}{375,616} \times 100 \fallingdotseq 3.24(\%)$　　④ 2002년 : $\frac{15,193}{306,573} \times 100 \fallingdotseq 4.96(\%)$

다음은 아동 · 청소년의 인구변화에 관한 표이다. 물음에 답하시오.

(단위 : 명)

연령 \ 연도	2000년	2005년	2010년
전체 인구	44,553,710	45,985,289	47,041,434
0~24세	18,403,373	17,178,526	15,748,774
0~9세	6,523,524	6,574,314	5,551,237
10~24세	11,879,849	10,604,212	10,197,537

66 다음 중 표에 관한 설명으로 가장 적절한 것은?

① 전체 인구수가 증가하는 이유는 0~9세 아동 인구 때문이다.

② 전체 인구 중 25세 이상보다 24세 이하의 인구수가 많다.

③ 전체 인구 중 10~24세 사이의 인구가 차지하는 비율은 변화가 없다.

④ 전체 인구 중 24세 이하의 인구가 차지하는 비율이 지속적으로 감소하고 있다.

✦**TIP** ① 0~9세 아동 인구는 2010년에 감소하였으므로 전체 인구수의 증가 이유와 관련이 없다.
  ② 연도별 25세 이상의 인구수는 각각 26,150,337명, 28,806,763명, 31,292,660명으로 24세 이하의 인구수보다 많다.
  ③ 전체 인구 중 10~24세 사이의 인구가 차지하는 비율은 약 26.66%, 23.06%, 21.68%로 점점 감소하고 있다.

67 다음 중 비율이 가장 높은 것은?

① 2000년의 전체 인구 중에서 0~24세 사이의 인구가 차지하는 비율

② 2005년의 0~24세 인구 중에서 10~24세 사이의 인구가 차지하는 비율

③ 2010년의 전체 인구 중에서 0~24세 사이의 인구가 차지하는 비율

④ 2000년의 0~24세 인구 중에서 10~24세 사이의 인구가 차지하는 비율

✦**TIP**
① $\dfrac{18,403,373}{44,553,710} \times 100 ≒ 41.31(\%)$
② $\dfrac{10,604,212}{17,178,526} \times 100 ≒ 61.73(\%)$
③ $\dfrac{15,748,774}{47,041,434} \times 100 ≒ 33.48(\%)$
④ $\dfrac{11,879,849}{18,403,373} \times 100 ≒ 64.55(\%)$

✦ANSWER 〉 64.③ 65.④ 66.④ 67.④

〈표1〉 과학기술분야 논문 수 및 우리나라의 세계 순위

(단위 : 편)

연도	과학기술분야 논문 수		우리나라의 세계 순위
	우리나라	세계	
1997	7,866	820,517	18
1998	9,843	868,094	16
1999	11,326	891,559	16
2000	12,475	896,644	16
2001	14,893	928,085	15
2002	15,902	929,442	14
2003	18,830	1,014,656	14
2004	19,328	986,034	14
2005	23,089	1,139,383	14
2006	23,286	1,134,926	13

〈표2〉 2006년도 과학기술분야 논문 수 상위 15개국의 논문 수 현황

(단위 : 편, %)

세계 순위	국가명	과학기술분야 논문 수		증가율
		2005년도	2006년도	
1	미국	299,898	293,254	-2.22
2	영국	78,727	77,056	-2.12
3	독일	75,277	72,236	-4.04
4	일본	75,502	71,143	-5.77
5	중국	59,611	69,664	16.86
6	프랑스	53,751	51,591	( )
7	캐나다	43,435	44,119	1.57
8	이탈리아	39,590	39,522	-0.17
9	스페인	29,702	30,785	3.65
10	호주	26,807	27,515	2.64
11	인도	24,015	25,672	6.90
12	네덜란드	23,840	23,417	-1.77
13	한국	23,089	23,286	0.85
14	러시아	24,367	20,235	-16.96
15	브라질	15,908	16,958	6.60

※ 1) 2005~2006년도 사이 논문 수 상위 15개국에 신규 진입한 국가는 없음

2) 〈표〉의 논문은 당해년도에 발표된 것만을 의미함

68 2006년 프랑스의 과학기술 논문은 2005년 프랑스의 과학기술 논문에 비해 몇 % 증가하였는가?

① 4.02%

② −4.02%

③ 5.81%

④ −5.81%

✦**TIP** $\dfrac{51,591-53,751}{53,751}=\dfrac{-2,160}{53,751}\times100$

$\therefore\ -4.02(\%)$

69 2005년 한국의 과학기술 논문 수가 32,368편이라면 2005년 한국 과학기술 논문이 세계 과학기술 논문에서 차지하는 비율은 기존에 세계 과학기술 논문에서 차지하는 비율에 비해 얼마나 증가하는가? (단, 세계 과학기술 논문 수는 일정하며, 소수점 셋째 자리에서 반올림하여 계산한다)

① 0.81%p

② 0.82%p

③ 0.83%p

④ 0.84%p

✦**TIP** ㉠ 32,368편일 때의 비율 : $\dfrac{32,368}{1,139,383}\times100≒2.84(\%)$

㉡ 23,089편일 때의 비율 : $\dfrac{23,089}{1,139,383}\times100≒2.026(\%)$

㉢ $2.84-2.03=0.81$

70 다음 표는 해상 어느 지점에서 깊이에 따른 수온을 1월과 7월에 측정한 것이다. 표를 보고 유추한 설명으로 옳은 것은?

깊이(m)	0	10	20	30	50	75	100	125	150	200	250	300
수온 1월(℃)	8.87	8.88	8.87	8.86	7.60	6.68	4.49	4.67	4.63	3.86	1.39	1.12
수온 7월(℃)	24.54	18.50	13.24	11.08	7.63	5.39	2.95	1.84	1.58	1.31	1.13	0.96

① 모든 깊이에서 7월의 수온이 1월의 수온보다 높다.

② 1월의 수온은 깊이가 30m일 때 가장 높다.

③ 1월의 수온은 깊이가 깊을수록 낮아진다.

④ 7월의 수온은 깊이가 깊을수록 낮아진다.

✦**TIP** ① 수심 75m 이상에서는 1월의 수온이 높다.

② 1월의 수온은 10m일 때 가장 높다.

③ 수심 10m, 125m일 때는 높아졌다.

03 **도형추리력**

※ 도형추리력 문제는 시험지에 표시를 해서는 안 되며, 시험지를 돌리거나 움직이는 행위도 허용하지 않습니다.

▌1~2 ▌ 다음에 제시된 도형을 보고 조건에 따라 최종적으로 어떤 모양이 될지 고르시오.

∧				∪	
	*				
					←
			∴		
				$	
	⋮				

규칙 1 : 각각의 도형은 1초가 지나면 한 칸씩 아래쪽으로 떨어진다.
규칙 2 : 바닥면에 닿은 도형은 멈추어 쌓인다.

1

조건 : 반시계방향으로 180도 회전→1초 지남→시계방향으로 180도 회전

①
∧		*		∪	
					←
		∴			
				$	
	⋮				

②
				⋮	
		$			
				∵	
→					
	∩		*		∨

③
			⋮		
		$			
				∵	
→					
			*		
	∩				∨

④
			⋮		
		$			
			∴		
←					
			*		
	⊂				>

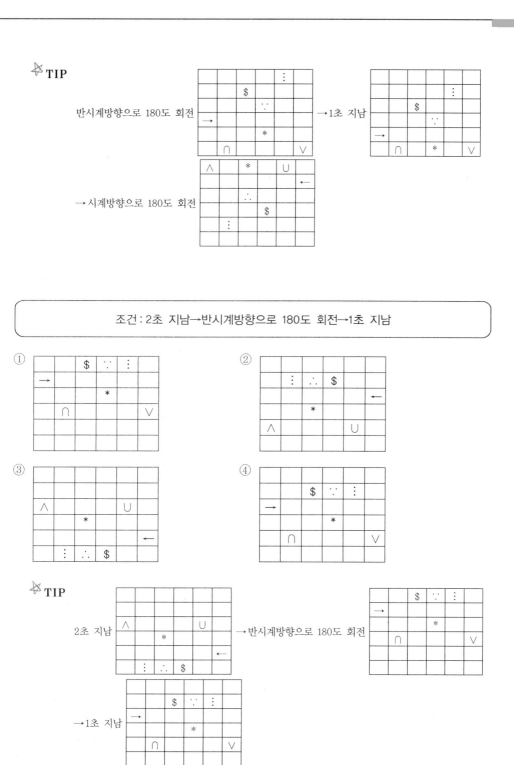

▌3~4▐ 다음에 제시된 도형을 보고 조건에 따라 최종적으로 어떤 모양이 될지 고르시오.

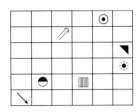

규칙 1 : 각각의 도형은 2초가 지나면 한 칸씩 아래쪽으로 떨어진다.
규칙 2 : 바닥면에 닿은 도형은 멈추어 쌓인다.

3

조건 : 시계방향으로 90도 회전→반시계방향으로 180도 회전→2초 지남

① 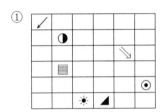 ②

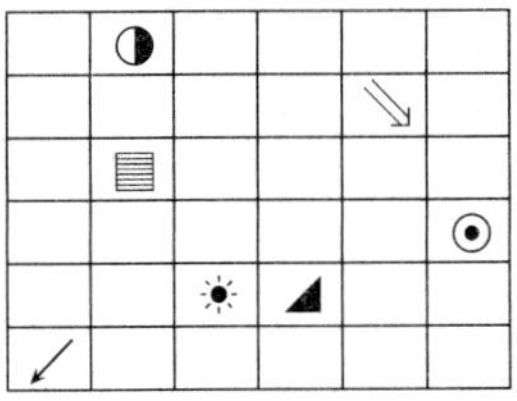

③ 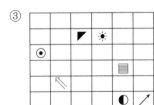 ④

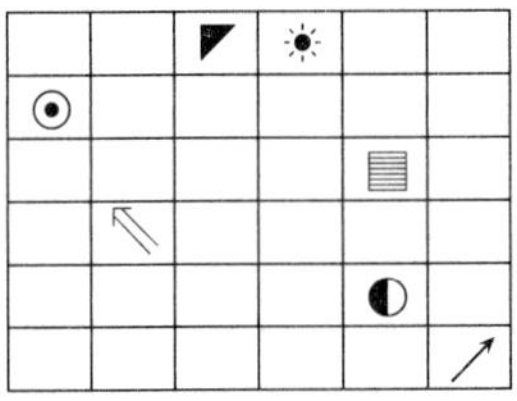

✭ **TIP**

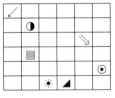

시계방향으로 90도 회전

→반시계방향으로 180도 회전 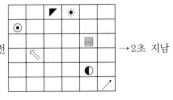 →2초 지남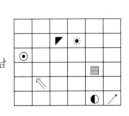

4

조건 : 2초 지남→시계방향으로 180도 회전→4초 지남

①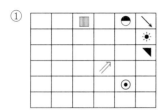

②

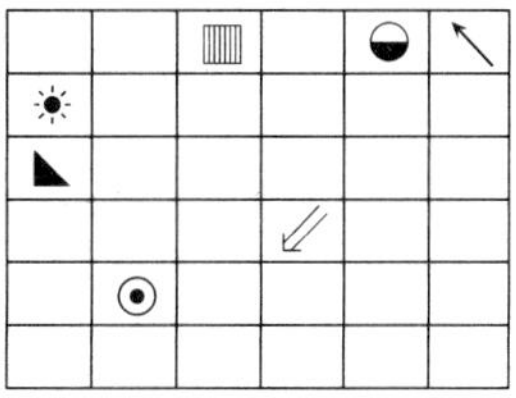

③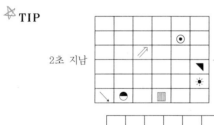

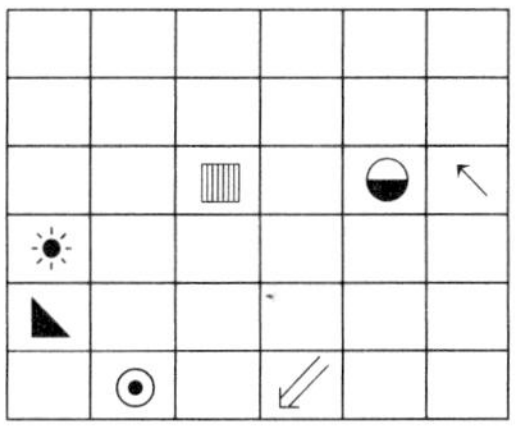

④

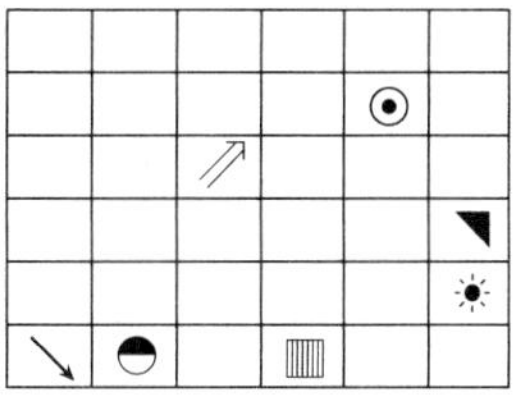

☆TIP

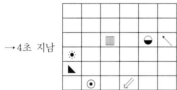

2초 지남 → 시계방향으로 180도 회전

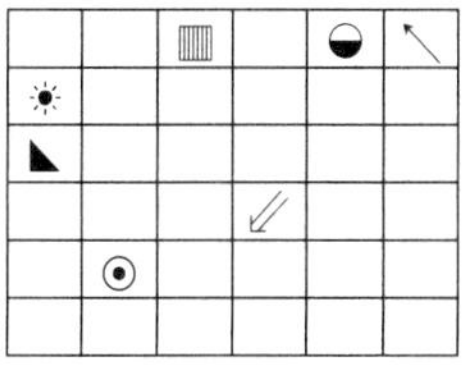

→4초 지남

▌5~6▐ 다음에 제시된 도형을 보고 조건에 따라 최종적으로 어떤 모양이 될지 고르시오.

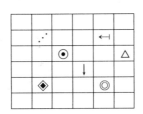

규칙 1 : 각각의 도형은 2초가 지나면 한 칸씩 아래쪽으로 떨어진다.

규칙 2 : 바닥면에 닿은 도형은 멈추어 쌓인다.

5

조건 : 시계방향으로 90도 회전→4초 지남→2초 지남

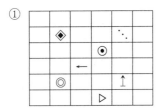

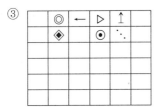

✩TIP

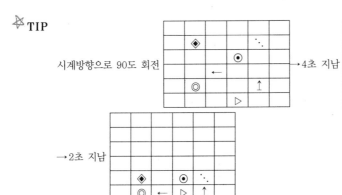

6

조건 : 반시계방향으로 90도 회전→반시계방향으로 90도 회전→2초 지남

①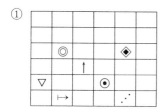

②

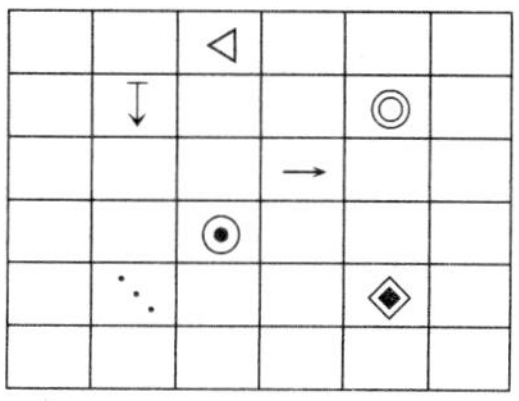

③

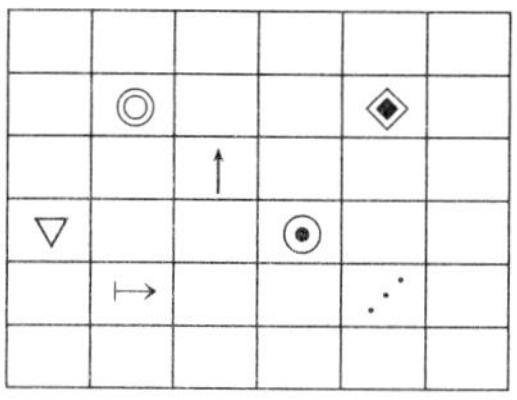

④

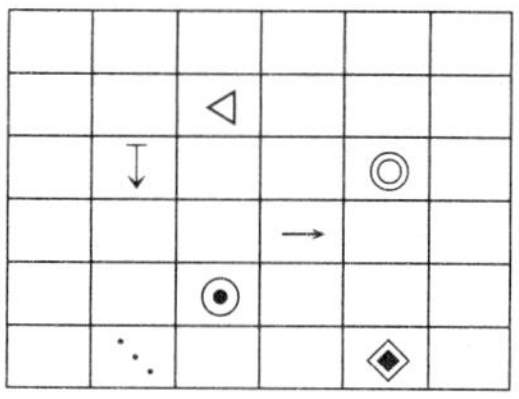

TIP

반시계방향으로 90도 회전

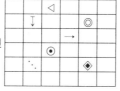

→반시계방향으로 90도 회전 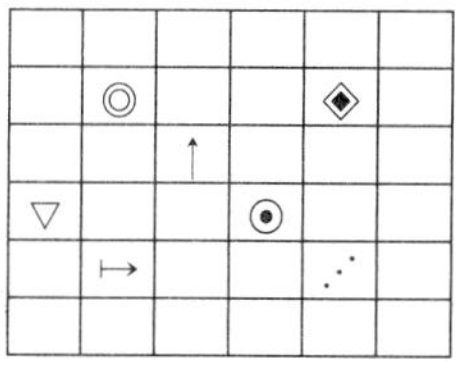 →2초 지남

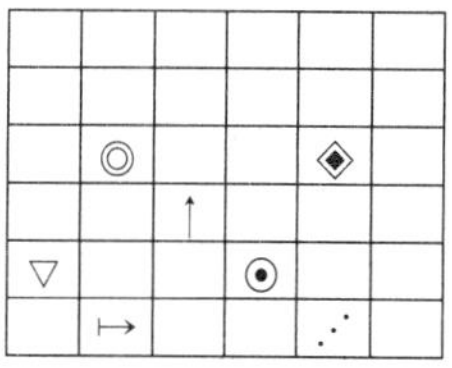

▐ 7~8 ▐ 다음에 제시된 도형을 보고 조건에 따라 최종적으로 어떤 모양이 될지 고르시오.

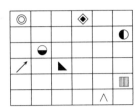

규칙 1 : 각각의 도형은 1초가 지나면 한 칸씩 아래쪽으로 떨어진다.
규칙 2 : 바닥면에 닿은 도형은 멈추어 쌓인다.

7

조건 : 반시계방향으로 180도 회전→1초 지남→반시계방향으로 180도 회전→2초 지남

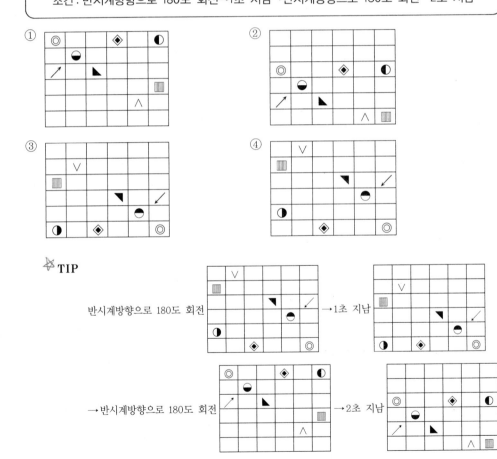

✫**TIP**

8

조건 : 2초 지남→시계방향으로 90도 회전→1초 지남→반시계방향으로 180도 회전

①

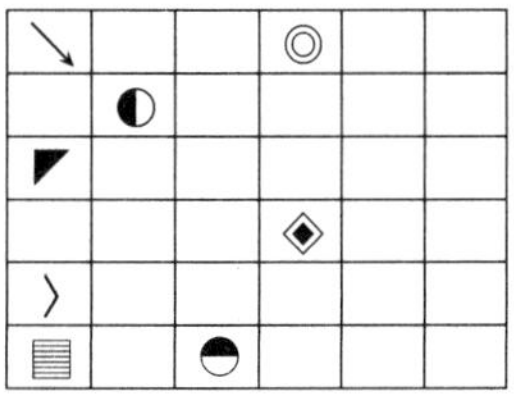

②

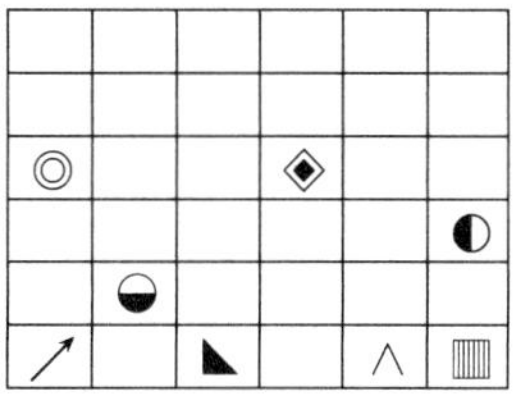

③

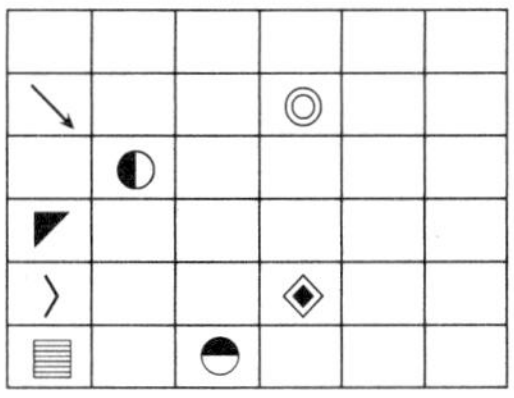

④

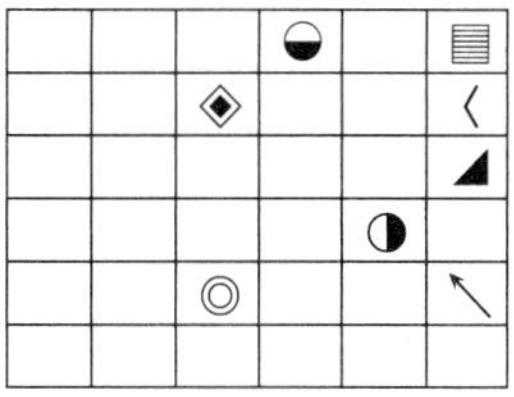

TIP

2초 지남

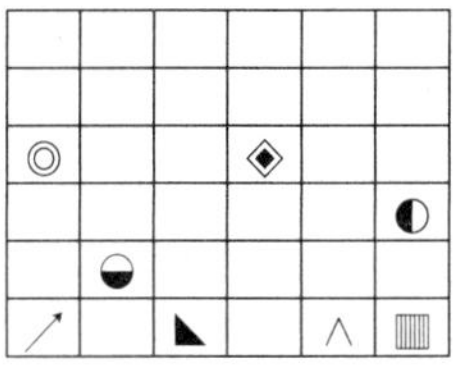

→ 시계방향으로 90도 회전

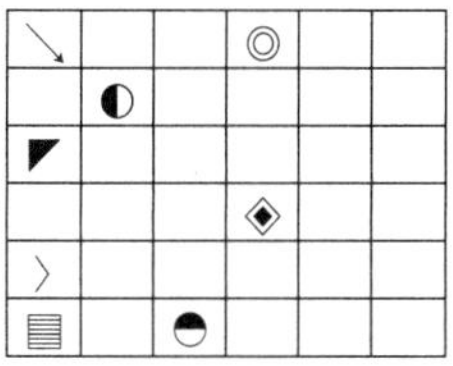

→ 1초 지남

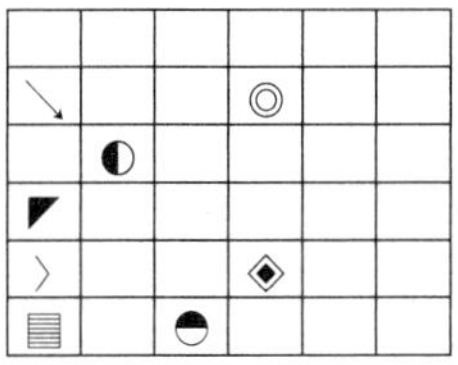

→ 반시계방향으로 180도 회전

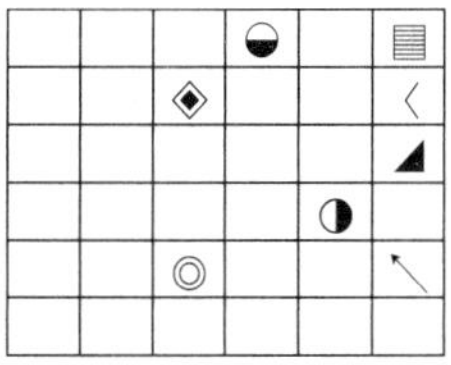

ANSWER › 7.② 8.④

▌9~10▐ 다음에 제시된 도형을 보고 조건에 따라 최종적으로 어떤 모양이 될지 고르시오.

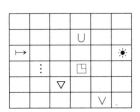

규칙 1 : 각각의 도형은 1초가 지나면 한 칸씩 위쪽으로 올라간다.
규칙 2 : 천장면에 닿은 도형은 멈추어 내려온다.

9

조건 : 반시계방향으로 90도 회전→반시계방향으로 180도 회전→1초 지남→시계방향으로 90도 회전

① ② ③ ④

♛**TIP**

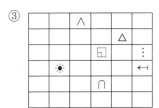

반시계방향으로 90도 회전 →반시계방향으로 180도 회전 →1초 지남 →시계방향으로 90도 회전

10

조건 : 2초 지남→시계방향으로 90도 회전→반시계방향으로 180도 회전→반시계방향으로 90도 회전

①

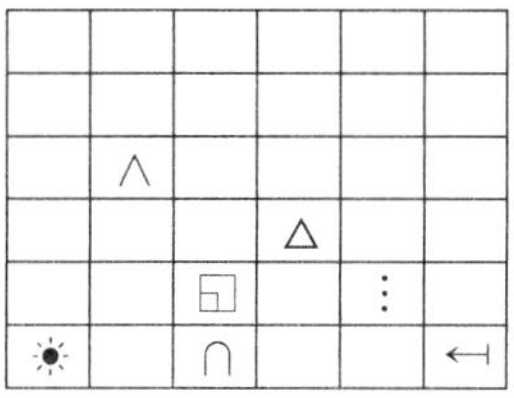

②

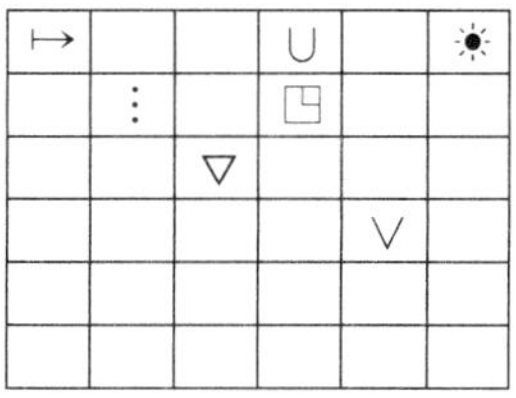

③

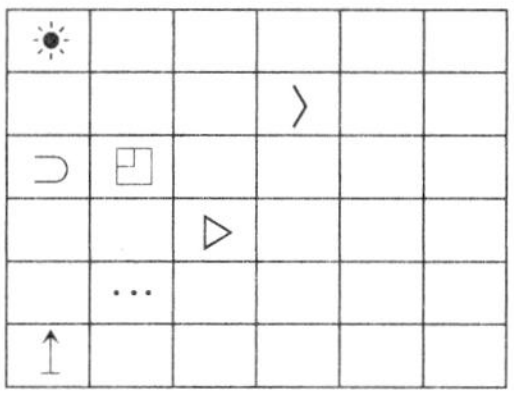

④

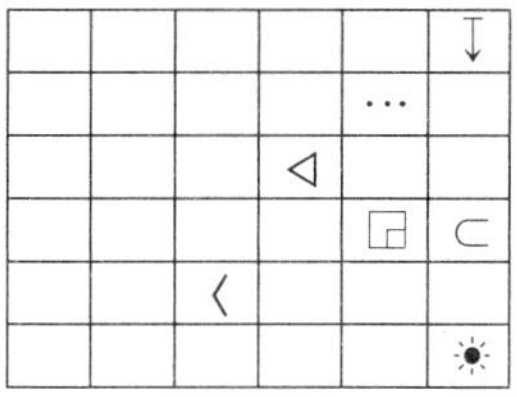

TIP

2초 지남

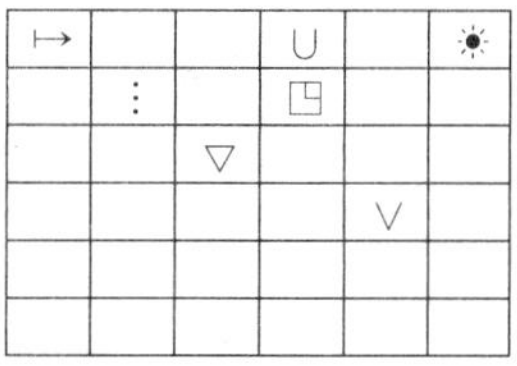

→시계방향으로 90도 회전

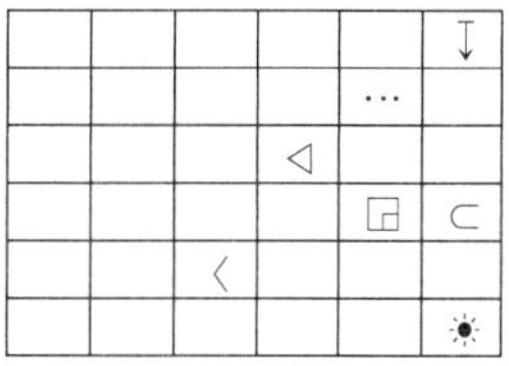

→반시계방향으로 180도 회전

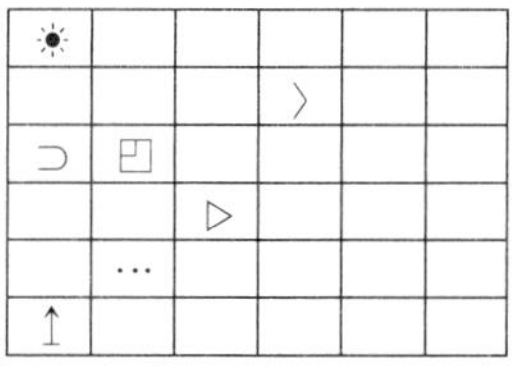

→반시계방향으로 90도 회전

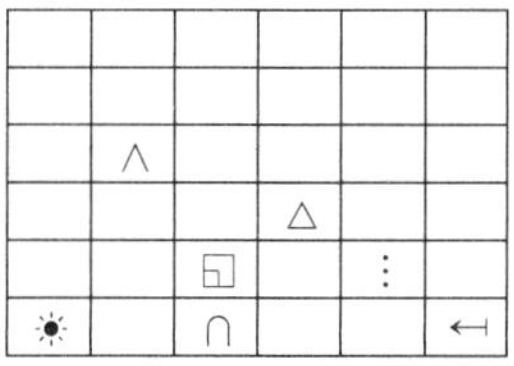

ANSWER 〉 9.③ 10.①

▌11~12▐ 다음에 제시된 도형을 보고 조건에 따라 최종적으로 어떤 모양이 될지 고르시오.

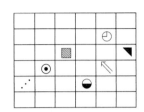

규칙 1 : 각각의 도형은 2초가 지나면 한 칸씩 위쪽으로 올라간다.
규칙 2 : 천장면에 닿은 도형은 멈추어 내려온다.

11

조건 : 시계방향으로 180도 회전→2초 지남→반시계방향으로 90도 회전→시계방향으로 180도 회전

① ② ③ ④

✯ **TIP**

시계방향으로 180도 회전 →2초 지남

→반시계방향으로 90도 회전 →시계방향으로 180도 회전

12

조건 : 시계방향으로 90도 회전→반시계방향으로 90도 회전→반시계방향으로 180도 회전
→4초 지남

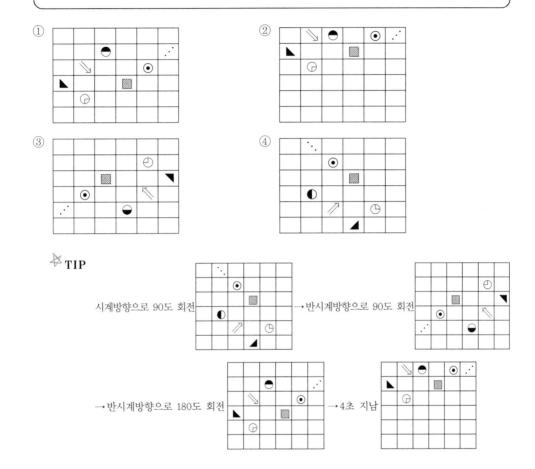

✫TIP

┃13~14┃ 다음에 제시된 도형을 보고 조건에 따라 최종적으로 어떤 모양이 될지 고르시오.

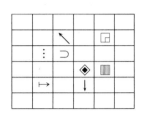

규칙 1 : 각각의 도형은 2초가 지나면 한 칸씩 위쪽으로 올라간다.

규칙 2 : 천장면에 닿은 도형은 멈추어 내려온다.

13

> 조건 : 반시계방향으로 180도 회전→2초 지남→시계방향으로 90도 회전→2초 지남

① 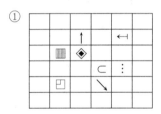 ②

③ 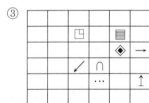 ④

⭐ **TIP**

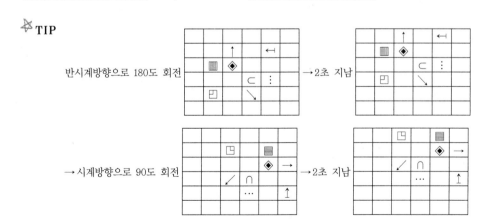

14

조건 : 반시계방향으로 90도 회전→2초 지남→반시계방향으로 90도 회전

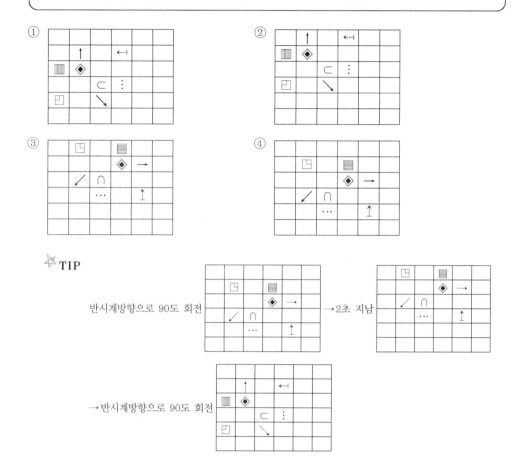

✿**TIP**

반시계방향으로 90도 회전 ───→2초 지남

→반시계방향으로 90도 회전

15~16 다음에 제시된 도형을 보고 조건에 따라 최종적으로 어떤 모양이 될지 고르시오.

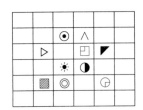

규칙 1 : 각각의 도형은 1초가 지나면 한 칸씩 위쪽으로 올라간다.
규칙 2 : 천장면에 닿은 도형은 멈추어 내려온다.

15

조건 : 1초 지남→시계방향으로 90도 회전→1초 지남→시계방향으로 180도 회전→시계방향으로 90도 회전

① ② 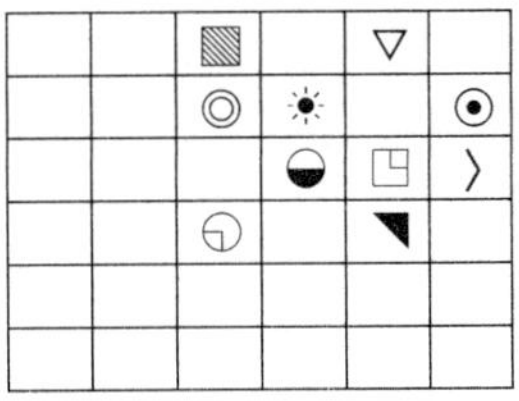 ③ 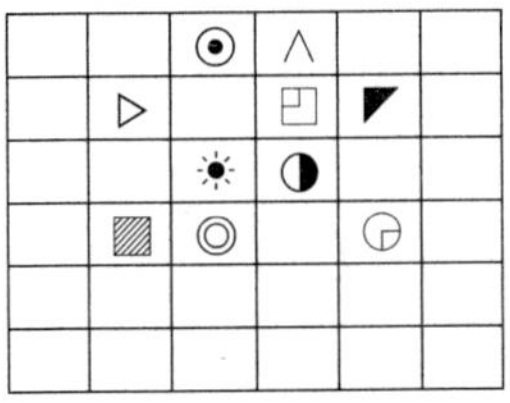 ④

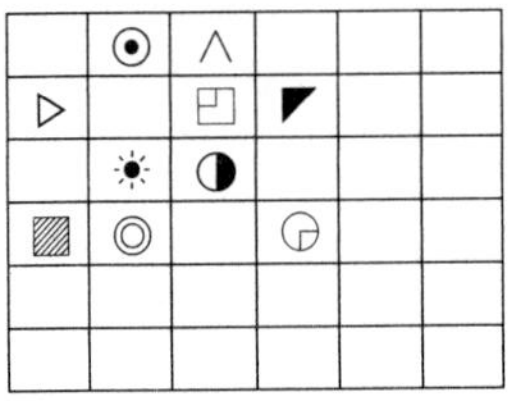

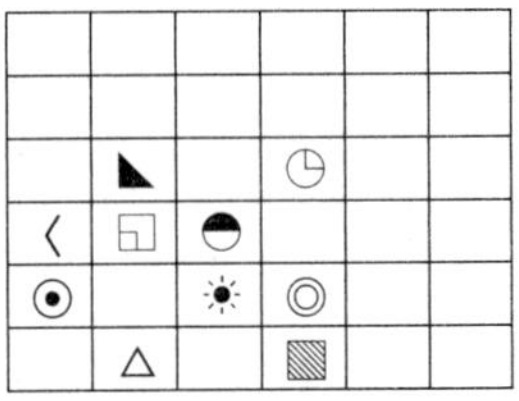

※TIP

1초 지남 →시계방향으로 90도 회전

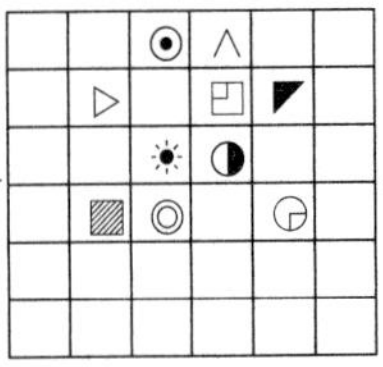

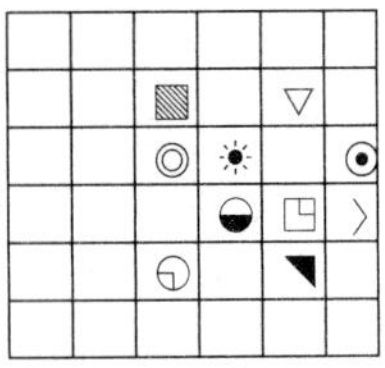

→1초 지남

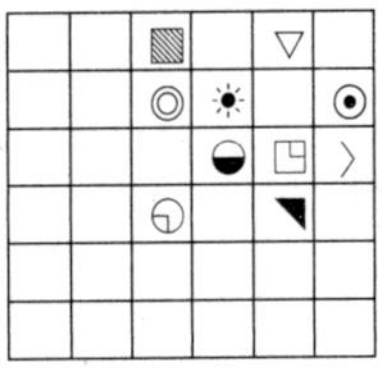

→시계방향으로 180도 회전

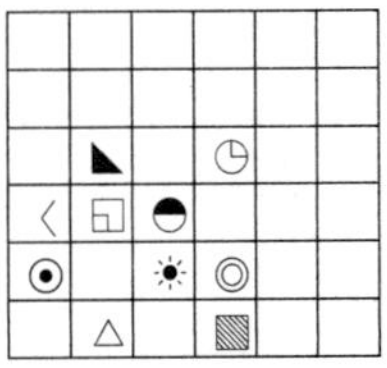

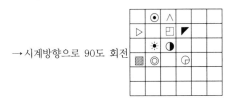

→ 시계방향으로 90도 회전

조건 : 반시계방향으로 180도 회전→1초 지남→시계방향으로 90도 회전→1초 지남→시계방향으로 180도 회전

① ② 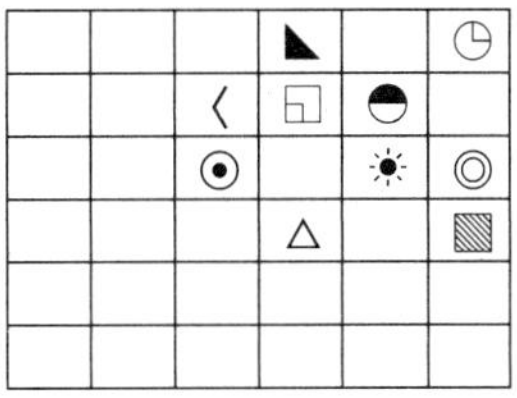 ③ 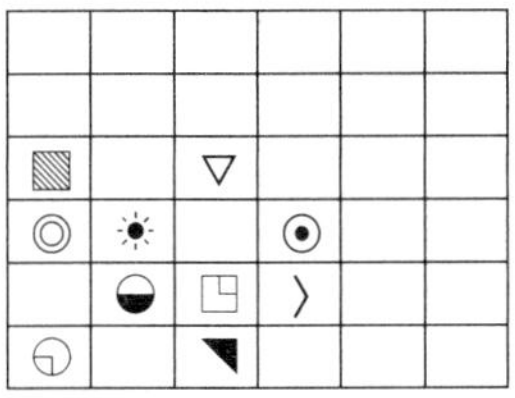 ④

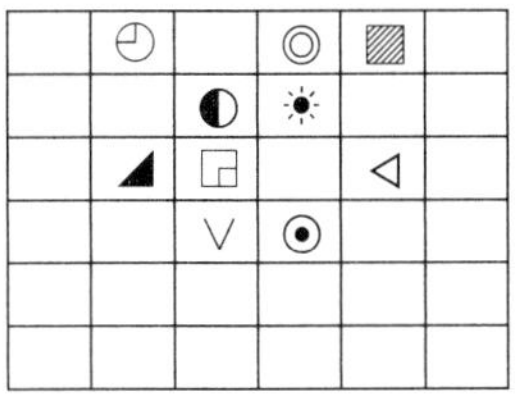

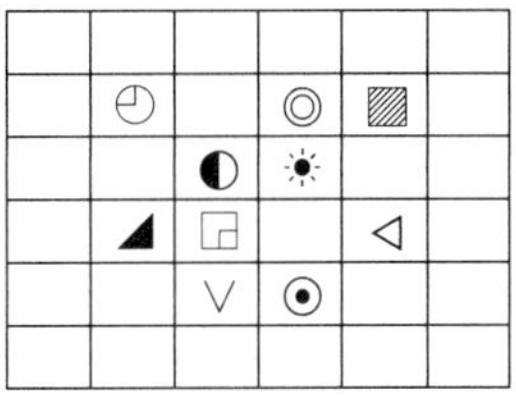

✵TIP

반시계방향 180도 회전 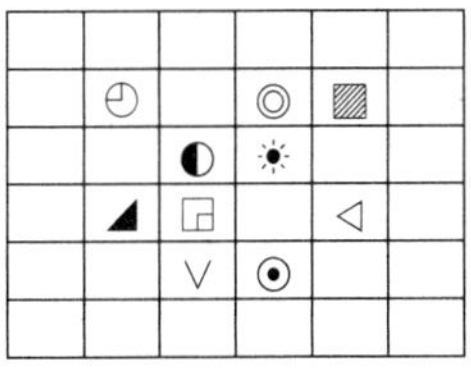 →1초 지남

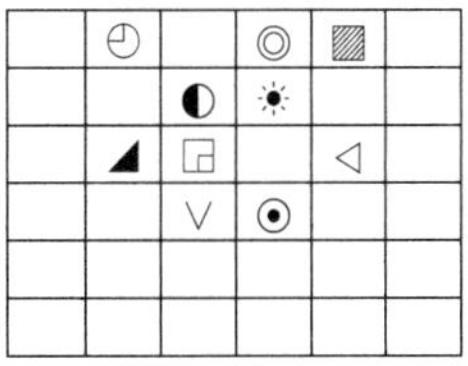

→ 시계방향으로 90도 지남 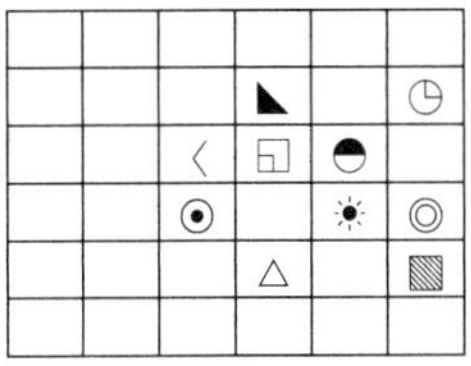 →1초 지남

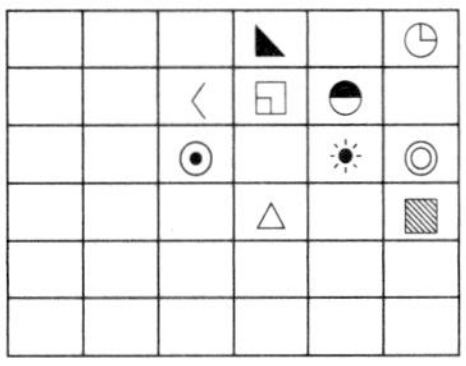

→ 시계방향으로 180도 회전

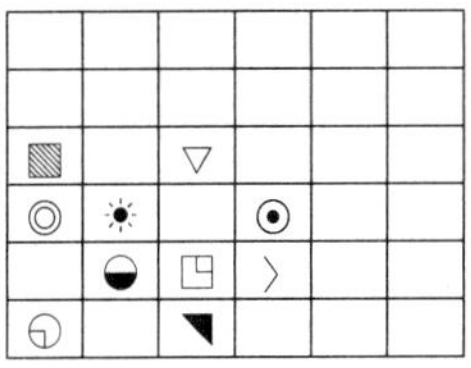

▌17~18▐ 다음에 제시된 도형을 보고 조건에 따라 최종적으로 어떤 모양이 될지 고르시오.

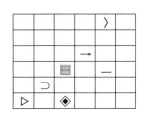

규칙 1 : 각각의 도형은 1초가 지나면 한 칸씩 아래쪽으로 떨어진다.
규칙 2 : 바닥면에 닿은 도형은 멈추어 쌓인다.

17

조건 : 시계방향으로 90도 회전→1초 지남→반시계방향으로 90도 회전

①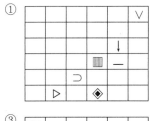

②

③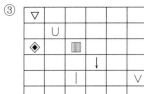

④

 TIP

시계방향으로 90도 회전 →1초 지남→

→반시계방향으로 90도 회전

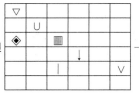

18

조건 : 1초 지남→반시계방향으로 180도 회전→1초 지남

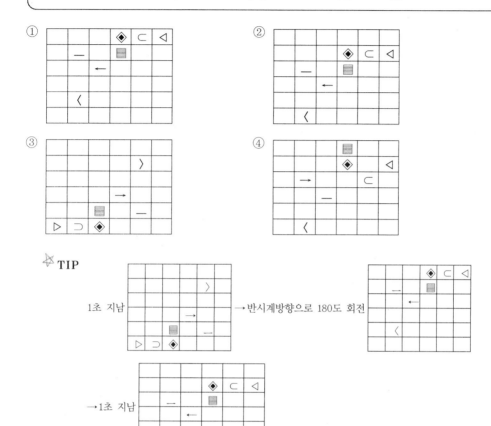

▌19~20▐ 다음에 제시된 도형을 보고 조건에 따라 최종적으로 어떤 모양이 될지 고르시오.

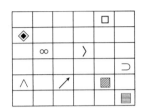

규칙 1 : 각각의 도형은 2초가 지나면 한 칸씩 아래쪽으로 떨어진다.

규칙 2 : 바닥면에 닿은 도형은 멈추어 쌓인다.

19

조건 : 4초 지남→반시계방향으로 180도 회전→2초 지남

①

②

③

④

TIP

4초 지남 →반시계방향으로 180도 회전

→2초 지남

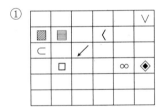

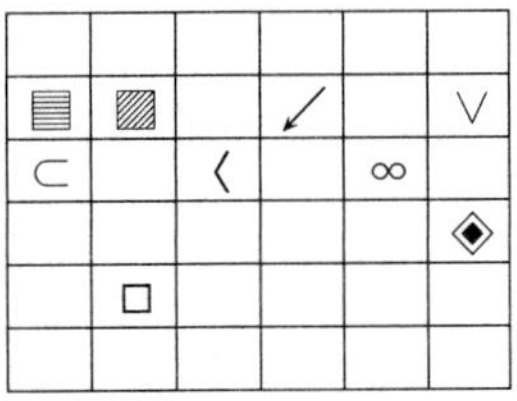

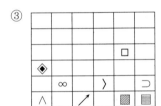

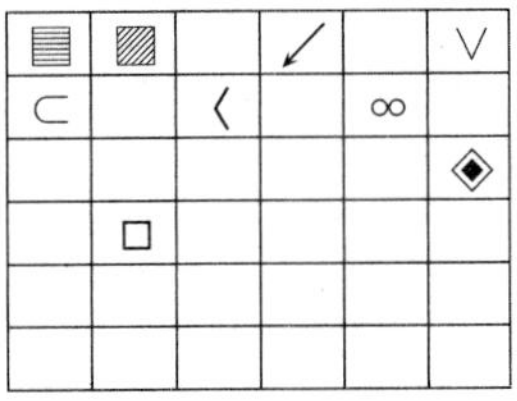

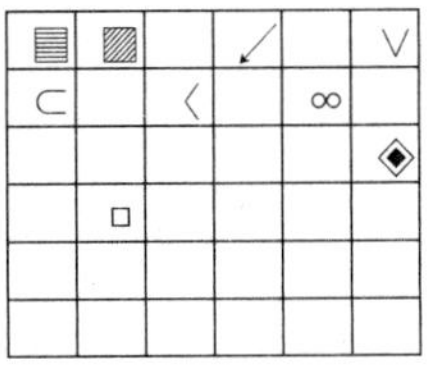

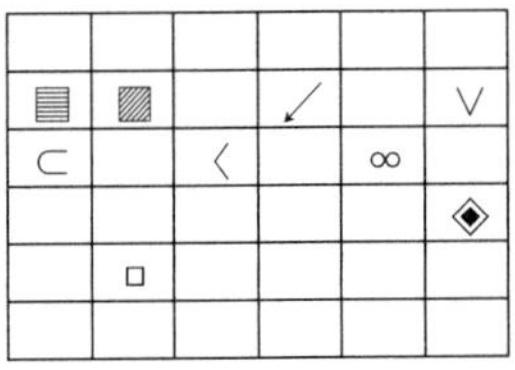

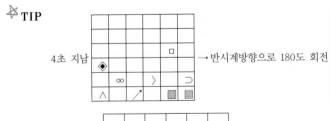

20

조건 : 2초 지남→시계방향으로 90도 회전→4초 지남

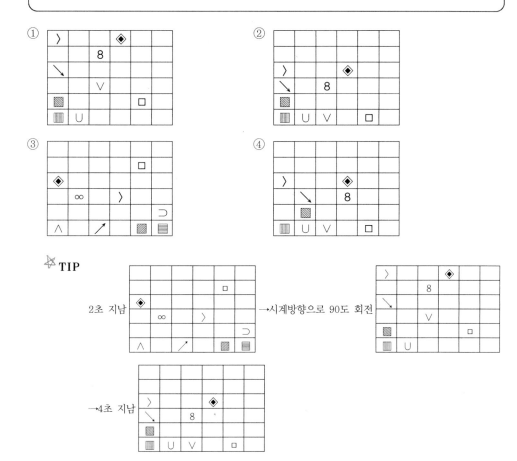

☆ **TIP**

| 21~25 | 주어진 그림과 다른 부분이 있는 것을 고르시오. (단, 회전이 가능하다)

21

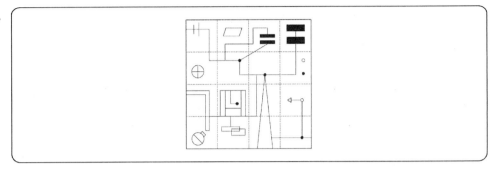

①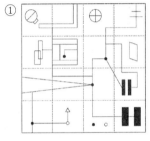

②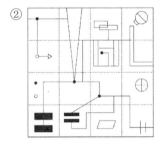

③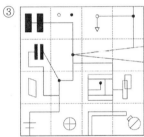

④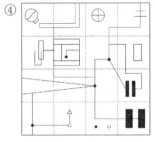

✪TIP ④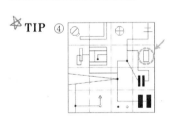

22

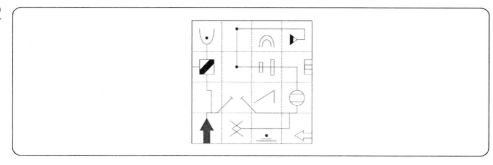

① 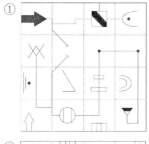   ②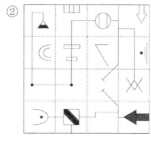

③ 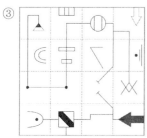   ④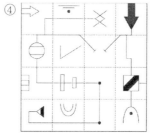

✮TIP   ③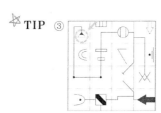

23

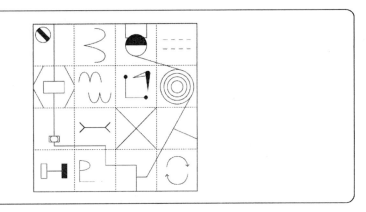

①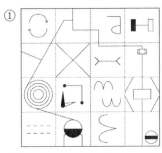

②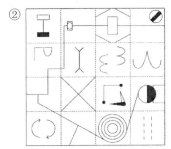

③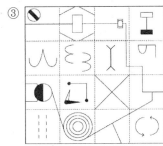

④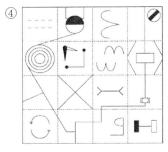

✿TIP ①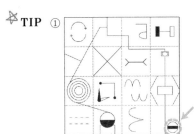

24

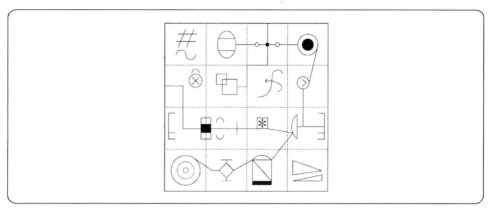

①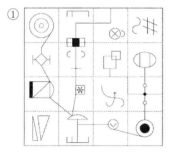

②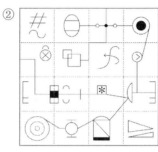

③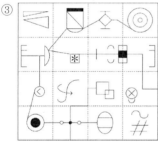

④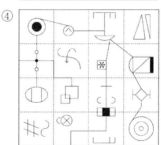

✦TIP ②

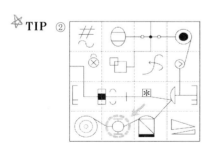

25

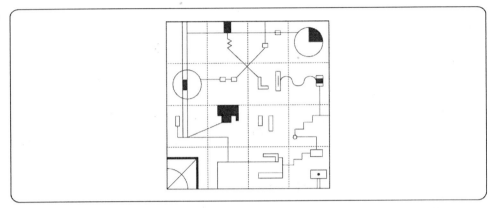

①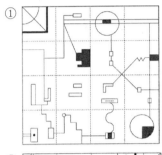
②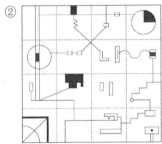

③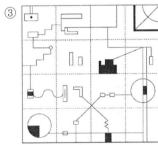
④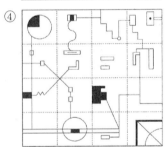

✩TIP ②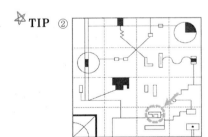

┃26~35┃ 다음 중 왼쪽의 그림과 합쳐서 오른쪽 그림이 될 수 있는 것을 고르시오. (단, 같은 칸에 색이 겹쳐서는 안 되며, 각 보기 ①~④의 그림은 회전이 가능하다)

26

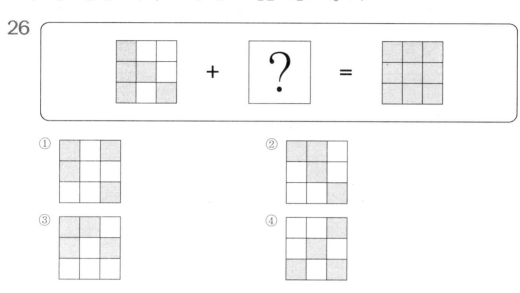

TIP ③을 시계방향으로 90° 회전시켜서 왼쪽 그림과 합치면 오른쪽 그림이 된다.

27

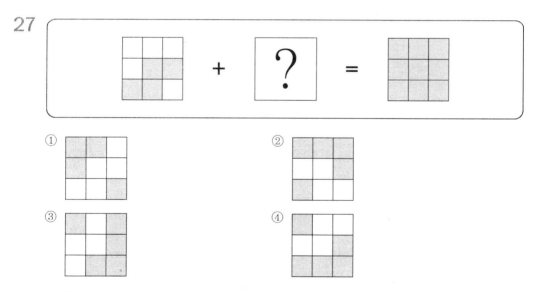

TIP ④를 시계방향으로 180° 회전시켜서 왼쪽 그림과 합치면 오른쪽 그림이 된다.

ANSWER 〉 25.② 26.③ 27.④

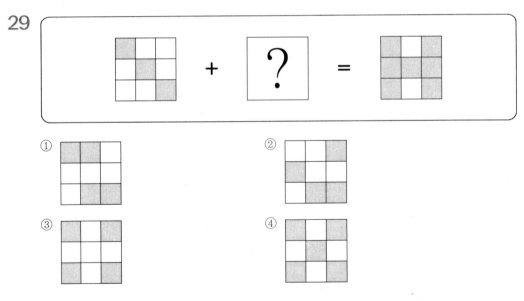

28

① 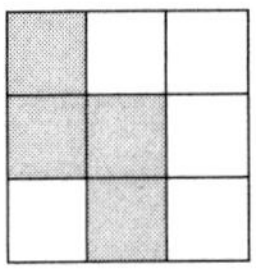 ② 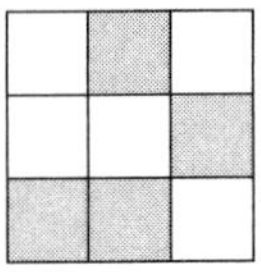 ③ 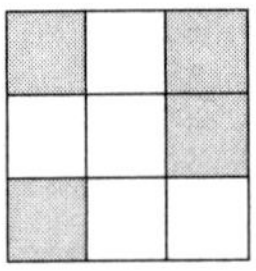 ④

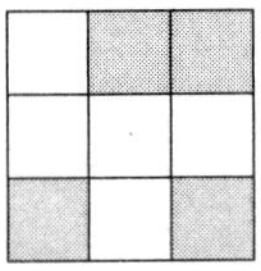

✡TIP ③을 시계방향으로 90° 회전시켜서 왼쪽 그림과 합치면 오른쪽 그림이 된다.

29

① ② ③ ④

✡TIP ①을 시계방향으로 90° 회전시켜서 왼쪽 그림과 합치면 오른쪽 그림이 된다.

30

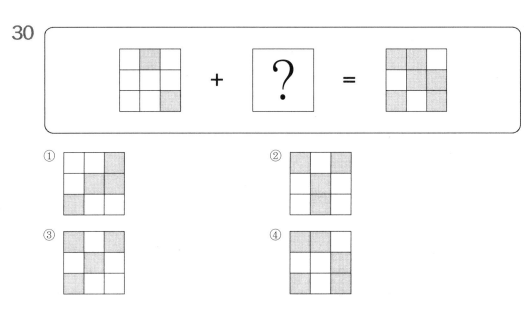

✫ **TIP** ②를 반시계방향으로 90°회전시켜서 왼쪽 그림과 합치면 오른쪽 그림이 된다.

31

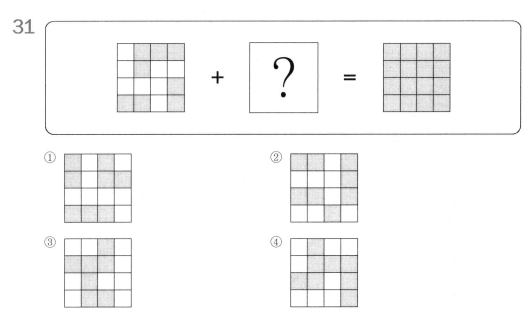

✫ **TIP** ④를 시계방향으로 180°회전시켜서 왼쪽 그림과 합치면 오른쪽 그림이 된다.

32

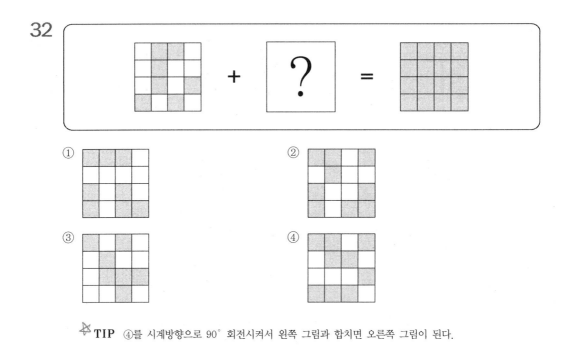

☆**TIP** ④를 시계방향으로 90° 회전시켜서 왼쪽 그림과 합치면 오른쪽 그림이 된다.

33

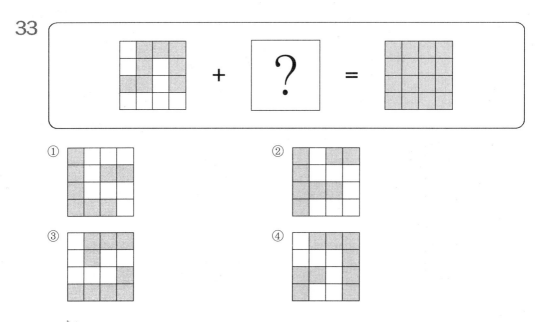

☆**TIP** ②를 반시계방향으로 90° 회전시켜서 왼쪽 그림과 합치면 오른쪽 그림이 된다.

34

① 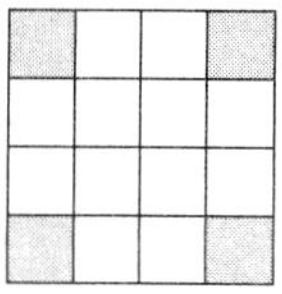 ②

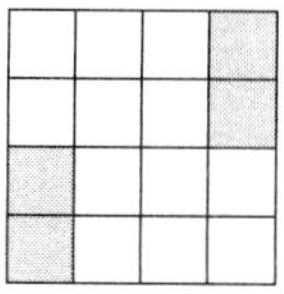

③ 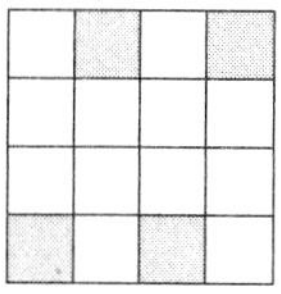 ④

★ **TIP** ②를 반시계방향으로 90° 회전시켜서 왼쪽 그림과 합치면 오른쪽 그림이 된다.

35

① 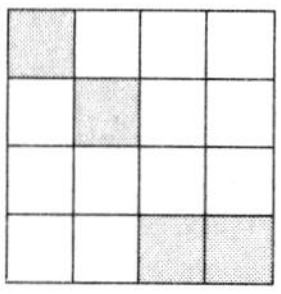 ①

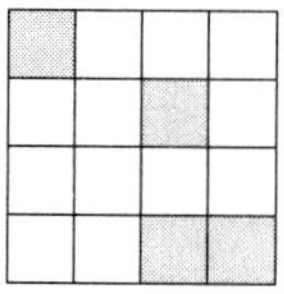

③ 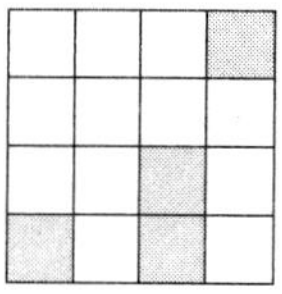 ④

★ **TIP** ③을 시계방향으로 180° 회전시켜서 왼쪽 그림과 합치면 오른쪽 그림이 된다.

👍ANSWER 〉 32.④ 33.② 34.② 35.③

┃36~45┃ 다음 도형들의 일정한 규칙을 찾아 ? 표시된 부분에 들어갈 도형을 찾으시오.

36

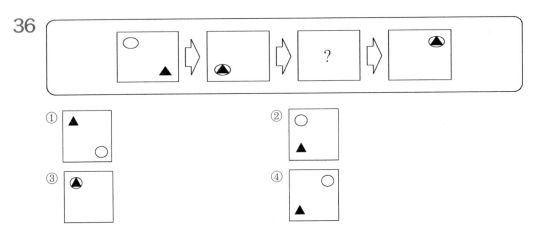

①
②
③
④

✿**TIP** 각각의 도형은 각 모서리를 따라 시계방향으로 이동하고 있다. 원모양은 시계방향으로 3번, 삼각형은 시계방향으로 1번 이동하는 규칙에 따라 도형을 선택하도록 한다.

37

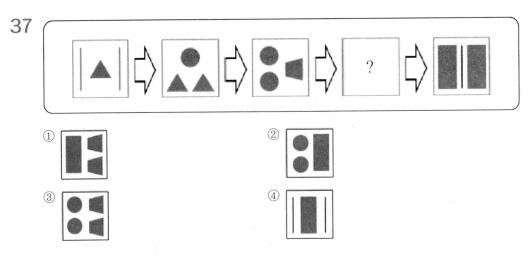

①
②
③
④

✿**TIP** 규칙을 찾아보면 네모안의 그림 개수가 1개인 것이 2개로 바뀌고 있다.

38

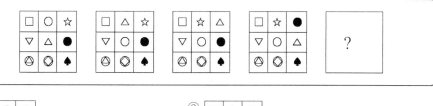

①
□	○	●
▽	△	♠
◎	⬡	△

②
□	☆	●
▽	○	△
⬡	♠	◎

③
□	☆	●
▽	○	♠
◎	⬡	△

④
□	○	●
△	▽	△
◎	⬡	♠

⭐**TIP** △ 도형이 상, 우, 하로 인접한 부분의 도형과 자리를 바꾸어 가면서 이동하고 있다.

39

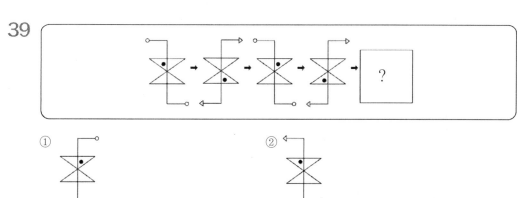

⭐**TIP** 제시된 도형의 경우 첫 번째, 세 번째와 두 번째 네 번째 도형으로 나누어 생각할 수 있다. 첫 번째 세 번째 도형의 경우 모양은 같은 채 삼각형에 있는 검은색 원의 위치만 바뀌고 있으므로 다섯 번째에는 검은색 원이 왼쪽에 위치해야 한다.

🎵ANSWER 〉 **36.**① **37.**① **38.**③ **39.**③

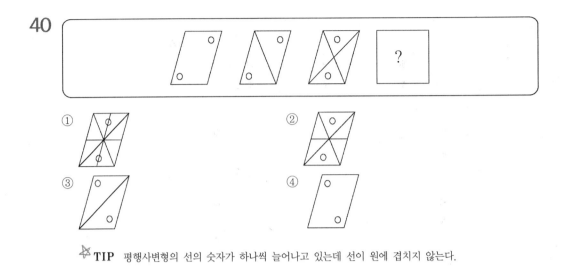

40

① ② ③ ④

☆ **TIP** 평행사변형의 선의 숫자가 하나씩 늘어나고 있는데 선이 원에 겹치지 않는다.

41

① ② ③ ④

☆ **TIP** 제시된 문제는 도형의 종류와 그 수가 많아 법칙성을 찾기 어렵지만 잘 확인해보면, 처음 제시
된 도형 중 하나만 다음 도형에서 세 개로 변하고 있으며 같은 도형 세 개 중에 하나는 검은색
이 된다.

42

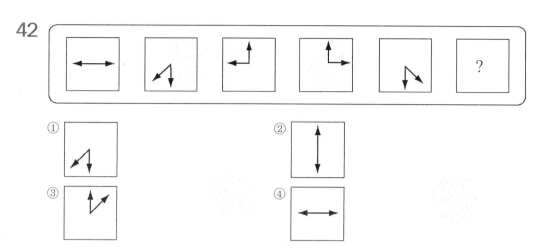

✯ **TIP** 4번째 그림부터는 이전 그림들과 좌우대칭이 되고 있다.

43

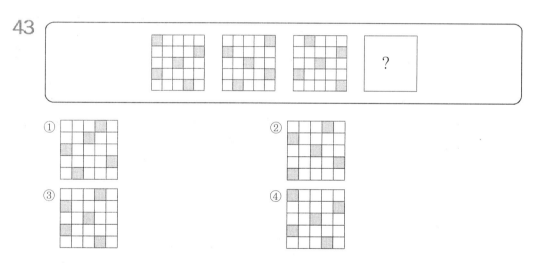

✯ **TIP** 첫 번째 그림과 두 번째 그림이 좌우대칭으로 바뀌고 있다. 따라서 세 번째 그림과 좌우대칭인 그림이 정답이다.

👍ANSWER › **40.**② **41.**② **42.**④ **43.**②

44

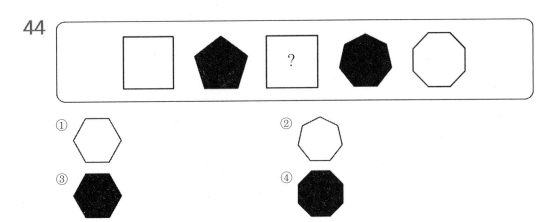

✿**TIP** 도형의 색은 흰색, 검은색이 번갈아 나오며, 도형의 모양은 사각형, 오각형, (   ), 칠각형, 팔각형이므로, 흰색 육각형이 와야 한다.

45

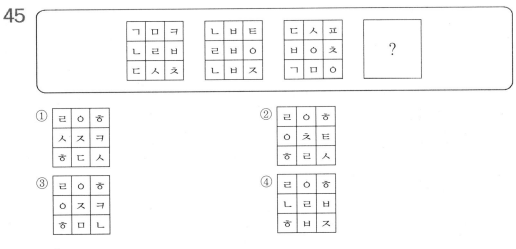

✿**TIP** 한글의 자음 14개를 순서대로 생각할 때 맨 윗줄은 한 칸씩, 두 번째 줄은 두 칸씩, 세 번째 줄은 순서와 반대로 한 칸씩 이동하고 있다.

■46~50■ 다음 ? 표시된 부분에 들어갈 도형을 고르시오.

46

①
②
③
④

✡**TIP** ④ 같은 모양에 가운데 선이 하나만 있는 모양이 정답이다.

47

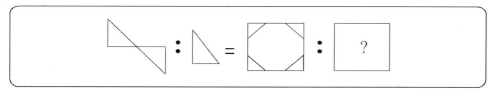

①
②
③
④

✡**TIP** ① 오른쪽 도형은 왼쪽의 도형에서 삼각형 1개를 뺀 것이다.

✍ANSWER 〉 **44.**① **45.**② **46.**④ **47.**①

48

 : = : ?

① 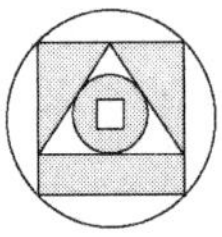   ②

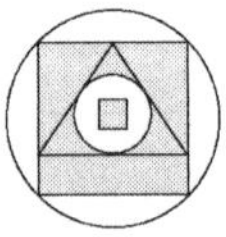

③ 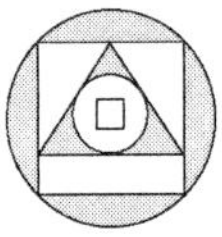   ④

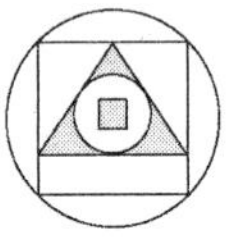

✴ **TIP** ② 색칠된 부분이 반대로 표시된 관계이다.

49

 = : ?

①   ②

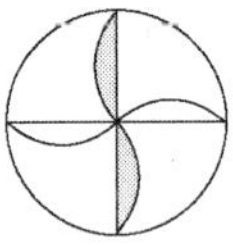

③ 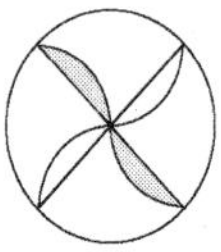   ④

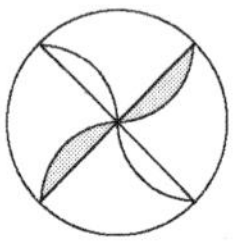

✴ **TIP** 시계방향으로 90° 회전관계이다.

50

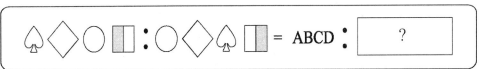

① **CBAD** ② **CBDA**

③ **CADB** ④ **CBAD**

✴ **TIP** 순서대로 대입하여 비교한 후 바뀐 부분을 찾아본다.

▌51~52 ▌ 다음 예시의 답이 다음과 같을 때 아래 그림과 같은 관계를 가진 것을 고르시오.

51

〈예시〉

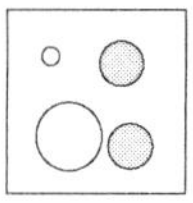

①

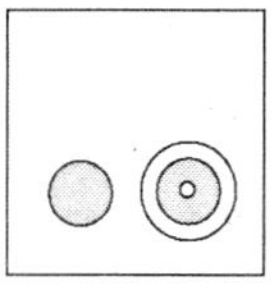

답

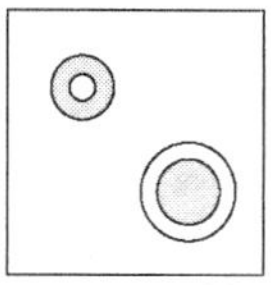

③

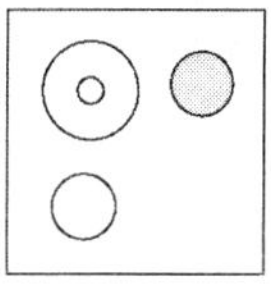

④

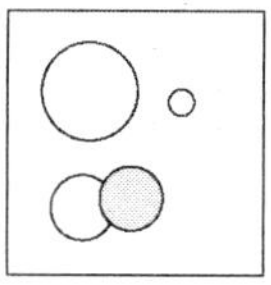

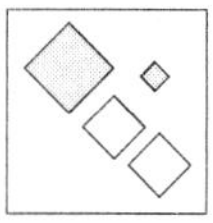

①

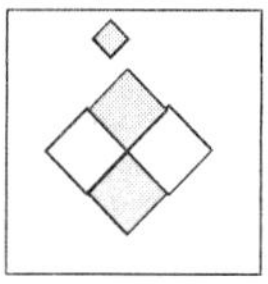

②

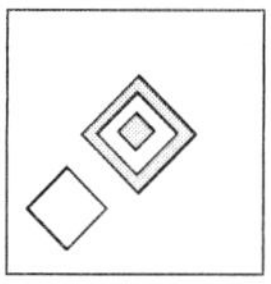

③

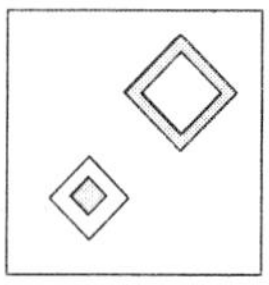

④

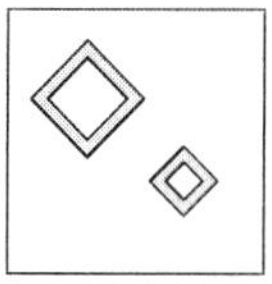

TIP 보기의 제시된 답에서 추론할 수 있는 관계는 가장 큰 도형에 2개의 같은 크기 도형 중의 하나가 겹치게 되고 2개의 같은 도형 중 나머지 하나가 가장 작은 도형과 겹치게 된다는 것이다.

ANSWER 〉 48.② 49.② 50.④ 51.③

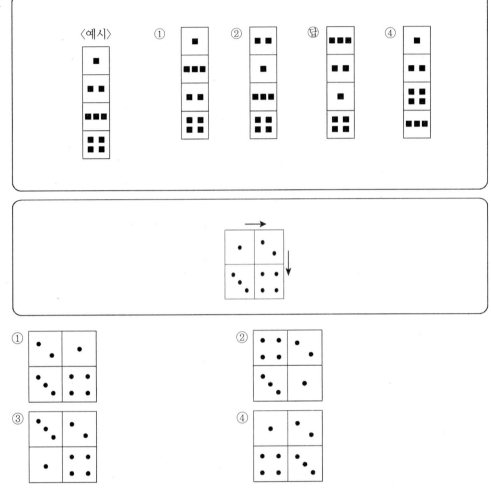

☆TIP 첫 번째 도형과 세 번째 도형의 순서를 바꾼다.

▮53~60▮ 다음 제시된 도형들이 일정한 규칙을 갖고 있다고 할 때 빈칸에 들어갈 적절한 것을 고르시오.

53

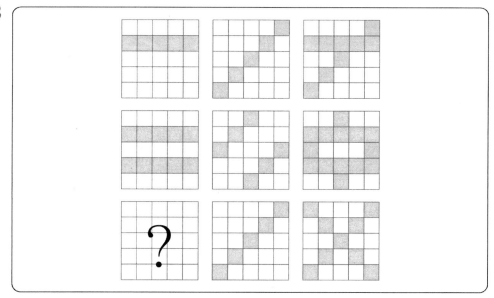

①

③

②

④

✿ **TIP** ① 1열과 2열의 색칠된 무늬가 합해져서 3열의 무늬가 완성된다.

54

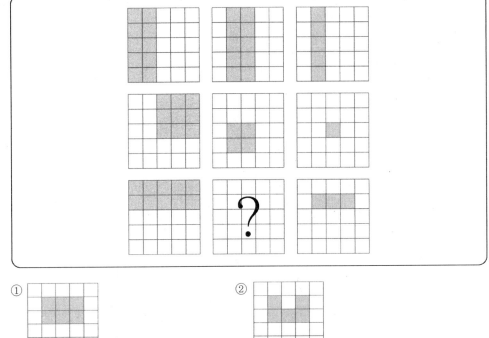

55

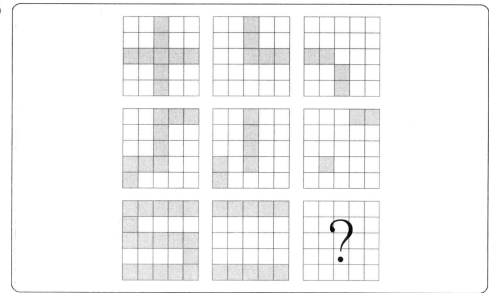

①

②

③

④

⭐ **TIP** ① 1열의 색칠된 부분에서 2열의 색칠된 부분을 빼고 남은 것이 3열의 색칠된 부분이다.

56

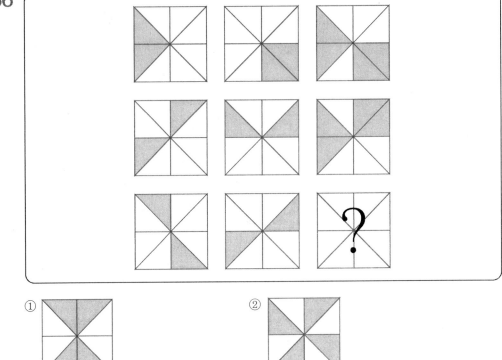

①
②
③
④

★**TIP** ③ 1열과 2열의 색칠된 부분이 합해져서 3열의 무늬가 나온다.

57

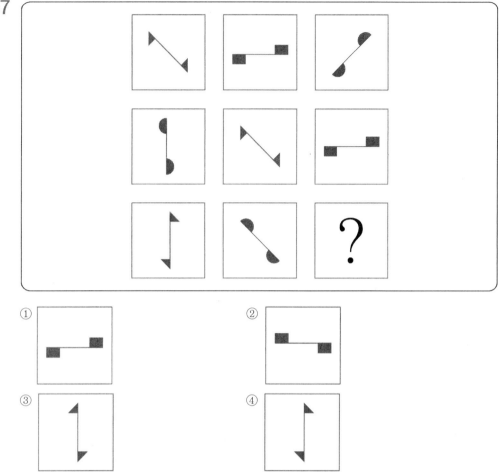

TIP ② 각 행마다 반시계 방향으로 45° 씩 회전하고 있으며 끝 부분의 도형은 모두 모양이 다르다.

58

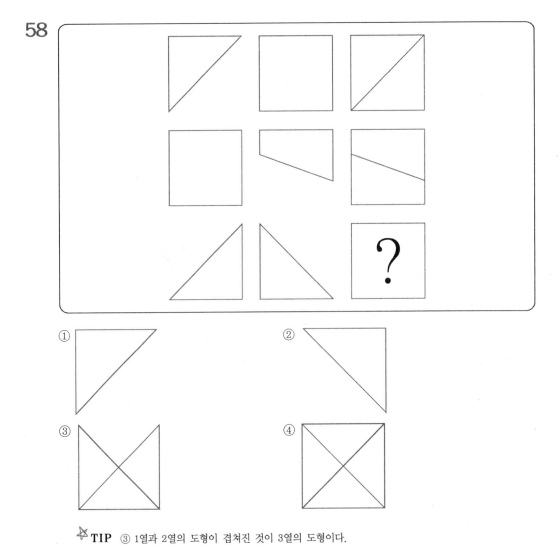

59

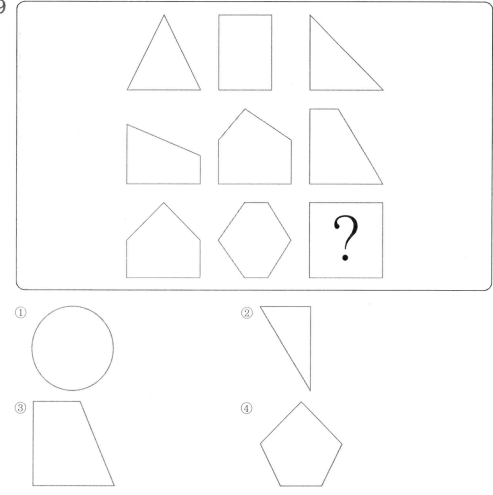

① ② ③ ④

★ **TIP** ④ 1열의 도형들은 삼각형, 사각형, 오각형으로 변하고 있으며 2열의 도형들은 사각형, 오각형, 육각형으로 변하고 있다. 따라서 3열은 삼각형, 사각형, 오각형으로 변할 것이다.

ANSWER 〉 58.③   59.④

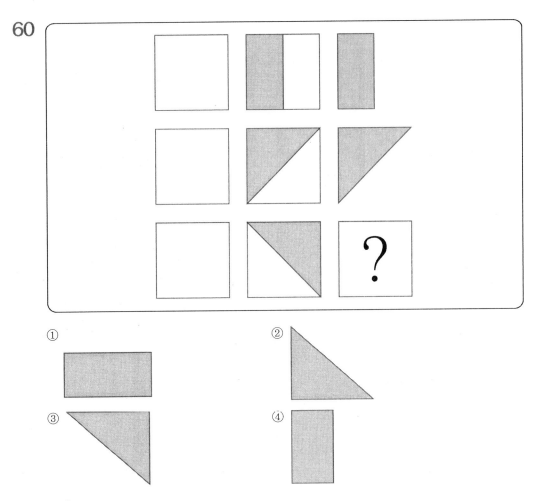

60

①
②
③
④

🌟 **TIP** ③ 1열의 그림은 배경이 되고, 2열의 그림은 무늬를 더한 그림이다. 또한 3열에는 배경을 뺀 무
늬들이 온다.

| 61~65 | 다음 주어진 [예제1]과 [예제2]를 보고 규칙을 찾아, 문제의 A, B를 찾으시오.

61

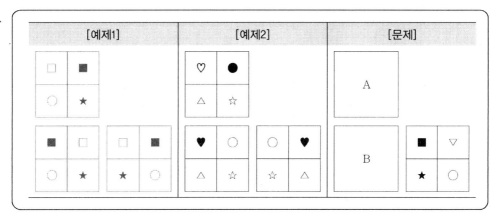

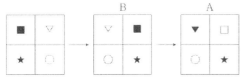

☆ **TIP** 세로규칙 : 1행 색 반전
가로규칙 : 1열과 2열 도형 바꿈

62

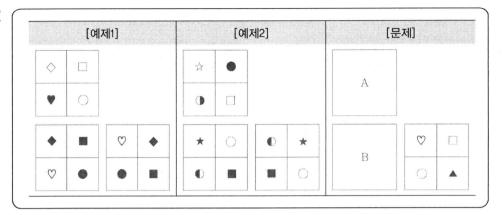

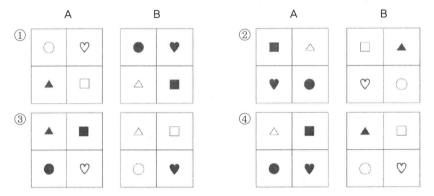

①
A	B

②
A	B

③
A	B

④
A	B

✦ **TIP** 세로규칙 : 색 반전

가로규칙 : 시계방향으로 한 칸씩 이동

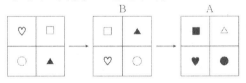

63

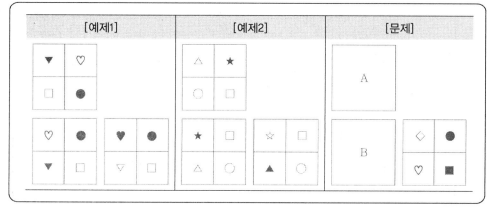

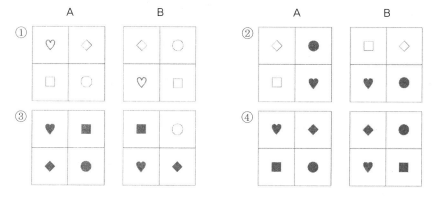

⭐ **TIP** 세로규칙 : 반시계방향으로 한 칸씩 이동
가로규칙 : 1열 색 반전

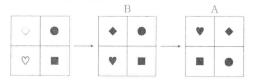

64

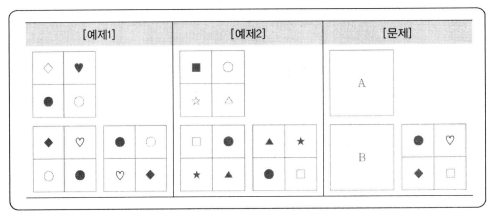

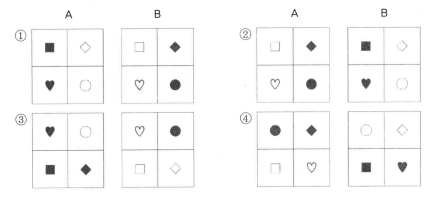

☆**TIP**　세로규칙 : 색 반전

　　　　가로규칙 : 대각선에 있는 도형끼리 위치 바꿈

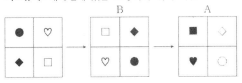

65

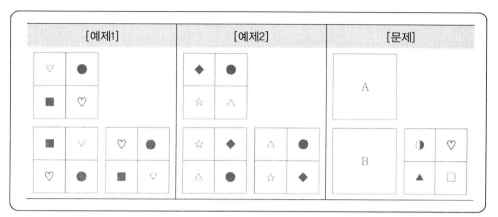

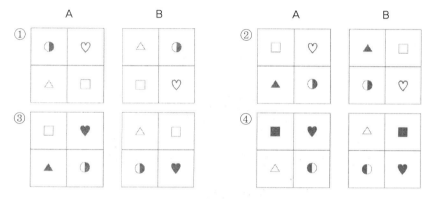

세로규칙 : 시계방향으로 한 칸씩 이동
가로규칙 : 1행과 2행 도형 바꿈

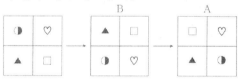

인성검사

코오롱그룹에서 기업이 원하는 인재상에 부합하는지를 판단하기 위해 시행하는
상황판단검사 및 인성검사에 대한 예시문제를 수록하였습니다. 실전에 앞서
인성검사의 유형을 파악해 보시기 바랍니다.

인성검사

01. 상황판단력

02. 인성검사

상황판단력

▌1~80▐ 주어진 상황에서 취할 수 있는 행동 중 가장 옳다고 생각하는 것과 옳지 않다고 생각하는 것을 고르시오.

1 당신은 A와 함께 프로젝트를 수행하게 되었다. 프로젝트는 일의 내용에 비해 마감 기한이 짧다. 당신은 내용이 조금 부족하더라도 기한 내 프로젝트를 마감하기를 바라나 A는 기한을 조금 넘기더라도 내용을 완벽하게 구성하기를 원한다면 당신은?

① A를 믿고 A의 방식에 따른다.

② 상사에게 기한의 연장을 요청한다.

③ 팀원을 교체해 달라고 한다.

④ A를 설득하여 기한 내 프로젝트를 마감하도록 한다.

BEST	WORST

2 마트에서 물건을 구입한 후 현금을 내고 거스름돈을 받았다. 집에 와서 영수증을 확인하여 보니 당신이 받아야 할 거스름돈 보다 더 많이 거슬러 받았다. 이런 상황에서 당신은 어떻게 하겠는가?

① 다시 돌아가는 것은 시간적, 경제적 손실이 있으므로 그냥 내버려 둔다.

③ 사소한 것이라고 하더라도 정직함을 지키기 위해 마트에 돌아가 돈을 돌려준다.

③ 내가 잘못한 것이 아니므로 편한 마음으로 그냥 돈을 갖는다.

④ 마트에 전화를 걸고 다시 마트에 갈 일이 생기면 돌려주겠다고 메모를 남긴다.

BEST	WORST

3 당신은 조용한 환경에서 일을 해야 업무의 효율성이 높다. 그러나 옆자리의 A는 항상 작게 음악이나 라디오를 틀어놓고 업무를 본다. 당신은 그 음악소리가 대단히 신경 쓰인다. 그렇다면 당신은?

① A보다 더 크게 음악을 틀어 A가 스스로 깨닫게 한다.
② 다른 동료들에게 불만을 이야기하여 A의 귀에 들어가게 한다.
③ 이어폰을 구입하여 A에게 준다.
④ 상사에게 불편함을 이야기한다.

BEST	WORST

4 당신은 갓 입사한 신입사원이다. 오늘 절친한 친구를 3년 만에 만나기로 하였다. 그런데 갑자기 상사가 신입사원 환영회를 하자며 팀회식을 제안하였다. 평소 상사는 단체행동을 중요시하고, 회식 자리에 빠지는 것을 대단히 싫어한다. 그렇다면 당신은?

① 친구와의 약속을 미룬다.
② 약속시간을 조금 늦추고 회식장소에 갔다가 몰래 빠져나온다.
③ 친구와의 약속이 있어 회식에 불참하겠다고 이야기한다.
④ 집안에 중요한 일이 있다고 거짓말을 한 후 회식을 다른 날로 미룬다.

BEST	WORST

5 당신은 오늘 해야 할 업무를 다 끝마쳤다. 그런데 퇴근시간이 지나도 대부분의 동료들과 상사가 퇴근을 하지 않고 있다. 그렇다면 당신은?

① 그냥 말없이 퇴근한다.
② 인터넷 등을 하며 상사가 퇴근할 때까지 기다린다.
③ 상사나 동료들에게 도와줄 업무가 있는지 물어보고 없다면 먼저 퇴근한다.
④ 퇴근시간이 되었다고 크게 말한 후 동료들을 이끌고 함께 퇴근하도록 한다.

BEST	WORST

6 당신은 신입사원이다. 신입사원 교육의 일환으로 간부회의에 참석하게 되었다. 회의 중 간부 A가 설명하고 있는 내용이 틀렸다. 그 어떤 누구도 그것이 틀린 내용인지 모르는 것 같다. 당신은 그것이 명백히 틀렸다는 것을 알고 있다. 그렇다면 당신은?

① 그냥 모르는 척 한다.
② 나중에 간부를 찾아가 아까 말한 내용이 틀렸다고 말해준다.
③ 옆에 있는 동료에게 틀렸다고 귓속말을 해준다.
④ 회의 도중 손을 들고 그 내용이 틀렸다고 말한다.

BEST	WORST

7 새로운 프로젝트를 위해 구성된 팀에 당신이 선발되었다. 그런데 평소 업무스타일이 맞지 않고 사이도 좋지 않은 김대리가 같이 팀원으로 구성되었다. 그렇다면 당신은?

① 김대리와 개인적 대화를 통하여 불만에 대하여 이야기한다.
② 김대리를 팀에서 빠지게 만든다.
③ 팀장님께 말씀을 드려 프로젝트에서 빠진다.
④ 그냥 가만히 있는다.

BEST	WORST

8 당신은 신입사원이다. 일을 열심히 하려고 하고 있는데 상사가 자꾸 업무 외의 개인적인 일들만을 시키고 있다. 그렇다면 당신은?

① 제가 이런 일도 해야 하는지 묻는다.
② 일을 엉망으로 처리하여 다시는 시키는 일이 없도록 만든다.
③ 일단 시킨 일을 처리한 후 정중히 다음부터 그런 일은 시키지 않았으면 좋겠다고 솔직히 말한다.
④ 업무 외적인 일은 절대 하지 않겠다고 단호히 말한다.

BEST	WORST

9 한창 업무에 열중하고 있던 당신이 동료 사원이 회사 자료를 허위로 조작하는 것을 우연히 목격하였다 당신은 어떻게 하겠는가?

① 동료 사원이 조작한 자료를 몰래 원래대로 복원시켜 놓는다.

② 나와 관계없는 일이므로 모른 척 한다.

③ 동료 사원에게 내가 다 봤으니 돈을 내놓으라고 협박한다.

④ 상사에게 바로 보고한다.

BEST	WORST

10 중요한 회의를 하고 있다. 그런데 점심에 먹은 것이 잘못되었는지 배에서 요동이 친다. 배가 아파 화장실이 너무 급한 상황이다. 당신은 어떻게 하겠는가?

① 회의가 끝날 때까지 최대한 참기 위해 노력한다.

② 잠시 회의의 중단을 요구하고 화장실을 다녀온다.

③ 회의의 진행에 방해가 되지 않게 조용히 화장실을 다녀온다.

④ 옆의 동료에게 말하고 화장실을 다녀온다.

BEST	WORST

11 입사 동기가 업무상 실수를 약간 저질렀다. 이에 대하여 당신의 상사가 입사 동기를 인격적으로 모독하며 그 실수의 비중에 비하여 심하게 혼내는 것을 보았다. 그 동료를 위하여 당신은 어떻게 하겠는가?

① 동료와 함께 그 상사를 욕하며 위로해 준다.

② 퇴근 후 스트레스가 풀리도록 신나게 함께 놀아준다.

③ 내 일이 아니므로 신경 쓰지 않는다.

④ 상사의 인격적 모독에 대한 내용을 상세하게 회사 게시판에 올려놓는다.

BEST	WORST

12 당신이 입사한 기업이 새로운 경영전략으로 해외시장진출을 목표로 하고 있다. 이 해외시장진출 목표의 일환으로 중국 회사와의 합작사업추진을 위한 프로젝트팀을 구성하게 되었다. 당신은 이 팀의 리더로 선발 되었으며, 2년 이상 중국에서 근무를 해야만 한다. 그러나 당신은 집안 사정 및 자신의 경력 계획 실현을 위하여 중국 발령을 원하지 않고 있다. 당신의 상사는 당신이 꼭 가야만 한다고 당신을 밤낮으로 설득하고 있다. 당신은 어떻게 하겠는가?

① 중국에 가고 싶지 않은 이유를 설명한 후 발령을 취소해 줄 것을 끝까지 요구한다.

② 회사를 그만둔다.

③ 해외발령을 가는 대신 그에 상응하는 대가를 요구한다.

④ 가기 싫지만 모든 것을 받아들이고 간다.

BEST	WORST

13 당신이 존경하는 상사가 회사를 위한 일이라며 회계장부의 조작 및 회사 자료의 허위조작 등을 요구한다면 당신은 어떻게 하겠는가?

① 회사를 위한 것이므로 따르도록 한다.

② 일 자체가 불법적이므로 할 수 없다고 한다.

③ 불법적 행위에 대하여 경찰에 고소하고 회사를 그만 둔다.

④ 존경하는 상사의 지시이므로 일단 하고 대가를 요구한다.

BEST	WORST

14 당신은 입사한 지 일주일도 안 된 신입사원이다. 당신이 속해 있는 팀과 팀원들은 현재 진행 중인 프로젝트의 마무리로 인하여 매우 바쁜 상태에 있다. 그러나 신입사원인 당신은 자신이 해야 할 업무가 불명확하여 무엇을 해야 할지 모르고, 자신만 아무 일을 하지 않는 것 같아 다른 사람들에게 미안함을 느끼고 있다. 이런 경우 당신은 어떻게 하겠는가?

① 명확한 업무가 책정될 때까지 기다린다.

② 내가 해야 할 일이 무엇인지 스스로 찾아 한다.

③ 현재의 팀에는 내가 할 일이 없으므로 다른 부서로 옮겨줄 것을 요구한다.

④ 팀장에게 요구하여 빠른 시간 내에 자신의 역할이 할당되도록 한다.

BEST	WORST

15 당신은 현재 공장에서 근무를 하고 있다. 오랜 기간동안 일을 하면서 생산비를 절감할 수 있는 좋은 아이디어 몇 가지를 생각하게 되었다. 그러나 이 공장에는 제안제도라는 것이 없고 당신의 직속상관은 당신의 제안을 하찮게 생각하고 있다. 당신은 막연히 회사의 발전을 위하여 여러 제안들을 생각한 것이지만 아무도 당신의 진심을 알지 못한다. 그렇다면 당신은 어떻게 행동할 것인가?

① 나의 제안을 알아주는 사람도 없고 이 제안을 알리기 위해 이리저리 뛰어 다녀봤자 심신만 피곤할 뿐이니 그냥 앞으로 제안을 생각하지도 않는다.

② 제안제도를 만들 것을 회사에 건의한다.

③ 좋은 제안을 받아들일 줄 모르는 회사는 발전 가능성이 없으므로 이번 기회에 회사를 그만 둔다.

④ 제안이 받아들여지지 않더라도 내가 할 수 있는 한도 내에서 제안할 내용을 일에 적용한다.

BEST	WORST

16 당신은 현재 부서에서 약 2년간 근무를 하였다. 그런데 이번 인사를 통하여 기획실로 발령이 났다. 그런데 기획실은 지금까지 일해오던 부서와는 달리 부서원들이 아주 공격적이며 타인에게 무관심하고 부서원들간 인간적 교류도 거의 없다. 또한 새로운 사람들에게 대단히 배타적이라 당신이 새로운 부서에 적응하는 것을 어렵게 하고 있다. 그렇다면 당신은 어떻게 행동할 것인가?

① 기획실의 분위기를 바꾸기 위해 노력한다.

② 다소 힘이 들더라도 기획실의 분위기에 적응하도록 노력한다.

③ 회사를 그만 둔다.

④ 다른 부서로 바꿔 줄 것을 강력하게 상사에게 요구한다.

BEST	WORST

17 같은 부서에서 일을 하는 동료가 업무를 소홀히 하여 당신이 주어진 업무보다 더 많은 양의 일을 해야 한다. 당신은 원래 당신에게 주어진 일정량의 업무를 충실히 하면서 그 동료와의 관계도 원만하게 유지하고자 한다. 그렇다면 당신은 어떻게 행동할 것인가?

① 원래 주어진 일만 하고 그 동료의 일은 하지 않는다.

② 상사에게 이야기하여 적절한 조치를 취하도록 한다.

③ 나 또한 업무를 태만히 한다.

④ 회사의 업무를 위해서는 모든 것을 희생해서라도 부서의 업무를 충실히 해야 하기 때문에 동료를 위해서가 아닌 회사를 위해 과중한 업무라도 열심히 한다.

BEST	WORST

18 당신의 상사가 내일까지 처리하기에는 너무도 무리한 업무를 주면서 내일까지 끝내되 훌륭하게 하라고 할 경우 당신은 어떻게 하겠는가?

① 업무의 과중함을 이야기하고 다른 사람에게 도움을 요청한다.

② 상사의 지시가 부당함을 동료들에게 알린다.

③ 수준이 좀 떨어지더라도 내일까지 무슨 일이 있어도 끝내도록 한다.

④ 내일까지 일을 못 끝내더라도 훌륭하게 처리하기 위하여 노력한다.

BEST	WORST

19 당신은 서울본사에서 10년째 근무를 하고 있다. 그런데 이번 인사에서 전혀 연고가 없는 지방으로 발령이 났다. 이번의 발령은 좌천식 발령이 아닌 회사에서 당신의 능력을 인정하여 그 지방의 시장 확보를 위하여 가는 것이다. 그러나 가족 및 친구들과 떨어져 생활한다는 것이 쉽지 않고 가족 전체가 지방으로 가는 것도 아이들의 학교 때문에 만만치가 않다. 이 경우 당신은 어떻게 할 것인가?

① 가족들과 모두 지방으로 이사 간다.

② 가족들의 양해를 구하고 힘들더라도 지방으로 혼자 옮겨 생활한다.

③ 회사 측에 나의 사정을 이야기하고 인사발령의 취소를 권유한다.

④ 현재의 회사를 그만두고 계속 서울에서 근무할 수 있는 다른 회사를 찾아본다.

BEST	WORST

20 당신은 이제 갓 일주일이 된 신입사원이다. 이 회사에 들어오기 위해 열심히 공부하였지만 영어만큼은 잘 되지 않아 주변의 도움으로 간신히 평균을 넘어서 입사를 하게 되었다. 그런데 갑자기 당신의 상사가 영어로 된 보고서를 주며 내일까지 정리해 오라고 하였다. 여기서 못한다고 한다면 영어실력이 허위인 것이 발각되어 입사가 취소될 지도 모를 상황이다. 그렇다면 당신은 어떻게 할 것인가?

① 솔직히 영어를 못한다고 말한다.
② 동료에게 도움을 요청하여 일을 하도록 한다.
③ 아르바이트를 고용하여 보고서를 정리하도록 한다.
④ 회사를 그만둔다.

BEST	WORST

21 어제 오랜만이 동창들과의 모임에서 과음을 한 당신, 회사에서 힘든 몸을 이끌고 해장을 할 점심시간까지 잘 견디고 있다. 그런데 갑자기 당신의 상사가 오늘 점심시간에 모든 팀원들과 함께 자신의 친구가 회사 앞에 개업한 피자집에서 먹자고 한다. 당신은 어떻게 하겠는가?

① 그냥 상사의 말에 따른다.
② 상사에게 자신의 사정을 이야기하고 혼자 해장국집으로 간다.
③ 상사에게 오늘은 약속이 있어서 안 되므로 다음에 가자고 한다.
④ 동료에게 말하고 몰래 해장하러 간다.

BEST	WORST

22 당신은 기획부의 막내이자 신입사원이다. 그런데 갑자기 여자 친구가 아프다는 연락이 왔다. 하지만 엎친 데 덮친 격으로 상사의 부모님 부고소식이 들린다. 당신이 사랑하는 여자 친구에게 안가면 여자 친구와 헤어질 수 있으며, 상사의 부모님 장례식장에 안가면 회사일이 고단해 질 것이다. 당신은 어떻게 하겠는가?

① 여자 친구에게 전화를 걸어 사정을 이야기한 후 장례식장에 간다.
② 상사에게 사정을 이야기한 후 여자 친구에게 간다.
③ 여자 친구에게 잠깐 들렸다가 장례식장으로 간다.
④ 장례식장에 잠깐 들렸다가 여지친구에게 간다.

BEST	WORST

23 새로 신설된 상품개발팀에 팀장으로 발령을 받은 당신은 회사에서 유능한 인재이며, 결혼을 한 달 앞두고 있다. 그런데 같은 부서에 대리로 있는 이 회사의 사장 딸이 당신에게 상당히 관심을 보이고 있다. 사장의 딸은 예쁘고 똑똑한데다가 재산도 많고 당신의 이상형에 제일 가깝다. 그러던 어느 날 당신이 여자 친구와 만나기로 한 날 사장의 딸이 몸이 아프다며 자신을 집까지 바래다 달라고 부탁을 했다. 당신은 어떻게 할 것인가?

① 여자 친구와의 약속을 말하고 여자 친구에게 간다.

② 동료에게 대신 바래다줄 것을 부탁한다.

③ 여자 친구에게 조금 늦을 거 같다고 연락을 한 후 사장의
   딸을 데려다 주고 약속장소에 간다.

④ 여자 친구를 회사 앞으로 불러 여자 친구와 함께 사장의 딸을 바래다준다.

BEST	WORST

24 신입사원인 당신은 요즘 들어 매일 복사만 하고 있다. 복사할 양이 너무 많아 동료 사원들이 복사맨이라고 부를 지경이다. 그런데 같이 입사한 친구 A는 복사는커녕 항상 컴퓨터 앞에 앉아 있다. 당신은 입사 당시 성적도 A보다 월등히 좋았고 면접 및 사교성에 관한 점수도 높았다. 그런데 현재는 복사만 하고 있는 자신이 너무 속상하다. 이럴 때 당신은 어떻게 하겠는가?

① 상사에게 나의 불만을 토로한 후 적절한 조치를 부탁한다.

② 퇴근 후 A와 술자리를 통해 나의 단점을 물어본다.

③ 복사만 하려고 입사한 것이 아니므로 회사를 그만 둔다.

④ 상사에게 내가 A보다 못한 것이 뭐가 있냐며 단호하게 따진다.

BEST	WORST

25 당신은 자기계발을 위해 자격시험공부를 열심히 하고 있다. 일요일인 오늘이 자격시험을 보는 날인데 갑자기 회사에 일이 생겨 회사로 출근을 해야 하는 처지에 놓였다. 당신은 어떻게 할 것인가?

① 상사에게 나의 사정을 말한 후 시험을 보러 간다.

② 시험을 친 후 회사에 가서 일을 한다.

③ 시험을 포기하고 회사로 출근한다.

④ 친한 동료에게 사정을 말한 후 나의 업무를 부탁하고 시험장에 간다.

BEST	WORST

26 입사 후 현장 경험을 쌓기 위해 일정기간 동안 마트에서 근무하게 되었다. 다양한 업무를 통해 마트의 돌아가는 상황을 익히던 중 클레임 고객을 접하게 되었다. 고객은 당신을 아르바이트 생으로 취급하며 심하게 무시한다. 이러한 상황에서 당신은 어떻게 하겠는가?

① 고객에게 화를 내며 고객보다 훨씬 많이 안다는 것을 알린다.

② 고객이 잘못 알고 있는 사실에 대해 설득시키려고 노력한다.

③ 일단 화가 많이 나 있는 고객이므로 자리를 피한다.

④ 먼저 고객의 화를 진정시킨 후 상사에게 보고하여 원만하게 해결할 수 있도록 한다.

BEST	WORST

27 당신은 새로운 기획 프로젝트를 맡아 팀을 이끌어 가고 있다. 그런데 아이디어 회의를 하는 도중 부하 직원이 모호한 말과 표현으로 회의진행을 일관하고 있다. 당신은 어떻게 할 것인가?

① 구체적인 아이디어 주제로 전환한다.

② 부하 직원에게 구체적으로 전개하라고 명령한다.

③ 회의 후 자신의 구체적인 생각을 서면으로 제출하라고 한다.

④ 회의 후 개인적으로 불러 부하의 정확한 아이디어 내용을 듣는다.

BEST	WORST

28 당신의 회사는 예전부터 계속적으로 거래를 하고 있는 거래처가 있다. 그런데 어느 날 친한 친구로부터 물품납품을 청탁받았다. 당신은 어떻게 할 것인가?

① 아무리 친한 친구라도 단호하게 거절한다.

② 친한 친구의 요청이므로 받아들인다.

③ 공정한 가격입찰에 참여시킨다.

④ 친구와 연락을 두절한다.

BEST	WORST

29 새로운 프로젝트를 맡은 기획부의 사원으로 당신은 일하고 있다. 그런데 바로 위의 상사가 잘못된 방향으로 프로젝트를 수행하고 있으며, 수정의 요청을 하여도 막무가내로 진행을 하고 있다. 당신은 어떻게 하겠는가?

① 상사의 방향대로 그대로 진행한다.

② 다른 동료들을 설득시켜 상사의 잘못된 점에 대한 의견을 모은다.

③ 상사와 의견을 대치하여 끝까지 설득한다.

④ 부서의 장에게 보고한다.

BEST	WORST

30 원하던 회사의 원하는 부서에 입사하게 된 당신은 첫 출근을 하였다. 업무를 지시받아 처리하던 중 너무 긴장한 탓인지 모르는 것이 생겼다. 내용은 당신이 전공한 전공지식과 관련된 사항이다. 이러한 상황에서 당신은 어떻게 하겠는가?

① 전공지식도 모를 경우 무시할 수도 있으므로 혼자 힘으로 해결할 수 있도록 노력해본다.

② 솔직하게 말한 후 부서의 선배들에게 질문하여 빠르게 해결한다.

③ 도움을 받을 수 있는 주위의 선·후배 또는 친구들에게 미리 연락해 둔다.

④ 일단 모르는 부분을 제외하고 업무를 처리한 후 상사의 언급이 있을 때 다시 처리한다.

BEST	WORST

31 고객으로부터의 급한 연락이 왔다. 그러나 당신은 지금 중요 거래처 사람과의 약속장소로 가고 있다. 그런데 약속한 상대방과 연락이 되지 않고 있다면 당신은 어떻게 할 것인가?

① 동료에게 고객을 응대해 줄 것을 부탁한다.

② 고객에게 양해를 구하고 약속장소로 간다.

③ 동료에게 거래처 사람과 만날 것을 부탁하고 고객을 응대한다.

④ 상사에게 고객을 응대해 줄 것을 요청한다.

BEST	WORST

32 고객과의 중요한 약속이 있어 약속장소로 향하고 있는 도중 상사로부터 급한 지시를 받았다면 당신은 어떻게 할 것인가?

① 상사의 지시를 무시하고 고객에게 간다.

② 상사의 지시에 따른다.

③ 친한 동료를 대신 약속장소에 보낸다.

④ 고객에게 양해를 구한 후 상사의 지시에 따른다.

BEST	WORST

33 직장 동료와 업무를 진행하는데 업무분담을 반반씩 하기로 하였다. 그런데 동료는 업무진행이 매우 늦고 상사가 볼 때만 일하는 척을 하고 있다. 당신은 이럴 때 어떻게 하겠는가?

① 상사에게 솔직하게 말한다.

② 동료의 일까지 내가 다 한다.

③ 동료에게 빨리 할 것을 강요한다.

④ 나의 일만 하도록 한다.

BEST	WORST

34 참신한 아이디어를 생각해내어 상사에게 보고하였으나 상사가 이해가 가지 않는다며 기존의 방식으로 다시 보고하라고 한다면 당신은 어떻게 하겠는가?

① 새로운 방식의 보고방법에 대하여 부연설명을 하여 상사를 이해시킨다.

② 기존의 방식으로 고쳐 다시 보고를 한다.

③ 기존의 방식과 새로운 방식의 차이를 구별해 가면서 보고를 한다.

④ 부서의 장을 찾아가 새로운 방식으로 보고를 한다.

BEST	WORST

35 업무상 회의가 있는데 차가 막혀 회의실에 늦게 도착을 하였다면 당신은 어떻게 하겠는가?

① 회의가 끝날 때까지 회의실 앞에서 기다린다.

② 회의실 안으로 조심스럽게 들어간다.

③ 발언하고 있는 사람에게 방해가 되지 않을 정도로 사과를 한다.

④ 회의실의 상황에 맞춰 늦게 오지 않은 것처럼 행동한다.

BEST	WORST

36 새로 맡게 된 프로젝트는 당신이 너무나 갈망하던 것이다. 그런데 동료는 그 방면의 전문가이며 실력 또한 유능한 자이다. 당신은 어떻게 하겠는가?

① 동료에게 양해를 구한다.

② 상사에게 나에게 시켜줄 것을 부탁한다.

③ 전문가인 동료에게 그냥 프로젝트를 넘긴다.

④ 내가 더 잘할 수 있음을 다른 사람들에게 어필한다.

BEST	WORST

37 업무량이 너무 많아 벅찬 상태인데 바로 위의 상사가 또 다른 업무를 주며 내일까지 완성해 놓으라고 한다. 당신은 어떻게 하겠는가?

① 다른 동료에게 도움을 요청한다.

② 상사에게 솔직히 말한 후 다른 업무에 대하여 분담할 것을 요구한다.

③ 상사가 시킨 업무를 먼저 처리한다.

④ 부서의 장에게 이런 상황을 이야기한다.

BEST	WORST

38 동료가 고객에게 어떤 한 제품의 가격을 실제보다 낮은 가격으로 착각하고 알려주어 고객이 그 제품을 구매하러 왔다면 당신은 어떻게 하겠는가?

① 낮은 가격으로 그냥 제품을 판매한다.

② 고객에게 솔직하게 말을 한 후 양해를 구한다.

③ 동료가 알아서 하도록 한다.

④ 상사에게 보고하여 지시를 따른다.

BEST	WORST

39 당신은 회사에서 중요한 업무를 담당하고 있지만 동종의 업계에 비해 낮은 연봉과 열악한 근무환경에 불만을 가지고 있다. 그런데 어느 날 다른 회사로부터 아주 좋은 조건으로 스카우트 제의가 들어왔다면 당신은 어떻게 할 것인가?

① 다른 회사의 스카우트 제의를 받아들인다.

② 다른 회사의 스카우트 제의를 거절한다.

③ 일단 진행중인 업무를 완성하고 스카우트 제의를 고려한다.

④ 다른 회사로부터 스카우트 제의가 들어왔음을 상사에게 알려 연봉을 올려줄 것을 제의한다.

BEST	WORST

40 당신은 상품판매부의 팀장이다. 한 제품의 품질상태에 대한 고객의 불만이 높아가고 있고 회사의 판매량은 현저히 하락하고 있다. 당신은 어떻게 하겠는가?

① 제품 상태에 대하여 전체 팀원들과 회의를 한다.

② 담당기술직원에게 사직을 권유한다.

③ 고객의 사후불만에 대한 대처방안을 효율적으로 할 수 있는 방법을 연구하도록 지시한다.

④ 그냥 모른 척 한다.

BEST	WORST

41 회사의 아이디어 공모에 평소 당신이 생각해두던 것을 알고 있던 동료가 자기 이름으로 제안을 하여 당선이 되었다면 당신은 어떻게 할 것인가?

① 나의 아이디어였음을 솔직히 말하고 당선을 취소시킨다.

② 동료에게 나의 아이디어였음을 말하고 설득한다.

③ 모른 척 그냥 넘어간다.

④ 상사에게 동료가 가로챈 것이라고 알린다.

BEST	WORST

42 회사에서 근무를 하던 중 본의 아닌 실수를 저질렀다. 그로 인하여 상사로부터 꾸지람을 듣게되었는데 당신의 실수에 비해 상당히 심한 인격적 모독까지 듣게 되었다면 당신은 어떻게 할 것인가?

① 부당한 인격적인 모욕에 항의한다.

② 그냥 자리로 돌아가 일을 계속 한다.

③ 더 위의 상사에게 보고하여 그 상사의 사직을 권고한다.

④ 동료들에게 상사의 험담을 한다.

BEST	WORST

43 회사의 비품이 점점 없어지고 있다. 그런데 당신이 범인이라는 소문이 퍼져 있다면 당신은 어떻게 할 것인가?

① 내가 아니면 그만이므로 그냥 참고 모른 척 한다.

② 소문을 퍼트린 자를 찾아낸다.

③ 사람들에게 억울함을 호소한다.

④ 회사 물품뿐만 아니라 회사 기밀도 마구 빼돌렸다고 과장된 거짓말을 한다.

BEST	WORST

44 상사가 직원들과 대화를 할 때 항상 반말을 하며, 이름을 함부로 부른다. 당신은 어떻게 하겠는가?

① 참고 지나간다.

② 상사에게 존댓말과 바른 호칭을 쓸 것을 요구한다.

③ 더 위의 상사에게 이런 상황에 대한 불쾌감을 호소한다.

④ 듣는 척 하지 않는다.

BEST	WORST

45 신입사원으로 출근을 한 지 한 달이 지났지만 사무실의 분위기와 환경이 잘 맞지 않아 적응하는 게 무척 힘들고 어렵다고 느끼고 있다. 그러나 어렵게 입사한 직장이라 더욱 부담은 커지고 하루하루 지친다는 생각이 든다. 당신은 어떻게 하겠는가?

① 분위기에 적응하려고 애쓴다.

② 상사에게 애로사항을 말하고 조언을 구한다.

③ 여가시간을 활용할 다른 취미생활을 찾아본다.

④ 다른 직장을 알아본다.

BEST	WORST

46 당신이 야근을 마치고 엘리베이터를 타고 내려가고 있는데 갑자기 정전이 되었다면 어떻게 할 것인가?

① 비상벨을 누른다.

② 사람을 부른다.

③ 핸드폰으로 도움을 요청한다.

④ 소리를 지른다.

BEST	WORST

47 30명의 회사직원들과 함께 산악회를 결성하여 산행을 가게 되었다. 그런데 오후 12시에 산 밑으로 배달되기로 했던 도시락이 배달되지 않아 우유와 빵으로 점심을 때우게 되었다. 점심을 다 먹고 난 후 도시락 배달원이 도착하였는데 음식점 주인의 실수로 배달장소를 다른 곳으로 알려주는 바람에 늦었다고 한다. 당신은 어떻게 할 것인가?

① 음식점 주인의 잘못이므로 돈을 주지 않는다.
② 빵과 우유 값을 공제한 음식 값을 지불한다.
③ 음식점 주인의 잘못이므로 절반의 돈만 준다.
④ 늦게라도 도착하였으므로 돈을 전액 주도록 한다.

BEST	WORST

48 회사의 사정이 좋지 않아 직원을 채용하지 못해 업무량만 늘어나고 있다. 동료 중 한 명이 회사를 떠나려고 사직을 준비하고 있다. 당신은 어떻게 하겠는가?

① 회사 사정이 좋아질 때까지 조금만 더 참을 것을 요구한다.
② 내 업무만 신경 쓴다.
③ 동료가 다른 직장을 구했는지 알아보고 그 회사가 직원을 더 구하고 있는지 알아본다.
④ 같이 퇴사할 것을 고려해 본다.

BEST	WORST

49 입사동기인 A와 함께 진행하던 업무를 끝마치고 상사로부터 개인적인 특별휴가를 받았는데 당신에게만 휴가가 없다. 당신은 어떻게 하겠는가?

① 상사에게 나만 휴가가 없는 이유를 묻는다.
② 그냥 A와 같이 휴가를 가버린다.
③ 회사를 그만둔다.
④ 상사에게 나의 휴가는 언제냐고 태연한 척 묻는다.

BEST	WORST

50 입사동기인 B와 당신은 입사한 이래로 줄곧 비슷한 업무를 수행해 왔는데 B보다 당신의 월급이 훨씬 많은 것을 알게 되었다. 그렇다면 당신은 어떻게 하겠는가?

① 그냥 모른 척 넘어간다.

② B에게 내가 더 능력이 뛰어나 월급이 더 많다고 자랑한다.

③ 상사에게 어떻게 된 것인지 묻는다.

④ B에게 크게 한 턱을 쏜다.

BEST	WORST

51 상사가 당신에게는 어려운 업무만 주고 입사동기인 A에게는 쉬운 업무만 주는 것을 우연히 알게 되었다면 당신은 어떻게 하겠는가?

① 상사에게 왜 차별 대우를 하느냐며 따진다.

② 모른 척하고 그냥 지낸다.

③ A가 어떻게 이 회사에 취업했는지 조사하여 낙하산인지 아닌지 확인한다.

④ 회사 게시판에 상사의 이러한 행동을 상세하게 올려 나의 사정을 호소한다.

BEST	WORST

52 상사의 실수로 인하여 영업상 큰 손해를 보게 되었다. 그런데 부하직원인 A에게 책임을 전가하려고 한다. 당신은 평소 A와 가장 가까운 사이이며 A는 이러한 상사의 행동에 아무런 대응도 하지 않고 있다. 이럴 때 당신은 어떻게 하겠는가?

① A에게 왜 가만히 있냐고 화를 낸다.

② 상사에게 부적합한 상황임을 알리고 원칙대로 행동하자고 한다.

③ A와 함께 퇴근 후 상사의 욕을 하며 술자리를 갖는다.

④ A에게 퇴사 권유를 하며 함께 다른 회사를 알아본다.

BEST	WORST

53 최대리는 매일 같은 사무실에서 근무하는 A의 외모를 비꼬아 농담을 던진다. 그런데 점점 더 수위가 높아지는 것을 알게 된 당신은 어떻게 하겠는가?

① 최대리에게 외모가지고 그러지 말라고 따진다.

② A에게 성형수술을 제안한다.

③ 최대리의 단점을 파악한 후 A에게 알려준다.

④ A와 함께 최대리의 외모에 대해 논의한다.

BEST	WORST

54 갑자기 회사에 비상이 걸려 모든 팀이 야근을 하게 되었다. 그런데 상사인 김부장이 "난 없어도 되니까 먼저 간다"며 퇴근을 해 버렸다. 당신은 어떻게 하겠는가?

① 김부장에게 전화를 걸어 가지 말라고 한다.

② 동료들과 김부장의 뒷담화를 한다.

③ 더 높은 상사에게 김부장의 행동에 대해 이야기한다.

④ 회사 게시판에 김부장에 대한 안 좋은 점들을 올려놓는다.

BEST	WORST

55 신입사원이 들어와 후배가 생겼다는 생각에 친동생처럼 아껴주었던 A가 알고 보니 대학교 선배였다는 사실을 알게 되었다. 당신은 어떻게 하겠는가?

① 대학교 선배이므로 깍듯하게 대해준다.

② 사회에서는 먼저 입사한 사람이 선배이므로 개의치 않는다.

③ 공적인 자리에서는 후배로 대하고 사적인 자리에서는 선배 대접을 해준다.

④ 다른 부서로 옮길 것을 상사에게 부탁한다.

BEST	WORST

56 우연히 휴게실 앞을 지나가다 동료 A가 다른 동료들에게 당신에 대해서 긍정적인 말을 하는 것을 듣게 되었다. 당신은 어떻게 하겠는가?

① 퇴근 후 A에게 비싼 저녁식사를 대접한다.
② 동료들을 만날 때 어깨에 힘을 주고 다닌다.
③ 동료들에게 A에 대한 칭찬을 하고 다닌다.
④ A에게 그러지 말라고 충고한다.

BEST	WORST

57 바로 위의 상사에게 당신은 꼬박꼬박 예의를 갖추고 존대를 해왔는데 당신보다 3살이나 어린 사람이었다는 것을 알게 되었다. 당신은 어떻게 할 것인가?

① 그냥 평소처럼 존대를 하면서 지낸다.
② 내가 나이가 많다는 것을 알려준다.
③ 공적인 자리에서는 예의를 갖추고 사적인 자리에서는 말을 놓는다.
④ 동료들에게 상사의 나이를 공개한다.

BEST	WORST

58 갑작스럽게 야근을 하게 되었다. 업무를 진행하던 중 출출해진 팀원들은 라면을 먹기로 하였다. 당신이 먹고 싶었던 라면을 부하직원이 먼저 그 라면을 집어 들었다면 당신은 어떻게 하겠는가?

① 부하 직원에게 라면을 하나 더 구해오라고 요구한다.
② 부하직원이 먼저 집었으므로 어쩔 수 없이 다른 라면을 먹는다.
③ 부하직원을 설득해서 먹고 싶었던 라면을 먹는다.
④ 적절한 게임을 통해 승리자가 그 라면을 먹도록 한다.

BEST	WORST

59 회식 도중 갑자기 한 여직원이 소리를 질렀다. 이유를 물었더니 옆의 남자동료가 자신의 허벅지와 등을 더듬었다고 한다. 다른 직원들은 아닐 거라고 하면서 그냥 없던 일처럼 덮으려고 한다. 당신은 어떻게 하겠는가?

① 문제가 커지면 불쾌해 할 수 있으므로 그냥 참는다.

BEST	WORST

② 남자동료에게 사과할 것을 강력히 요구한다.

③ 나에게 불이익이 있을 수 있으므로 다른 동료들과 같이 아무 일 없듯이 행동한다.

④ 사건에 대한 자세한 설명을 들은 후, 앞으로의 해결책을 모색한다.

60 사무실 내의 비품 보관함을 만들라는 상사의 지시가 있었다. 비품 보관함을 만들기 위해서는 예산이 필요하지만 상사는 예산에 관해서는 언급이 없다. 이러한 상황에서 당신은 어떻게 하겠는가?

① 상사에게 여쭤보고 예산안을 작성한다.

BEST	WORST

② 다른 직원들에게 상황을 설명한 후 다른 직원들로부터 돈을 걷는다.

③ 예산에 대한 별다른 언급이 없으므로 하는 수 없이 사비로 물품 보관함을 만든다.

④ 구체적인 계획을 세운 후 예산에 대한 보고를 한다.

61 상사가 지시한 오늘까지 끝마쳐야 하는 업무를 하는 도중 직속 상사보다 직급이 높은 다른 상사가 또 다른 업무를 오늘까지 끝마치라고 지시하였다. 시간 관계상 두 가지 업무를 모두 하기는 힘들 것 같다. 당신은 어떻게 하겠는가?

① 직속 상사가 업무를 먼저 지시했으므로, 직속 상사의 업무를 먼저 한다.

BEST	WORST

② 직급이 높은 상사가 우선이므로 나중에 맡은 업무를 먼저 한다.

③ 일의 중요도를 따져 우선순위를 정한 후 당장 할 수 없는 업무에 대해 양해를 구한다.

④ 직속 상사의 업무를 먼저 처리 한 후, 직급이 높은 상사의 지시를 늦게라도 처리한다.

62 당신보다 훨씬 나이가 어린 사람이 당신의 팀에 팀장으로 부임해 왔다. 팀장은 모든 일에 있어서 팀원들에게 자신의 의견을 강하게 주장하고 불합리한 요구를 한다. 당신은 어떻게 하겠는가?

① 회사생활은 직급이 우선이므로 팀장의 행동을 이해하려고 노력한다.

BEST	WORST

② 팀원들과 함께 팀장의 명령을 잘 따르지 않으며 애를 먹인다.

③ 업무를 처리함에 있어서 팀장의 무리한 주장에 대하여 강하게 항의한다.

④ 팀장의 불합리한 요구에 대하여 논리적으로 설득하고 팀원들의 입장을 말한다.

63 당신은 새로운 회사의 팀장으로 영입되었다. 팀원들과의 관계가 서먹하여 관계개선을 위하여 노력을 하고자 한다. 상사들과의 관계는 잘 정리가 되고 있으나 부하직원들과는 아직 많이 힘든 상황이다. 이러한 상황에서 당신이라면 어떻게 하겠는가?

① 서먹한 사이에 괜한 오해를 사지 않도록 무조건 잘 해 주려고 노력한다.

BEST	WORST

② 부하직원들을 존중해주며 술자리도 많이 마련한다.

③ 처음이니 얕보이지 않도록 업무의 강도를 높이며 부하직원들을 일일이 관리한다.

④ 회사의 분위기, 업무처리 방식 등을 전반적으로 파악한 후 적정한 관계를 유지한다.

64 어느 날 당신의 부하직원들이 신입사원들을 길들인다며 무리하고 불합리한 업무를 지시하였다. 이러한 사실을 알게 된 사장이 왜 사실을 알고도 보고를 하지 않았냐고 문책을 하기 시작하였다. 이러한 상황에서 당신은 어떻게 하겠는가?

① 회사 생활에 대한 전반적인 이야기를 한 후, 교육의 한 과정이었다고 말을 한다.

BEST	WORST

② 부하직원들을 제대로 교육시켜 다시는 이런 일이 생기지 않도록 하겠다고 말을 한다.

③ 팀원들의 행동에 대해서 일일이 보고할 필요가 없었다고 말한다.

④ 부하직원들의 행위는 암묵적으로 용인되는 현상이며 이 같은 현상에 대하여 이해시키려고 노력한다.

65 원하던 회사의 원하는 부서에 입사하게 된 당신은 첫 출근을 하였다. 업무를 지시받아 처리하던 중 너무 긴장한 탓인지, 당신이 전공한 전공지식과 관련한 업무임에도 불구하고 모르는 것이 생겼다. 이러한 상황에서 당신은 어떻게 하겠는가?

	BEST	WORST

① 전공지식도 모를 경우 동료들이 무시할 수 있으므로 혼자 힘으로 해결하고자 노력한다.

② 솔직하게 말한 후, 부서의 선배들에게 질문하여 빠르게 해결한다.

③ 도움을 받을 수 있는 주위의 선·후배 또는 친구들에게 연락을 해서 업무를 처리한다.

④ 모르는 부분은 제외하고 업무를 처리한 후 상사의 언급이 있을 때 다시 처리한다.

66 한시가 급한 보고서를 작성하던 중, 거의 완성된 상태에서 옆자리 동료의 실수로 인해 당신이 작성한 보고서를 모두 날렸다. 상황을 모르는 상사는 당신을 계속해서 재촉하며 1시간 안에 보고서를 완성하라고 한다. 이러한 상황에서 당신은 어떻게 하겠는가?

	BEST	WORST

① 상사에게 솔직하게 말한 후 보고서 제출시간을 연장한다.

② 옆자리 동료의 실수 때문이므로 모든 책임을 넘긴다.

③ 거의 다 완성되었다고 상사를 안심시킨 후 대책을 생각해 본다.

④ 옆자리 동료가 불편하지 않도록 상사에게 조용히 사정을 말한다.

67 회사동료들과 다 같이 점심을 먹었다. 당신이 먼저 전체 점심값을 계산하고 난 후, 동료들이 당신에게 개별적으로 점심값을 주기로 하였다. 하지만 친한 동료 중 한 명이 점심값을 실제 점심가격보다 적게 주었다. 이러한 상황에서 당신은 어떻게 하겠는가?

	BEST	WORST

① 친한 것과 돈은 별개이므로 동료에게 적게 받은 만큼을 돌려받는다.

② 모르는 척 넘어가고 다음번에 그 동료에게 같은 방법으로 돈을 적게 준다.

③ 동료에게 정확한 점심가격을 말해 주고 웃으며 상황을 넘어간다.

④ 동료가 무안할 수 있으므로 이번은 조용히 넘어간다.

68 당신이 아끼는 볼펜이 없어져 하루 종일 볼펜을 찾았다. 하지만 아무리 찾아봐도 보이지 않아 포기하려는 순간 당신의 옆자리 동료가 똑같은 볼펜을 사용하고 있는 것을 발견하였다. 이러한 상황에서 당신은 어떻게 하겠는가?

① 내 것이 분명하므로 볼펜을 사용하게 된 경위를 묻는다.

② 옆자리 동료의 것일 수도 있으므로 조용히 넘어간다.

③ 무작정 물어볼 경우 의심하는 걸로 간주되어 동료의 기분이 상할 수 있으므로 상황을 설명한 후 조심스럽게 물어본다.

④ 다른 동료에게 하소연한 후 대신 물어봐줄 것을 요청한다.

BEST	WORST

69 퇴근이 임박한 시간에 상사가 갑자기 일괄적인 업무를 지시하며 오늘 안으로 끝낼 수 있는지 묻고 있다. 당신의 생각으로는 퇴근 전까지 끝내기 어려울 것 같지만, 옆자리의 동료는 할 수 있다고 대답하였다. 이러한 상황에서 당신은 어떻게 하겠는가?

① 일단 대답부터 하고 퇴근시간이 되면 다시 상사에게 말한다.

② 처음부터 무리한 지시였으므로 할 수 없다고 대답한다.

③ 옆자리의 동료를 의식해 할 수 있다고 대답한 후 야근을 한다.

④ 일단 상사에게 논리적으로 설명한 후 상사의 지시에 따른다.

BEST	WORST

70 입사 후 현장 경험을 쌓기 위해 일정기간 동안 마트에 근무하게 되었다. 다양한 업무를 통해 마트의 돌아가는 상황을 익히던 중 클레임 고객을 접하게 되었다. 고객은 당신을 아르바이트생으로 취급하며 심하게 무시한다. 이러한 상황에서 당신은 어떻게 하겠는가?

① 고객에게 화를 내며 고객의 불만사항이 옳지 않음을 말한다.

② 고객이 잘못 알고 있는 사실에 대해 설득시키려고 노력한다.

③ 일단 화가 많이 나 있는 고객이므로 자리를 피한다.

④ 먼저 고객의 화를 진정시킨 후 상사에게 보고하여 원만하게 해결할 수 있도록 한다.

BEST	WORST

71 화장실에서 나오려는 순간 다른 동료들이 당신에 대해 험담하는 것을 우연히 엿듣게 되었다. 평소 믿고 있었던 동료들이라 당신의 배신감은 더욱 크다. 이런 상황에서 당신은 어떻게 하겠는가?

① 당장 문을 박차고 나와 동료들의 뺨을 때린다.
② 동료들이 먼저 나갈 때까지 기다린 후 조용히 빠져나와 자신을 반성해 본다.
③ 동료들과 자신의 문제점에 대해 솔직하게 이야기 해 본다.
④ 일단은 참고, 이후 동료들과 관계를 끊어 버린다.

BEST	WORST

72 늦은 저녁시간 퇴근하여 집에서 휴식을 취하던 중 상사의 전화가 걸려왔다. 집 앞에서 직원들과 술자리를 하고 있으니 당신도 함께 어울리자는 것이다. 술자리는 일찍 끝날 것 같지 않고, 당신은 내일 중요한 프로젝트를 진행해야 한다. 이러한 상황에서 당신은 어떻게 하겠는가?

① 상사에게 상황을 논리적으로 설명한 후 상사에게 양해를 구한다.
② 일단 술자리에 참여하고 난 후, 상황을 봐서 판단한다.
③ 술자리에 얼굴을 비춘 후 자신의 상황을 말한 후 양해를 구하고 일찍 일어선다.
④ 중요한 프로젝트를 망칠 수 없으므로 정중하게 거절한다.

BEST	WORST

73 마트에서 물건을 구입한 후 현금을 내고 거스름돈을 받았다. 집에 와서 영수증을 확인하여 보니 당신이 받아야 할 거스름돈 보다 더 많이 거슬러 받았다. 이런 상황에서 당신은 어떻게 하겠는가?

① 다시 돌아가는 것은 시간적, 경제적 손실이므로 그냥 내버려 둔다.
② 정직함을 지키기 위해 마트에 돌아가 돈을 돌려준다.
③ 내가 잘못한 것이 아니므로 편한 마음으로 그냥 돈을 갖는다.
④ 마트에 전화를 걸고 다시 마트에 갈 일이 생기면 돌려주겠다고 메모를 남긴다.

BEST	WORST

74 당신은 근무하던 회사를 옮기게 되었다. 새로운 회사에서 중요한 프로젝트를 맡아 필요한 자료를 조사하던 중 꼭 필요한 자료가 이전 회사의 인트라넷에 있었던 사실을 기억해 냈다. 당신은 이전 회사 동료의 아이디와 비밀번호를 기억하고 있는 상황이라면 어떻게 하겠는가?

① 이전의 직장도 중요하지만 현재의 위치에서 최고가 되기 위해서 어느 정도의 부정은 감수한다.

② 직장에서의 도덕성은 반드시 지켜야 한다고 생각해 절대로 사용하지 않는다.

③ 이전 회사의 직장 동료에게 도움을 요청하고 필요한 정보에 대한 조언을 얻는 것으로 만족한다.

④ 더욱 알맞은 자료가 있을 수 있으므로 다른 방법을 통해 자료를 찾아본다.

BEST	WORST

75 자신의 상관이 자리를 비울 때마다 공적인 업무가 아닌 사적인 일을 하는 상관이 있다. 상관은 매번 개인적인 일로 인해 처리하지 못한 업무를 당신을 비롯한 부하직원들에게 처리하도록 지시한다. 이러한 상황이 계속적으로 반복될 때 당신은 어떻게 하겠는가?

① 상관보다 높은 직급의 상관에게 바로 알려 상관의 부정을 알린다.

② 부하직원들을 선동하여 상관의 업무지시에 항의하도록 한다.

③ 회사의 직급체계는 무시할 수 없으므로 화가 나더라도 참는다.

④ 상관과 개인적인 대화를 통해 나와 직원들의 입장을 설명한다.

BEST	WORST

76 어느 날 사장이 조용히 당신을 불렀다. 알고 보니 당신의 연봉인상과 관련된 내용의 상담이었다. 사장은 당신에게 파격적인 조건을 제시하며 당신의 입사동기에게는 비밀로 하라고 당부했다. 며칠 후 당신의 입사 동기가 연봉에 대한 이야기를 넌지시 꺼냈다. 당신은 어떻게 하겠는가?

① 입사 동기가 오히려 나보다 높은 연봉을 받을 수도 있으므로 서로 허심탄회하게 털어놓자고 말한다.

② 연봉에 관한 사항은 회사의 기밀일 수 있으므로 말하지 않는다.

③ 사장님과의 신뢰를 깰 수 없으므로 비밀을 지키도록 한다.

④ 경쟁 사회에서 자신의 연봉은 정당한 노력의 대가이므로 숨길 필요가 없다고 생각한다.

BEST	WORST

77 월말에 효율적인 업무처리를 위해 반드시 필요한 프로그램이 있어서 당신은 1년 전 부터 그 프로그램의 설치를 건의했다. 하지만 회사에서는 매번 다음 달에는 프로그램을 설치해주겠다는 말만 반복하였다. 또 다시 월말이 되었지만 프로그램은 설치되지 않았다. 이러한 상황에서 당신은 어떻게 하겠는가?

① 매번 설치되지 않았으므로 어느 정도 적응 되었으므로 포기하고 업무를 진행한다.

② 반복되는 관행을 고치기 위해 프로그램을 설치해 줄 때 까지는 업무를 시작하지 않는다.

BEST	WORST

③ 마지막이라 생각하고 기존의 방식으로 업무를 처리한 후 동료에게 하소연 한다.

④ 프로그램을 설치했을 때 효과에 대해 보고서를 작성하여 상사에게 논리적으로 설명한다.

78 전체 팀원이 야근을 하게 되었다. 정신없이 업무를 처리하던 중 시계를 보니 저녁을 먹을 시간이 훨씬 지났다. 당신은 몹시 배가 고픈 상태이고 일을 끝마치려면 아직 멀었다. 이러한 상황에서 아무도 식사에 대한 언급이 없을 때 당신은 어떻게 하겠는가?

① 다른 사람도 나처럼 배가 고플 테니 나가서 먹을 것을 사온다.

② 다른 사람들이 일하는 데 방해가 될 수 있으니 혼자 조용히 나가서 먹고 온다.

BEST	WORST

③ 아직 업무를 처리하기 전까지 많은 시간을 더 보내야 하므로 식사를 하고 다시 시작할 것을 제안한다.

④ 아무도 식사에 대한 언급을 하지 않는 걸 보면 모두 배가 고프지 않은 것 같으니 배가 고파도 참도록 한다.

79 영어성적이 인사고과에 반영되는 기업에서 당신의 동료가 자신의 영어성적을 조작한 것을 알게 되었다. 동료는 자신의 가정환경을 이야기하며 모른 척 해 줄 것을 부탁하였다. 이러한 상황에서 당신은 어떻게 하겠는가?

① 동료의 사정을 감안하여 이번 한 번만 눈감아 준다.

② 동료의 사정은 딱하지만 경쟁사회에서 살아남기 위해서 동료의 부정을 고발한다.

③ 동료에게 자신의 영어성적도 함께 조작해 줄 것을 요구한다.

④ 동료에게 사실대로 말할 것을 권유하고 동료의 사정을 감안해 직장에서 도울 수 있는 방법을 다른 동료들과 상의해본다.

BEST	WORST

80 당신의 직속상관이 새로 들어온 신입사원 중 한 명을 유난히 챙긴다. 처음에는 대수롭지 않게 생각하였지만 점점 정도가 심해지는 것 같다. 그러던 중 같이 일하던 동료가 상관에 대한 섭섭함을 털어놓았다. 이러한 상황에서 당신은 어떻게 하겠는가?

① 다른 직원들도 비슷한 감정을 느꼈을 테니 불만이 있을 만한 다른 직원들을 찾아본다.

② 상관이 총애하는 신입사원을 불러 따끔하게 야단친다.

③ 동료의 하소연을 들어 준 후 상관과의 자리를 마련하여 자신의 의견을 전달한다.

④ 섭섭하기는 하지만 상관의 마음을 이해하려 노력해 본다.

BEST	WORST

인성검사

┃1~421┃ 다음의 문장을 읽고 자신에게 해당된다면 YES, 그렇지 않다면 NO를 선택하시오.

YES　NO

1. 조금이라도 나쁜 소식은 절망의 시작이라고 생각해버린다. ···(　)(　)
2. 언제나 실패가 걱정이 되어 어쩔 줄 모른다. ···(　)(　)
3. 다수결의 의견에 따르는 편이다. ··(　)(　)
4. 혼자서 커피숍에 들어가는 것은 전혀 두려운 일이 아니다. ·······················(　)(　)
5. 승부근성이 강하다. ···(　)(　)
6. 자주 흥분해서 침착하지 못하다. ···(　)(　)
7. 지금까지 살면서 타인에게 폐를 끼친 적이 없다. ··(　)(　)
8. 소곤소곤 이야기하는 것을 보면 자기에 대해 험담하고 있는 것으로 생각된다. ·····(　)(　)
9. 무엇이든지 자기가 나쁘다고 생각하는 편이다. ···(　)(　)
10. 자신을 변덕스러운 사람이라고 생각한다. ···(　)(　)
11. 고독을 즐기는 편이다. ··(　)(　)
12. 자존심이 강하다고 생각한다. ···(　)(　)
13. 금방 흥분하는 성격이다. ··(　)(　)
14. 거짓말을 한 적이 없다. ··(　)(　)
15. 신경질적인 편이다. ···(　)(　)
16. 끙끙대며 고민하는 타입이다. ···(　)(　)
17. 감정적인 사람이라고 생각한다. ···(　)(　)
18. 자신만의 신념을 가지고 있다. ···(　)(　)
19. 다른 사람을 바보 같다고 생각한 적이 있다. ··(　)(　)
20. 금방 말해버리는 편이다. ··(　)(　)
21. 싫어하는 사람이 없다. ··(　)(　)
22. 대재앙이 오지 않을까 항상 걱정을 한다. ···(　)(　)
23. 쓸데없는 고생을 하는 일이 많다. ··(　)(　)
24. 자주 생각이 바뀌는 편이다. ··(　)(　)

25. 문제점을 해결하기 위해 여러 사람과 상의한다. ……………………………… ( )( )

26. 내 방식대로 일을 한다. …………………………………………………………( )( )

27. 영화를 보고 운 적이 많다. ………………………………………………………( )( )

28. 어떤 것에 대해서도 화낸 적이 없다. ………………………………………( )( )

29. 사소한 충고에도 걱정을 한다. …………………………………………………( )( )

30. 자신은 도움이 안 되는 사람이라고 생각한다. ……………………………( )( )

31. 금방 싫증을 내는 편이다. ………………………………………………………( )( )

32. 개성적인 사람이라고 생각한다. ………………………………………………( )( )

33. 자기주장이 강한 편이다. …………………………………………………………( )( )

34. 뒤숭숭하다는 말을 들은 적이 있다. …………………………………………( )( )

35. 학교를 쉬고 싶다고 생각한 적이 한 번도 없다. …………………………( )( )

36. 사람들과 관계 맺는 것을 보면 잘하지 못한다. ……………………………( )( )

37. 사려 깊은 편이다. …………………………………………………………………( )( )

38. 몸을 움직이는 것을 좋아한다. …………………………………………………( )( )

39. 끈기가 있는 편이다. ………………………………………………………………( )( )

40. 신중한 편이라고 생각한다. ……………………………………………………( )( )

41. 인생의 목표는 큰 것이 좋다. …………………………………………………( )( )

42. 어떤 일이라도 바로 시작하는 타입이다. ……………………………………( )( )

43. 낯가림을 하는 편이다. …………………………………………………………( )( )

44. 생각하고 나서 행동하는 편이다. ………………………………………………( )( )

45. 쉬는 날은 밖으로 나가는 경우가 많다. ……………………………………( )( )

46. 시작한 일은 반드시 완성시킨다. ………………………………………………( )( )

47. 면밀한 계획을 세운 여행을 좋아한다. ………………………………………( )( )

48. 야망이 있는 편이라고 생각한다. ………………………………………………( )( )

49. 활동력이 있는 편이다. …………………………………………………………( )( )

50. 많은 사람들과 왁자지껄하게 식사하는 것을 좋아하지 않는다. …………( )( )

51. 돈을 허비한 적이 없다. …………………………………………………………( )( )

52. 운동회를 아주 좋아하고 기대했다. ……………………………………………( )( )

53. 하나의 취미에 열중하는 타입이다. ……………………………………………( )( )

54. 모임에서 회장에 어울린다고 생각한다. ………………………………………( )( )

55. 입신출세의 성공이야기를 좋아한다. …………………………………………( )( )

56. 작은 일이라도 쉽게 결정하는 것은 어리석다. ································( )( )

57. 약속을 소홀히 하는 사람을 보면 화가 난다. ································( )( )

58. 한 번 화를 내면 기분이 쉽게 풀리지 않는다. ·······························( )( )

59. 불의에 맞서 대응하기가 어렵다. ···( )( )

60. 자신의 스트레스를 해소하는 능력이 뛰어나다고 생각한다. ··············( )( )

61. 부지런하다는 이야기를 자주 듣는다. ··( )( )

62. 사이코패스 영화를 찾아보곤 한다. ···( )( )

63. 사소한 일로 지인들과 다투기도 한다. ···( )( )

64. 자신이 활기차고 활동적이라고 느낄 때가 많다. ····························( )( )

65. 사소한 것도 사람들에게 확인하고 넘어간다. ·································( )( )

66. 여유가 없어도 운동은 반드시 한다. ···( )( )

67. 감정을 능숙하게 다스리는 편이다. ···( )( )

68. 주로 다른 사람의 의견을 따르는 편이다. ····································( )( )

69. 죄송하다는 말을 자주 한다. ···( )( )

70. 다양한 사람들과 사귀는 것을 즐긴다. ···( )( )

71. 무슨 일이든 철저하게 하는 것이 좋다. ··( )( )

72. 시간 약속을 어기게 될까봐 불안한 적이 많다. ·····························( )( )

73. 슬픔이나 감동으로 인해 눈물을 흘리기도 한다. ····························( )( )

74. 동료들에게 좋은 인상을 주기 위해 애쓴다. ·································( )( )

75. 다양한 경험과 지식을 쌓는 것이 중요하다. ·································( )( )

76. 동호회 등의 활동을 즐기는 편이다. ···( )( )

77. 새로운 사람을 만날 때는 용기가 필요하다. ·································( )( )

78. 경쟁하는 것을 좋아한다. ···( )( )

79. 갑작스런 업무를 싫어하는 편이다. ···( )( )

80. 일이 늦어지더라도 신중하게 진행하는 편이다. ·····························( )( )

81. 대인관계에도 이해관계가 중요하다. ··( )( )

82. 멋진 조연 역할을 하는 배우를 좋아한다. ····································( )( )

83. 사적인 이유로 업무를 미룰 수도 있다. ···( )( )

84. 꾸준히 노력하는 삶을 지향한다. ··( )( )

85. 정이 두터운 사람으로 남고 싶다. ··( )( )

86. 조직의 일원으로 별로 안 어울린다. ··( )( )

87. 세상의 일에 별로 관심이 없다. ……………………………………………( )( )

88. 변화를 추구하는 편이다. ……………………………………………………( )( )

89. 업무는 인간관계로 선택한다. ………………………………………………( )( )

90. 환경이 변하는 것에 구애되지 않는다. …………………………………( )( )

91. 불안감이 강한 편이다. ………………………………………………………( )( )

92. 인생은 살 가치가 없다고 생각한다. ……………………………………( )( )

93. 의지가 약한 편이다. …………………………………………………………( )( )

94. 다른 사람이 하는 일에 별로 관심이 없다. ……………………………( )( )

95. 사람을 설득시키는 것은 어렵지 않다. …………………………………( )( )

96. 심심한 것을 못 참는다. ……………………………………………………( )( )

97. 다른 사람을 욕한 적이 한 번도 없다. …………………………………( )( )

98. 다른 사람에게 어떻게 보일지 신경을 쓴다. …………………………( )( )

99. 금방 낙심하는 편이다. ……………………………………………………( )( )

100. 다른 사람에게 의존하는 경향이 있다. ………………………………( )( )

101. 그다지 융통성이 있는 편이 아니다. …………………………………( )( )

102. 다른 사람이 내 의견에 간섭하는 것이 싫다. ………………………( )( )

103. 낙천적인 편이다. ……………………………………………………………( )( )

104. 숙제를 잊어버린 적이 한 번도 없다. …………………………………( )( )

105. 밤길에는 발소리가 들리기만 해도 불안하다. ………………………( )( )

106. 상냥하다는 말을 들은 적이 있다. ……………………………………( )( )

107. 자신은 유치한 사람이다. …………………………………………………( )( )

108. 잡담을 하는 것보다 책을 읽는 게 낫다. ……………………………( )( )

109. 나는 영업에 적합한 타입이라고 생각한다. …………………………( )( )

110. 술자리에서 술을 마시지 않아도 흥을 돋울 수 있다. ……………( )( )

111. 한 번도 병원에 간 적이 없다. …………………………………………( )( )

112. 나쁜 일은 걱정이 되어서 어쩔 줄을 모른다. ………………………( )( )

113. 금세 무기력해지는 편이다. ……………………………………………( )( )

114. 비교적 고분고분한 편이라고 생각한다. ……………………………( )( )

115. 독자적으로 행동하는 편이다. …………………………………………( )( )

116. 적극적으로 행동하는 편이다. …………………………………………( )( )

117. 금방 감격하는 편이다. ……………………………………………………( )( )

118. 어떤 것에 대해서도 불만을 가진 적이 없다. ·······································( )( )

119. 밤에 못 잘 때가 많다. ···( )( )

120. 자주 후회하는 편이다. ···( )( )

121. 뜨거워지기 쉽고 식기 쉽다. ···( )( )

122. 자신만의 세계를 가지고 있다. ···( )( )

123. 많은 사람 앞에서도 긴장하는 일은 없다. ·······································( )( )

124. 말하는 것을 아주 좋아한다. ···( )( )

125. 인생을 포기하는 마음을 가진 적이 한 번도 없다. ····························( )( )

126. 어두운 성격이다. ···( )( )

127. 금방 반성한다. ···( )( )

128. 활동범위가 넓은 편이다. ···( )( )

129. 자신을 끈기 있는 사람이라고 생각한다. ···( )( )

130. 좋다고 생각하더라도 좀 더 검토하고 나서 실행한다. ·······················( )( )

131. 위대한 인물이 되고 싶다. ···( )( )

132. 한 번에 많은 일을 떠맡아도 힘들지 않다. ·····································( )( )

133. 사람과 만날 약속은 부담스럽다. ···( )( )

134. 질문을 받으면 충분히 생각하고 나서 대답하는 편이다. ·····················( )( )

135. 머리를 쓰는 것보다 땀을 흘리는 일이 좋다. ··································( )( )

136. 결정한 것에는 철저히 구속받는다. ···( )( )

137. 외출 시 문을 잠갔는지 몇 번을 확인한다. ·····································( )( )

138. 이왕 할 거라면 일등이 되고 싶다. ···( )( )

139. 과감하게 도전하는 타입이다. ···( )( )

140. 자신은 사교적이 아니라고 생각한다. ···( )( )

141. 무심코 도리에 대해서 말하고 싶어진다. ···( )( )

142. '항상 건강하네요.'라는 말을 듣는다. ···( )( )

143. 단념하면 끝이라고 생각한다. ···( )( )

144. 예상하지 못한 일은 하고 싶지 않다. ···( )( )

145. 파란만장하더라도 성공하는 인생을 걷고 싶다. ·································( )( )

146. 활기찬 편이라고 생각한다. ···( )( )

147. 소극적인 편이라고 생각한다. ···( )( )

148. 무심코 평론가가 되어 버린다. ···( )( )

149. 자신을 성급하다고 생각한다. ··( )( )

150. 꾸준히 노력하는 타입이라고 생각한다. ···································( )( )

151. 내일의 계획이라도 메모한다. ··( )( )

152. 리더십이 있는 사람이 되고 싶다. ···( )( )

153. 열정적인 사람이라고 생각한다. ··( )( )

154. 다른 사람 앞에서 이야기를 잘 하지 못한다. ·························( )( )

155. 통찰력이 있는 편이다. ··( )( )

156. 엉덩이가 가벼운 편이다. ··( )( )

157. 여러 가지로 구애됨이 있다. ···( )( )

158. 돌다리도 두들겨 보고 건너는 쪽이 좋다. ·····························( )( )

159. 자신에게는 권력욕이 있다. ···( )( )

160. 업무를 할당받으면 기쁘다. ···( )( )

161. 사색적인 사람이라고 생각한다. ··( )( )

162. 비교적 개혁적이다. ··( )( )

163. 좋고 싫음으로 정할 때가 많다. ··( )( )

164. 전통에 구애되는 것은 버리는 것이 적절하다. ······················( )( )

165. 교제 범위가 좁은 편이다. ··( )( )

166. 발상의 전환을 할 수 있는 타입이라고 생각한다. ·················( )( )

167. 너무 주관적이어서 실패한다. ··( )( )

168. 현실적이고 실용적인 면을 추구한다. ····································( )( )

169. 내가 어떤 배우의 팬인지 아무도 모른다. ····························( )( )

170. 현실보다 가능성이다. ···( )( )

171. 마음이 담겨 있으면 선물은 아무 것이나 좋다. ····················( )( )

172. 여행은 마음대로 하는 것이 좋다. ···( )( )

173. 추상적인 일에 관심이 있는 편이다. ······································( )( )

174. 일은 대담히 하는 편이다. ··( )( )

175. 괴로워하는 사람을 보면 우선 동정한다. ······························( )( )

176. 가치기준은 자신의 안에 있다고 생각한다. ···························( )( )

177. 조용하고 조심스러운 편이다. ··( )( )

178. 상상력이 풍부한 편이라고 생각한다. ····································( )( )

179. 의리, 인정이 두터운 상사를 만나고 싶다. ···························( )( )

180. 인생의 앞날을 알 수 없어 재미있다. ···( )( )

181. 밝은 성격이다. ···( )( )

182. 별로 반성하지 않는다. ···( )( )

183. 활동범위가 좁은 편이다. ··( )( )

184. 자신을 시원시원한 사람이라고 생각한다. ·······································( )( )

185. 좋다고 생각하면 바로 행동한다. ··( )( )

186. 좋은 사람이 되고 싶다. ··( )( )

187. 한 번에 많은 일을 떠맡는 것은 골칫거리라고 생각한다. ·················( )( )

188. 사람과 만날 약속은 즐겁다. ···( )( )

189. 질문을 받으면 그때의 느낌으로 대답하는 편이다. ··························( )( )

190. 땀을 흘리는 것보다 머리를 쓰는 일이 좋다. ··································( )( )

191. 결정한 것이라도 그다지 구속받지 않는다. ·····································( )( )

192. 외출 시 문을 잠갔는지 별로 확인하지 않는다. ······························( )( )

193. 지위에 어울리면 된다. ··( )( )

194. 안전책을 고르는 타입이다. ···( )( )

195. 자신은 사교적이라고 생각한다. ···( )( )

196. 도리는 상관없다. ···( )( )

197. '침착하네요.'라는 말을 듣는다. ···( )( )

198. 단념이 중요하다고 생각한다. ··( )( )

199. 예상하지 못한 일도 해보고 싶다. ··( )( )

200. 평범하고 평온하게 행복한 인생을 살고 싶다. ·································( )( )

201. 몹시 귀찮아하는 편이라고 생각한다. ··( )( )

202. 특별히 소극적이라고 생각하지 않는다. ···( )( )

203. 이것저것 평하는 것이 싫다. ···( )( )

204. 자신은 성급하지 않다고 생각한다. ···( )( )

205. 꾸준히 노력하는 것을 잘 하지 못한다. ···( )( )

206. 내일의 계획은 머릿속에 기억한다. ···( )( )

207. 협동성이 있는 사람이 되고 싶다. ··( )( )

208. 열정적인 사람이라고 생각하지 않는다. ···( )( )

209. 다른 사람 앞에서 이야기를 잘한다. ···( )( )

210. 행동력이 있는 편이다. ··( )( )

YES NO

211. 엉덩이가 무거운 편이다. ···( )( )
212. 특별히 구애받는 것이 없다. ···( )( )
213. 돌다리는 두들겨 보지 않고 건너도 된다. ···························( )( )
214. 자신에게는 권력욕이 없다. ···( )( )
215. 업무를 할당받으면 부담스럽다. ···( )( )
216. 활동적인 사람이라고 생각한다. ···( )( )
217. 비교적 보수적이다. ··( )( )
218. 손해인지 이익인지로 정할 때가 많다. ·································( )( )
219. 전통을 견실히 지키는 것이 적절하다. ·······························( )( )
220. 교제 범위가 넓은 편이다. ···( )( )
221. 상식적인 판단을 할 수 있는 타입이라고 생각한다. ············( )( )
222. 너무 객관적이어서 실패한다. ···( )( )
223. 보수적인 면을 추구한다. ···( )( )
224. 내가 누구의 팬인지 주변의 사람들이 안다. ························( )( )
225. 가능성보다 현실이다. ··( )( )
226. 그 사람이 필요한 것을 선물하고 싶다. ·······························( )( )
227. 여행은 계획적으로 하는 것이 좋다. ·····································( )( )
228. 구체적인 일에 관심이 있는 편이다. ····································( )( )
229. 일은 착실히 하는 편이다. ···( )( )
230. 괴로워하는 사람을 보면 우선 이유를 생각한다. ·················( )( )
231. 가치기준은 자신의 밖에 있다고 생각한다. ························( )( )
232. 밝고 개방적인 편이다. ··( )( )
233. 현실 인식을 잘하는 편이라고 생각한다. ·····························( )( )
234. 공평하고 공적인 상사를 만나고 싶다. ·································( )( )
235. 시시해도 계획적인 인생이 좋다. ···( )( )
236. 적극적으로 사람들과 관계를 맺는 편이다. ························( )( )
237. 활동적인 편이다. ··( )( )
238. 몸을 움직이는 것을 좋아하지 않는다. ·································( )( )
239. 쉽게 질리는 편이다. ··( )( )
240. 경솔한 편이라고 생각한다. ···( )( )
241. 인생의 목표는 손이 닿을 정도면 된다. ·······························( )( )

242. 무슨 일도 좀처럼 시작하지 못한다. ···( )( )

243. 초면인 사람과도 바로 친해질 수 있다. ··( )( )

244. 행동하고 나서 생각하는 편이다. ··( )( )

245. 쉬는 날은 집에 있는 경우가 많다. ··( )( )

246. 완성되기 전에 포기하는 경우가 많다. ··( )( )

247. 계획 없는 여행을 좋아한다. ··( )( )

248. 욕심이 없는 편이라고 생각한다. ··( )( )

249. 활동력이 별로 없다. ··( )( )

250. 타인의 의견에서 중요한 힌트를 자주 얻는다. ······························( )( )

251. 이유 없이 불안할 때가 있다. ··( )( )

252. 주위 사람의 의견을 생각해서 발언을 자제할 때가 있다. ·············( )( )

253. 자존심이 강한 편이다. ··( )( )

254. 생각 없이 함부로 말하는 경우가 많다. ··( )( )

255. 정리가 되지 않은 방에 있으면 불안하다. ····································( )( )

256. 큰 실수나 아픔도 쉽게 잊는 편이다. ··( )( )

257. 슬픈 영화나 TV를 보면 자주 운다. ··( )( )

258. 자신을 충분히 신뢰할 수 있다고 생각한다. ··································( )( )

259. 노래방을 아주 좋아한다. ··( )( )

260. 자신만이 할 수 있는 일을 하고 싶다. ··( )( )

261. 자신을 과소평가하는 경향이 있다. ··( )( )

262. 책상 위나 서랍 안은 항상 깔끔히 정리한다. ································( )( )

263. 건성으로 일을 할 때가 자주 있다. ··( )( )

264. 남의 험담을 한 적이 없다. ··( )( )

265. 쉽게 화를 낸다는 말을 듣는다. ··( )( )

266. 초조하면 손을 떨고, 심장박동이 빨라진다. ··································( )( )

267. 토론하여 진 적이 한 번도 없다. ··( )( )

268. 덩달아 떠든다고 생각할 때가 자주 있다. ····································( )( )

269. 아첨에 넘어가기 쉬운 편이다. ··( )( )

270. 주변 사람이 자기 험담을 하고 있다고 생각할 때가 있다. ···········( )( )

271. 이론만 내세우는 사람과 대화하면 짜증이 난다. ··························( )( )

272. 상처를 주는 것도, 받는 것도 싫다. ··( )( )

273. 매일 그날을 반성한다. ···( )( )

274. 주변 사람이 피곤해 하여도 자신은 원기왕성하다. ·················( )( )

275. 친구를 재미있게 하는 것을 좋아한다. ·································( )( )

276. 아침부터 아무것도 하고 싶지 않을 때가 있다. ····················( )( )

277. 지각을 하면 학교를 결석하고 싶어졌다. ·····························( )( )

278. 이 세상에 없는 세계가 존재한다고 생각한다. ····················( )( )

279. 하기 싫은 것을 하고 있으면 무심코 불만을 말한다. ············( )( )

280. 투지를 드러내는 경향이 있다. ···( )( )

281. 과거보다는 미래에 대한 걱정이 앞서는 편이다. ·················( )( )

282. 어떤 일이라도 헤쳐 나가는 데 자신이 있다. ·····················( )( )

283. 착한 사람이라는 말을 들을 때가 많다. ·····························( )( )

284. 자신을 다른 사람보다 뛰어나다고 생각한다. ·····················( )( )

285. 개성적인 사람이라는 말을 자주 듣는다. ····························( )( )

286. 누구와도 편하게 대화할 수 있다. ······································( )( )

287. 특정 인물이나 집단에서라면 가볍게 대화할 수 있다. ···········( )( )

288. 사물에 대해 깊이 생각하는 경향이 있다. ··························( )( )

289. 스트레스를 해소하기 위해 집에서 조용히 지낸다. ··············( )( )

290. 계획을 세워서 행동하는 것을 좋아한다. ····························( )( )

291. 현실적인 편이다. ··( )( )

292. 주변의 일을 성급하게 해결한다. ·······································( )( )

293. 이성적인 사람이 되고 싶다고 생각한다. ····························( )( )

294. 생각한 일을 행동으로 옮기지 않으면 기분이 찜찜하다. ········( )( )

295. 생각했다고 해서 꼭 행동으로 옮기는 것은 아니다. ·············( )( )

296. 목표 달성을 위해서는 온갖 노력을 다한다. ·····················( )( )

297. 적은 친구랑 깊게 사귀는 편이다. ······································( )( )

298. 경쟁에서 절대로 지고 싶지 않다. ······································( )( )

299. 내일해도 되는 일을 오늘 안에 끝내는 편이다. ··················( )( )

300. 새로운 친구를 곧 사귈 수 있다. ·······································( )( )

301. 목표를 정하고 끈기 있게 노력하는 편이다. ·····················( )( )

302. 다른 사람이 자신을 비난해도 기분 나쁘지 않다. ···············( )( )

303. 책임감 없는 행동은 하지 않는다. ······································( )( )

304. 음악을 들으면 쉽게 리듬에 취하는 편이다. ·······················( )( )

305. 재능보다 노력이 중요하다. ·······································( )( )

306. 당당한 사람을 부러워한다. ·····································( )( )

307. 시간 개념이 너무 철두철미한 사람에게 답답함을 느낀다. ·······( )( )

308. 아침형인간이라는 평을 듣는다. ·································( )( )

309. 피곤할 때 가끔 주변 사람들에게 신경질을 낸다. ···············( )( )

310. 살아오면서 언성을 크게 높인 적이 거의 없다. ···············( )( )

311. 실패를 즐길 수 있다. ···( )( )

312. 낯선 사람과의 대화에 능한 편이다. ···························( )( )

313. 평소에 생명의 소중함을 잘 느끼지 못한다. ···················( )( )

314. 업무를 진행할 시 팀워크가 가장 중요하다. ···················( )( )

315. 샤워를 자주 하는 편이다. ·······································( )( )

316. 어둡고 외진 곳은 항상 주의한다. ·······························( )( )

317. 성공을 위해 끊임없이 도전한다. ·································( )( )

318. 현실과 타협한다고 느낄 때가 많다. ···························( )( )

319. 가까운 거리는 도보를 이용하는 편이다. ·······················( )( )

320. 다양한 화제를 두고 대화하는 것을 즐긴다. ···················( )( )

321. 힘든 문제가 와도 불안을 거의 느끼지 않는다. ···············( )( )

322. 인간관계에 크게 신경 쓰지 않는 편이다. ·····················( )( )

323. 합격하지 못해도 좋은 경험이라고 생각한다. ···················( )( )

324. 무례한 사람을 보면 화가 날 때가 많다. ·······················( )( )

325. 동료와 함께 업무를 진행하는 것이 즐겁다. ···················( )( )

326. 잘 씻지 않는 사람을 보면 불쾌하다. ···························( )( )

327. 타인의 평가에 그다지 민감하지 않다. ·························( )( )

328. 자신이 감정이 메마른 사람이라고 생각한다. ···················( )( )

329. 남에게 아쉬운 말을 잘 못한다. ·································( )( )

330. 자신을 책망할 때가 종종 있다. ·································( )( )

331. 한낮에 졸음을 잘 참지 못한다. ·································( )( )

332. 토막살인 등 잔인한 뉴스를 접해도 무감각하다. ···············( )( )

333. 친하게 지내는 사람에게만 신경 쓰는 편이다. ·················( )( )

334. 특별하지는 않지만 평범한 일상이 소중하다. ···················( )( )

335. 같은 사물, 사건을 다르게 보는 것을 즐긴다. ·······························( )( )

336. 매사에 이성적인 사고를 지향한다. ·····································( )( )

337. 배낭여행을 좋아한다. ···( )( )

338. 스트레스를 해소하기 위해 집에서 쉬는 편이다. ·······················( )( )

339. 범사에 양보하기를 좋아한다. ···( )( )

340. 집착이 강한 편이다. ···( )( )

341. 무리한 도전을 할 필요는 없다고 생각한다. ···························( )( )

342. 지나친 도움에는 자존심이 상한다. ···································( )( )

343. 무슨 일이 있어도 오늘 할 일은 오늘 끝낸다. ·························( )( )

344. 시간단위로 계획을 세워 일을 진행하는 편이다. ·······················( )( )

345. 청소년들을 보며 세대 차이를 많이 느낀다. ···························( )( )

346. 새로운 것에 대한 지나친 연구는 시간 낭비다. ·······················( )( )

347. 한 분야의 전문가가 되고 싶다. ······································( )( )

348. 자신에 대한 동료들의 생각이 궁금하다. ·····························( )( )

349. 혼자 있어도 외로움을 느낀 적이 거의 없다. ·························( )( )

350. 동료의 허술한 보고서를 보면 화가 난다. ·····························( )( )

351. 농담을 자주하는 사람이 가벼워 보인다. ·····························( )( )

352. 문제를 해결하기 위해 여러 사람과 상의한다. ·························( )( )

353. 다른 사람에게 열등감을 느낄 때가 많다. ·····························( )( )

354. 스포츠 활동에 참여하는 것을 좋아하지 않는다. ·······················( )( )

355. 대화에서는 경청하는 것이 가장 중요하다. ···························( )( )

356. 대인관계에서 공격적인 타입이라고 생각한다. ·························( )( )

357. 특별한 꿈이나 목표가 없다. ··( )( )

358. 자신을 감성이 풍부한 사람이라고 생각한다. ·························( )( )

359. 다른 사람의 말에 쉽게 상처받는 편이다. ·····························( )( )

360. 예전의 실수들이 떠올라 괴로울 때도 있다. ···························( )( )

361. 혼자 있고 싶을 때가 자주 있다. ·····································( )( )

362. 성과보다 최선을 다하는 태도가 더 중요하다. ·························( )( )

363. 경쟁자들에 비해 많이 부족하다고 생각한다. ·························( )( )

364. 혼자서 이루어 낸 성과에 더 큰 만족감을 느낀다. ·····················( )( )

365. 타인의 평가를 참고하여 발전할 것을 다짐한다. ·······················( )( )

366. 자신을 험담하는 것을 들으면 참을 수 없다. ······························( )( )

367. 약속을 어기는 일은 절대로 있을 수가 없다. ·························( )( )

368. 한두 시간 공부로는 실력이 크게 늘지 않는다. ·····················( )( )

369. 자기능력계발보다 휴식을 더 중요시하게 생각한다. ·············( )( )

370. 자신을 향한 비난도 참고한다. ···( )( )

371. 과거에 공부를 열심히 하지 못한 것이 아쉽다. ·····················( )( )

372. 계획한 일에 대해 작심삼일이 되는 경우가 많다. ·················( )( )

373. 타인의 의견에 의해 결정이 바뀌는 경우가 많다. ·················( )( )

374. 훌륭한 문학작품에 감동한 적이 많다. ································( )( )

375. 생각이 복잡할 때가 많다. ···( )( )

376. 서로의 감정을 나누는 것을 소중하게 여긴다. ·····················( )( )

377. 행동하기 전에 생각을 많이 하는 편이다. ···························( )( )

378. 요즘 신세대를 보면 부러움을 느끼는 편이다. ·····················( )( )

379. 대인관계에서 가장 중요한 것은 배려다. ···························( )( )

380. 틀에 박힌 사고를 싫어한다. ···( )( )

381. 상식이하의 행동을 하는 동료를 보면 화가 난다. ·················( )( )

382. 업무가 많을 때는 철야를 해서라도 끝낸다. ·······················( )( )

383. 틈틈이 독서를 즐기는 편이다. ··( )( )

384. 자주 기회를 놓쳐 아쉬워할 때가 많다. ·····························( )( )

385. 생각날 때 방문하므로 부재중일 때가 있다. ·······················( )( )

386. 봉사활동에 관심이 많은 편이다. ·······································( )( )

387. 업무는 매뉴얼대로 철저히 진행한다. ·································( )( )

388. 발이 넓다는 말을 많이 듣는다. ··( )( )

389. 가끔 자신이 속이 좁은 행동을 한다고 느낀다. ···················( )( )

390. 반복되는 일상보다 새로운 경험을 좋아한다. ·····················( )( )

391. 자신에게 유익이 되는 사람을 주로 만난다. ·······················( )( )

392. 다양한 부류의 사람들과의 만남을 즐긴다. ·························( )( )

393. 남의 앞에 나서는 것을 잘 하지 못하는 편이다. ·················( )( )

394. '누군가 도와주지 않을까'라고 생각하는 편이다. ···············( )( )

395. 지하철의 걸인에게 적선한 경우가 많다. ···························( )( )

396. 업무진행시 신속성을 매우 중요하게 생각한다. ···················( )( )

397. 사고가 유연한 편이다. ·······································( )( )

398. 동료가 날 자주 곤경에 빠뜨리려 한다. ···················( )( )

399. 자신이 괜찮은 사람이라고 느낄 때가 많다. ·············( )( )

400. 동료들이 실수를 해도 이해하고 넘어가는 편이다. ·····( )( )

401. 고지식하다는 말을 자주 듣는다. ···························( )( )

402. 자신을 존중하는 편이다. ···································( )( )

403. 대화할 때 상대방의 입장에서 생각하는 편이다. ········( )( )

404. 일상의 여유로운 삶을 만끽하고 싶다. ····················( )( )

405. 자기 방어에 능한 편이다. ·································( )( )

406. 인간관계를 잘 하려면 손해를 볼 필요가 있다. ·········( )( )

407. 상식이 풍부한 편이다. ·····································( )( )

408. 보다 새롭고 능률적인 업무방식을 추구한다. ···········( )( )

409. 영화를 보면 등장인물의 감정에 쉽게 이입된다. ········( )( )

410. 감성적 판단을 자제하는 편이다. ·························( )( )

411. 큰 업적, 목표보다 매일의 행복을 중요시한다. ·········( )( )

412. 무기력해질 때가 많다. ·····································( )( )

413. 시끄럽게 짖는 개에게는 폭력을 쓰고 싶다. ············( )( )

414. 대인관계에 부담을 느낄 때도 있다. ·····················( )( )

415. 학창시절 늦잠을 자서 지각한 적이 많다. ···············( )( )

416. 혼자 일하는 것이 같이하는 것보다 능률적이다. ········( )( )

417. 방 청소를 잘 하지 않는 편이다. ·························( )( )

418. 자신의 성격이나 태도를 바꾸는 것이 어렵다. ··········( )( )

419. 단 5분의 빈 시간이라도 발전적인 일을 한다. ··········( )( )

420. 자신의 잘못을 반성하고 발전하기 위해 애쓴다. ·······( )( )

421. 실수를 해서 잠을 제대로 자지 못한 적이 많다. ········( )( )

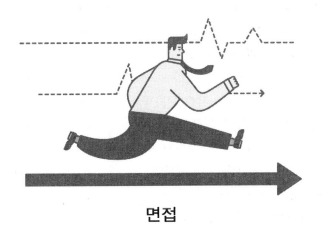

면접

성공적인 취업을 위한 코오롱그룹의 면접기출을 수록하여 취업의 마무리까지 깔끔하게 책임집니다.

면접

PART

IV

01. 면접의 기본

02. 면접기출

01 면접의 기본

CHAPTER

1 면접의 기본

(1) 면접의 기본 원칙

① **면접의 의미** … 면접이란 다양한 면접기법을 활용하여 지원한 직무에 필요한 능력을 지원자가 보유하고 있는지를 확인하는 절차라고 할 수 있다. 즉, 지원자의 입장에서는 채용 직무수행에 필요한 요건들과 관련하여 자신의 환경, 경험, 관심사, 성취 등에 대해 기업에 직접 어필할 수 있는 기회를 제공받는 것이며, 기업의 입장에서는 서류전형만으로 알 수 없는 지원자에 대한 정보를 직접적으로 수집하고 평가하는 것이다.

② **면접의 특징** … 면접은 기업의 입장에서 서류전형이나 필기전형에서 드러나지 않는 지원자의 능력이나 성향을 볼 수 있는 기회로, 면대면으로 이루어지며 즉흥적인 질문들이 포함될 수 있기 때문에 지원자가 완벽하게 준비하기 어려운 부분이 있다. 하지만 지원자 입장에서도 서류전형이나 필기전형에서 모두 보여주지 못한 자신의 능력 등을 기업의 인사담당자에게 어필할 수 있는 추가적인 기회가 될 수도 있다.

[서류 · 필기전형과 차별화되는 면접의 특징]

- 직무수행과 관련된 다양한 지원자 행동에 대한 관찰이 가능하다.
- 면접관이 알고자 하는 정보를 심층적으로 파악할 수 있다.
- 서류상의 미비한 사항과 의심스러운 부분을 확인할 수 있다.
- 커뮤니케이션 능력, 대인관계 능력 등 행동 · 언어적 정보도 얻을 수 있다.

③ **면접의 유형**
  ㉠ **구조화 면접** : 구조화 면접은 사전에 계획을 세워 질문의 내용과 방법, 지원자의 답변 유형에 따른 추가 질문과 그에 대한 평가 역량이 정해져 있는 면접 방식으로 표준화 면접이라고도 한다.
    - 표준화된 질문이나 평가요소가 면접 전 확정되며, 지원자는 편성된 조나 면접관에 영향을 받지 않고 동일한 질문과 시간을 부여받을 수 있다.
    - 조직 또는 직무별로 주요하게 도출된 역량을 기반으로 평가요소가 구성되어, 조직 또는 직무에서 필요한 역량을 가진 지원자를 선발할 수 있다.

- 표준화된 형식을 사용하는 특성 때문에 비구조화 면접에 비해 신뢰성과 타당성, 객관성이 높다.
  - ⓛ **비구조화 면접** : 비구조화 면접은 면접 계획을 세울 때 면접 목적만을 명시하고 내용이나 방법은 면접관에게 전적으로 일임하는 방식으로 비표준화 면접이라고도 한다.
- 표준화된 질문이나 평가요소 없이 면접이 진행되며, 편성된 조나 면접관에 따라 지원자에게 주어지는 질문이나 시간이 다르다.
- 면접관의 주관적인 판단에 따라 평가가 이루어져 평가 오류가 빈번히 일어난다.
- 상황 대처나 언변이 뛰어난 지원자에게 유리한 면접이 될 수 있다.

④ **경쟁력 있는 면접 요령**
  - ㉠ **면접 전에 준비하고 유념할 사항**
- 예상 질문과 답변을 미리 작성한다.
- 작성한 내용을 문장으로 외우지 않고 키워드로 기억한다.
- 지원한 회사의 최근 기사를 검색하여 기억한다.
- 지원한 회사가 속한 산업군의 최근 기사를 검색하여 기억한다.
- 면접 전 1주일간 이슈가 되는 뉴스를 기억하고 자신의 생각을 반영하여 정리한다.
- 찬반토론에 대비한 주제를 목록으로 정리하여 자신의 논리를 내세운 예상답변을 작성한다.
  - ㉡ **면접장에서 유념할 사항**
- **질문의 의도 파악** : 답변을 할 때에는 질문 의도를 파악하고 그에 충실한 답변이 될 수 있도록 질문사항을 유념해야 한다. 많은 지원자가 하는 실수 중 하나로 답변을 하는 도중 자기 말에 심취되어 질문의 의도와 다른 답변을 하거나 자신이 알고 있는 지식만을 나열하는 경우가 있는데, 이럴 경우 의사소통능력이 부족한 사람으로 인식될 수 있으므로 주의하도록 한다.
- **답변은 두괄식** : 답변을 할 때에는 두괄식으로 결론을 먼저 말하고 그 이유를 설명하는 것이 좋다. 미괄식으로 답변을 할 경우 용두사미의 답변이 될 가능성이 높으며, 결론을 이끌어 내는 과정에서 논리성이 결여될 우려가 있다. 또한 면접관이 결론을 듣기 전에 말을 끊고 다른 질문을 추가하는 예상치 못한 상황이 발생될 수 있으므로 답변은 자신이 전달하고자 하는 바를 먼저 밝히고 그에 대한 설명을 하는 것이 좋다.
- **지원한 회사의 기업정신과 인재상을 기억** : 답변을 할 때에는 회사가 원하는 인재라는 인상을 심어주기 위해 지원한 회사의 기업정신과 인재상 등을 염두에 두고 답변을 하는 것이 좋다. 모든 회사에 해당되는 두루뭉술한 답변보다는 지원한 회사에 맞는 맞춤형 답변을 하는 것이 좋다.
- **나보다는 회사와 사회적 관점에서 답변** : 답변을 할 때에는 자기중심적인 관점을 피하고 좀 더 넓은 시각으로 회사와 국가, 사회적 입장까지 고려하는 인재임을 어필하는 것이 좋다. 자기중심적 시각을 바탕으로 자신의 출세만을 위해 회사에 입사하려는 인상을 심어줄 경우 면접에서 불이익을 받을 가능성이 높다.

• 난처한 질문은 정직한 답변 : 난처한 질문에 답변을 해야 할 때에는 피하기보다는 정면 돌파로 정직하고 솔직하게 답변하는 것이 좋다. 난처한 부분을 감추고 드러내지 않으려 회피하려는 지원자의 모습은 인사담당자에게 입사 후에도 비슷한 상황에 처했을 때 회피할 수도 있다는 우려를 심어줄 수 있다. 따라서 직장생활에 있어 중요한 덕목 중 하나인 정직을 바탕으로 솔직하게 답변을 하도록 한다.

(2) 면접의 종류 및 준비 전략

① 인성면접
   ㉠ 면접 방식 및 판단기준
   • 면접 방식 : 인성면접은 면접관이 가지고 있는 개인적 면접 노하우나 관심사에 의해 질문을 실시한다. 주로 입사지원서나 자기소개서의 내용을 토대로 지원동기, 과거의 경험, 미래 포부 등을 이야기하도록 하는 방식이다.
   • 판단기준 : 면접관의 개인적 가치관과 경험, 해당 역량의 수준, 경험의 구체성·진실성 등
   ㉡ 특징 : 인성면접은 그 방식으로 인해 역량과 무관한 질문들이 많고 지원자에게 주어지는 면접질문, 시간 등이 다를 수 있다. 또한 입사지원서나 자기소개서의 내용을 토대로 하기 때문에 지원자별 질문이 달라질 수 있다.
   ㉢ 예시 문항 및 준비전략
   • 예시 문항

   > • 3분 동안 자기소개를 해 보십시오.
   > • 자신의 장점과 단점을 말해 보십시오.
   > • 학점이 좋지 않은데 그 이유가 무엇입니까?
   > • 최근에 인상 깊게 읽은 책은 무엇입니까?
   > • 회사를 선택할 때 중요시하는 것은 무엇입니까?
   > • 일과 개인생활 중 어느 쪽을 중시합니까?
   > • 10년 후 자신은 어떤 모습일 것이라고 생각합니까?
   > • 휴학 기간 동안에는 무엇을 했습니까?

   • 준비전략 : 인성면접은 입사지원서나 자기소개서의 내용을 바탕으로 하는 경우가 많으므로 자신이 작성한 입사지원서와 자기소개서의 내용을 충분히 숙지하도록 한다. 또한 최근 사회적으로 이슈가 되고 있는 뉴스에 대한 견해를 묻거나 시사상식 등에 대한 질문을 받을 수 있으므로 이에 대한 대비도 필요하다. 자칫 부담스러워 보이지 않는 질문으로 가볍게 대답하지 않도록 주의하고 모든 질문에 입사 의지를 담아 성실하게 답변하는 것이 중요하다.

② 발표면접
   ㉠ 면접 방식 및 판단기준
   • 면접 방식 : 지원자가 특정 주제와 관련된 자료를 검토하고 그에 대한 자신의 생각을 면접관 앞에서 주어진 시간 동안 발표하고 추가 질의를 받는 방식으로 진행된다.
   • 판단기준 : 지원자의 사고력, 논리력, 문제해결력 등

ⓛ 특징 : 발표면접은 지원자에게 과제를 부여한 후, 과제를 수행하는 과정과 결과를 관찰·평가한다. 따라서 과제수행 결과뿐 아니라 수행과정에서의 행동을 모두 평가할 수 있다.

ⓒ 예시 문항 및 준비전략

• 예시 문항

[신입사원 조기 이직 문제]

※ 지원자는 아래에 제시된 자료를 검토한 뒤, 신입사원 조기 이직의 원인을 크게 3가지로 정리하고 이에 대한 구체적인 개선안을 도출하여 발표해 주시기 바랍니다.

※ 본 과제에 정해진 정답은 없으나 논리적 근거를 들어 개선안을 작성해 주십시오.

• A기업은 동종업계 유사기업들과 비교해 볼 때, 비교적 높은 재무안정성을 유지하고 있으며 업무강도가 그리 높지 않은 것으로 외부에 알려져 있음.
• 최근 조사결과, 동종업계 유사기업들과 연봉을 비교해 보았을 때 연봉 수준도 그리 나쁘지 않은 편이라는 것이 확인되었음.
• 그러나 지난 3년간 1~2년차 직원들의 이직률이 계속해서 증가하고 있는 추세이며, 경영진 회의에서 최우선 해결과제 중 하나로 거론되었음.
• 이에 따라 인사팀에서 현재 1~2년차 사원들을 대상으로 개선되어야 하는 A기업의 조직문화에 대한 설문조사를 실시한 결과, '상명하복식의 의사소통'이 36.7%로 1위를 차지했음.
• 이러한 설문조사와 함께, 신입사원 조기 이직에 대한 원인을 분석한 결과 파랑새 증후군, 셀프홀릭 증후군, 피터팬 증후군 등 3가지로 분류할 수 있었음.

〈동종업계 유사기업들과의 연봉 비교〉   〈우리 회사 조직문화 중 개선되었으면 하는 것〉

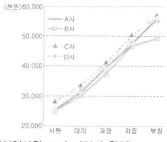

〈신입사원 조기 이직의 원인〉

• 파랑새 증후군
- 현재의 직장보다 더 좋은 직장이 있을 것이라는 막연한 기대감으로 끊임없이 새로운 직장을 탐색함.
- 학력 수준과 맞지 않는 '하향지원', 전공과 적성을 고려하지 않고 일단 취업하고 보자는 '묻지마 지원'이 파랑새 증후군을 초래함.
• 셀프홀릭 증후군
- 본인의 역량에 비해 가치가 낮은 일을 주로 하면서 갈등을 느낌.
• 피터팬 증후군
- 기성세대의 문화를 무조건 수용하기보다는 자유로움과 변화를 추구함.
- 상명하복, 엄격한 규율 등 기성세대가 당연시하는 관행에 거부감을 가지며 직장에 답답함을 느낌.

- 준비전략 : 발표면접의 시작은 과제 안내문과 과제 상황, 과제 자료 등을 정확하게 이해하는 것에서 출발한다. 과제 안내문을 침착하게 읽고 제시된 주제 및 문제와 관련된 상황의 맥락을 파악한 후 과제를 검토한다. 제시된 기사나 그래프 등을 충분히 활용하여 주어진 문제를 해결할 수 있는 해결책이나 대안을 제시하며, 발표를 할 때에는 명확하고 자신 있는 태도로 전달할 수 있도록 한다.

③ 토론면접

ㄱ 면접 방식 및 판단기준

- 면접 방식 : 상호갈등적 요소를 가진 과제 또는 공통의 과제를 해결하는 내용의 토론 과제를 제시하고, 그 과정에서 개인 간의 상호작용 행동을 관찰하는 방식으로 면접이 진행된다.
- 판단기준 : 팀워크, 적극성, 갈등 조정, 의사소통능력, 문제해결능력 등

ㄴ 특징 : 토론을 통해 도출해 낸 최종안의 타당성도 중요하지만, 결론을 도출해 내는 과정에서의 의사소통능력이나 갈등상황에서 의견을 조정하는 능력 등이 중요하게 평가되는 특징이 있다.

ㄷ 예시 문항 및 준비전략

- 예시 문항

  - 군 가산점제 부활에 대한 찬반토론
  - 담뱃값 인상에 대한 찬반토론
  - 비정규직 철폐에 대한 찬반토론
  - 대학의 영어 강의 확대 찬반토론
  - 워크숍 장소 선정을 위한 토론

- 준비전략 : 토론면접은 무엇보다 팀워크와 적극성이 강조된다. 따라서 토론과정에 적극적으로 참여하며 자신의 의사를 분명하게 전달하며, 갈등상황에서 자신의 의견만 내세울 것이 아니라 다른 지원자의 의견을 경청하고 배려하는 모습도 중요하다. 갈등상황을 일목요연하게 정리하여 조정하는 등의 의사소통능력을 발휘하는 것도 좋은 전략이 될 수 있다.

④ 상황면접

ㄱ 면접 방식 및 판단기준

- 면접 방식 : 상황면접은 직무 수행 시 접할 수 있는 상황들을 제시하고, 그러한 상황에서 어떻게 행동할 것인지를 이야기하는 방식으로 진행된다.
- 판단기준 : 해당 상황에 적절한 역량의 구현과 구체적 행동지표

ㄴ 특징 : 실제 직무 수행 시 접할 수 있는 상황들을 제시하므로 입사 이후 지원자의 업무수행 능력을 평가하는 데 적절한 면접 방식이다. 또한 지원자의 가치관, 태도, 사고방식 등의 요소를 통합적으로 평가하는 데 용이하다.

ⓒ 예시 문항 및 준비전략

• 예시 문항

> 당신은 생산관리팀의 팀원으로, 생산팀이 기한에 맞춰 효율적으로 제품을 생산할 수 있도록 관리하는 역할을 맡고 있습니다. 3개월 뒤에 제품A를 정상적으로 출시하기 위해 생산팀의 생산 계획을 수립한 상황입니다. 그러나 원가가 곧 실적으로 이어지는 구매팀에서는 최대한 원가를 줄여 전반적 단가를 낮추려고 원가절감을 위한 제안을 하였으나, 연구개발팀에서는 구매팀이 제안한 방식으로 제품을 생산할 경우 대부분이 구매팀의 실적으로 산정될 것이므로 제대로 확인도 해보지 않은 채 적합하지 않은 방식이라고 판단하고 있습니다. 당신은 어떻게 하겠습니까?

• 준비전략 : 상황면접은 먼저 주어진 상황에서 핵심이 되는 문제가 무엇인지를 파악하는 것에서 시작한다. 주질문과 세부질문을 통하여 질문의 의도를 파악하였다면, 그에 대한 구체적인 행동이나 생각 등에 대해 응답할수록 높은 점수를 얻을 수 있다.

⑤ 역할면접

㉠ 면접 방식 및 판단기준

• 면접 방식 : 역할면접 또는 역할연기 면접은 기업 내 발생 가능한 상황에서 부딪히게 되는 문제와 역할을 가상적으로 설정하여 특정 역할을 맡은 사람과 상호작용하고 문제를 해결해 나가도록 하는 방식으로 진행된다. 역할연기 면접에서는 면접관이 직접 역할연기를 하면서 지원자를 관찰하기도 하지만, 역할연기 수행만 전문적으로 하는 사람을 투입할 수도 있다.

• 판단기준 : 대처능력, 대인관계능력, 의사소통능력 등

㉡ 특징 : 역할면접은 실제 상황과 유사한 가상 상황에서의 행동을 관찰함으로서 지원자의 성격이나 대처 행동 등을 관찰할 수 있다.

㉢ 예시 문항 및 준비전략

• 예시 문항

> **[금융권 역할면접의 예]**
> 당신은 ○○은행의 신입 텔러이다. 사람이 많은 월말 오전 한 할아버지(면접관 또는 역할담당자)께서 ○○은행을 사칭한 보이스피싱으로 500만 원을 피해 보았다며 소란을 일으키고 있다. 실제 업무상황이라고 생각하고 상황에 대처해 보시오.

• 준비전략 : 역할연기 면접에서 측정하는 역량은 주로 갈등의 원인이 되는 문제를 해결 하고 제시된 해결방안을 상대방에게 설득하는 것이다. 따라서 갈등해결, 문제해결, 조정·통합, 설득력과 같은 역량이 중요시된다. 또한 갈등을 해결하기 위해서 상대방에 대한 이해도 필수적인 요소이므로 고객 지향을 염두에 두고 상황에 맞게 대처해야 한다.

역할면접에서는 변별력을 높이기 위해 면접관이 압박적인 분위기를 조성하는 경우가 많기 때문에 스트레스 상황에서 불안해하지 않고 유연하게 대처할 수 있도록 시간과 노력을 들여 충분히 연습하는 것이 좋다.

2 면접 이미지 메이킹

(1) 성공적인 이미지 메이킹 포인트

① 복장 및 스타일

　㉠ 남성

- 양복 : 양복은 단색으로 하며 넥타이나 셔츠로 포인트를 주는 것이 효과적이다. 짙은 회색이나 감청색이 가장 단정하고 품위 있는 인상을 준다.
- 셔츠 : 흰색이 가장 선호되나 자신의 피부색에 맞추는 것이 좋다. 푸른색이나 베이지색은 산뜻한 느낌을 줄 수 있다. 양복과의 배색도 고려하도록 한다.
- 넥타이 : 의상에 포인트를 줄 수 있는 아이템이지만 너무 화려한 것은 피한다. 지원자의 피부색은 물론, 정장과 셔츠의 색을 고려하며, 체격에 따라 넥타이 폭을 조절하는 것이 좋다.
- 구두 & 양말 : 구두는 검정색이나 짙은 갈색이 어느 양복에나 무난하게 어울리며 깔끔하게 닦아 준비한다. 양말은 정장과 동일한 색상이나 검정색을 착용한다.
- 헤어스타일 : 머리스타일은 단정한 느낌을 주는 짧은 헤어스타일이 좋으며 앞머리가 있다면 이마나 눈썹을 가리지 않는 선에서 정리하는 것이 좋다.

　㉡ 여성

- 의상 : 단정한 스커트 투피스 정장이나 슬랙스 슈트가 무난하다. 블랙이나 그레이, 네이비, 브라운 등 차분해 보이는 색상을 선택하는 것이 좋다.
- 소품 : 구두, 핸드백 등은 같은 계열로 코디하는 것이 좋으며 구두는 너무 화려한 디자인이나 굽이 높은 것을 피한다. 스타킹은 의상과 구두에 맞춰 단정한 것으로 선택한다.
- 액세서리 : 액세서리는 너무 크거나 화려한 것은 좋지 않으며 과하게 많이 하는 것도 좋은 인상을 주지 못한다. 착용하지 않거나 작고 깔끔한 디자인으로 포인트를 주는 정도가 적당하다.
- 메이크업 : 화장은 자연스럽고 밝은 이미지를 표현하는 것이 좋으며 진한 색조는 인상이 강해 보일 수 있으므로 피한다.
- 헤어스타일 : 커트나 단발처럼 짧은 머리는 활동적이면서도 단정한 이미지를 줄 수 있도록 정리한다. 긴 머리의 경우 하나로 묶거나 단정한 머리망으로 정리하는 것이 좋으며, 짙은 염색이나 화려한 웨이브는 피한다.

② 인사
  ㉠ **인사의 의미** : 인사는 예의범절의 기본이며 상대방의 마음을 여는 기본적인 행동이라고 할수 있다. 인사는 처음 만나는 면접관에게 호감을 살 수 있는 가장 쉬운 방법이 될 수 있기도 하지만 제대로 예의를 지키지 않으면 지원자의 인성 전반에 대한 평가로 이어질 수 있으므로 각별히 주의해야 한다.
  ㉡ 인사의 핵심 포인트
    • 인사말 : 인사말을 할 때에는 밝고 친근감 있는 목소리로 하며, 자신의 이름과 수험번호 등을 간략하게 소개한다.
    • 시선 : 인사는 상대방의 눈을 보며 하는 것이 중요하며 너무 빤히 쳐다본다는 느낌이 들지 않도록 주의한다.
    • 표정 : 인사는 마음에서 우러나오는 존경이나 반가움을 표현하고 예의를 차리는 것이므로 살짝 미소를 지으며 하는 것이 좋다.
    • 자세 : 인사를 할 때에는 가볍게 목만 숙인다거나 흐트러진 상태에서 인사를 하지 않도록 주의하며 절도 있고 확실하게 하는 것이 좋다.

③ 시선처리와 표정, 목소리
  ㉠ **시선처리와 표정** : 표정은 면접에서 지원자의 첫인상을 결정하는 중요한 요소이다. 얼굴표정은 사람의 감정을 가장 잘 표현할 수 있는 의사소통 도구로 표정 하나로 상대방에게 호감을 주거나, 비호감을 사기도 한다. 호감이 가는 인상의 특징은 부드러운 눈썹, 자연스러운 미간, 적당히 볼록한 광대, 올라간 입 꼬리 등으로 가볍게 미소를 지을 때의 표정과 일치한다. 따라서 면접 중에는 밝은 표정으로 미소를 지어 호감을 형성할 수 있도록 한다. 시선은 면접관과 고르게 맞추되 생기 있는 눈빛을 띄도록 하며, 너무 빤히 쳐다본다는 인상을 주지 않도록 한다.
  ㉡ 목소리 : 면접은 주로 면접관과 지원자의 대화로 이루어지므로 목소리가 미치는 영향이 상당하다. 답변을 할 때에는 부드러우면서도 활기차고 생동감 있는 목소리로 하는 것이 면접관에게 호감을 줄 수 있으며 적당한 제스처가 더해진다면 상승효과를 얻을 수 있다. 그러나 적절한 답변을 하였음에도 불구하고 콧소리나 날카로운 목소리, 자신감 없는 작은 목소리는 답변의 신뢰성을 떨어뜨릴 수 있으므로 주의하도록 한다.

④ 자세
  ㉠ 걷는 자세
    • 면접장에 입실할 때에는 상체를 곧게 유지하고 발끝은 평행이 되게 하며 무릎을 스치듯 11자로 걷는다.
    • 시선은 정면을 향하고 턱은 가볍게 당기며 어깨나 엉덩이가 흔들리지 않도록 주의한다.
    • 발바닥 전체가 닿는 느낌으로 안정감 있게 걸으며 발소리가 나지 않도록 주의한다.
    • 보폭은 어깨넓이만큼이 적당하지만, 스커트를 착용했을 경우 보폭을 줄인다.
    • 걸을 때도 미소를 유지한다.

ⓛ 서있는 자세

- 몸 전체를 곧게 펴고 가슴을 자연스럽게 내민 후 등과 어깨에 힘을 주지 않는다.
- 정면을 바라본 상태에서 턱을 약간 당기고 아랫배에 힘을 주어 당기며 바르게 선다.
- 양 무릎과 발뒤꿈치는 붙이고 발끝은 11자 또는 V형을 취한다.
- 남성의 경우 팔을 자연스럽게 내리고 양손을 가볍게 쥐어 바지 옆선에 붙이고, 여성의 경우 공수자세를 유지한다.

ⓒ 앉은 자세

- 남성

  - 의자 깊숙이 앉고 등받이와 등 사이에 주먹 1개 정도의 간격을 두며 기대듯 앉지 않도록 주의한다. (남녀 공통 사항)
  - 무릎 사이에 주먹 2개 정도의 간격을 유지하고 발끝은 11자를 취한다.
  - 시선은 정면을 바라보며 턱은 가볍게 당기고 미소를 짓는다. (남녀 공통 사항)
  - 양손은 가볍게 주먹을 쥐고 무릎 위에 올려놓는다.
  - 앉고 일어날 때에는 자세가 흐트러지지 않도록 주의한다. (남녀 공통 사항)

- 여성

  - 스커트를 입었을 경우 왼손으로 뒤쪽 스커트 자락을 누르고 오른손으로 앞쪽 자락을 누르며 의자에 앉는다.
  - 무릎은 붙이고 발끝을 가지런히 하며, 다리를 왼쪽으로 비스듬히 기울이면 여성스러워 보이는 효과가 있다.
  - 양손을 모아 무릎 위에 모아 놓으며 스커트를 입었을 경우 스커트 위를 가볍게 누르듯이 올려놓는다.

(2) 면접 예절

① 행동 관련 예절

ⓐ 지각은 절대금물 : 시간을 지키는 것은 예절의 기본이다. 지각을 할 경우 면접에 응시할 수 없거나, 면접 기회가 주어지더라도 불이익을 받을 가능성이 높아진다. 따라서 면접장소가 결정되면 교통편과 소요시간을 확인하고 가능하다면 사전에 미리 방문해 보는 것도 좋다. 면접 당일에는 서둘러 출발하여 면접 시간 20~30분 전에 도착하여 회사를 둘러보고 환경에 익숙해지는 것도 성공적인 면접을 위한 요령이 될 수 있다.

ⓑ 면접 대기 시간 : 지원자들은 대부분 면접장에서의 행동과 답변 등으로만 평가를 받는다고 생각하지만 그렇지 않다. 면접관이 아닌 면접진행자 역시 대부분 인사실무자이며 면접관이 면접 후 지원자에 대한 평가에 있어 확신을 위해 면접진행자의 의견을 구한다면 면접진행자의 의견이 당락에 영향을 줄 수 있다. 따라서 면접 대기 시간에도 행동과 말을 조심해야 하며, 면접을 마치고 돌아가는 순간까지도 긴장을 늦춰서는 안 된다. 면접 중 압박적인 질

문에 답변을 잘 했지만, 면접장을 나와 흐트러진 모습을 보이거나 욕설을 한다면 면접 탈락의 요인이 될 수 있으므로 주의해야 한다.

ⓒ **입실 후 태도** : 본인의 차례가 되어 호명되면 또렷하게 대답하고 들어간다. 만약 면접장 문이 닫혀 있다면 상대에게 소리가 들릴 수 있을 정도로 노크를 두세 번 한 후 대답을 듣고 나서 들어가야 한다. 문을 여닫을 때에는 소리가 나지 않게 조용히 하며 공손한 자세로 인사한 후 성명과 수험번호를 말하고 면접관의 지시에 따라 자리에 앉는다. 이 경우 착석하라는 말이 없는데 먼저 의자에 앉으면 무례한 사람으로 보일 수 있으므로 주의한다. 의자에 앉을 때에는 끝에 앉지 말고 무릎 위에 양손을 가지런히 얹는 것이 예절이라고 할 수 있다.

ⓔ **옷매무새를 자주 고치지 마라.** : 일부 지원자의 경우 옷매무새 또는 헤어스타일을 자주 고치거나 확인하기도 하는데 이러한 모습은 과도하게 긴장한 것 같아 보이거나 면접에 집중하지 못하는 것으로 보일 수 있다. 남성 지원자의 경우 넥타이를 자꾸 고쳐 맨다거나 정장 상의 끝을 너무 자주 만지작거리지 않는다. 여성 지원자는 머리를 계속 쓸어 올리지 않고, 특히 짧은 치마를 입고서 신경이 쓰여 치마를 끌어 내리는 행동은 좋지 않다.

ⓜ **다리를 떨거나 산만한 시선은 면접 탈락의 지름길** : 자신도 모르게 다리를 떨거나 손가락을 만지는 등의 행동을 하는 지원자가 있는데, 이는 면접관의 주의를 끌 뿐만 아니라 불안하고 산만한 사람이라는 느낌을 주게 된다. 따라서 가능한 한 바른 자세로 앉아 있는 것이 좋다. 또한 면접관과 시선을 맞추지 못하고 여기저기 둘러보는 듯한 산만한 시선은 지원자가 거짓말을 하고 있다고 여겨지거나 신뢰할 수 없는 사람이라고 생각될 수 있다.

② **답변 관련 예절**

ⓐ **면접관이나 다른 지원자와 가치 논쟁을 하지 않는다.** : 질문을 받고 답변하는 과정에서 면접관 또는 다른 지원자의 의견과 다른 의견이 있을 수 있다. 특히 평소 지원자가 관심이 많은 문제이거나 잘 알고 있는 문제인 경우 자신과 다른 의견에 대해 이의가 있을 수 있다. 하지만 주의할 것은 면접에서 면접관이나 다른 지원자와 가치 논쟁을 할 필요는 없다는 것이며 오히려 불이익을 당할 수도 있다. 정답이 정해져 있지 않은 경우에는 가치관이나 성장배경에 따라 문제를 받아들이는 태도에서 답변까지 충분히 차이가 있을 수 있으므로 굳이 면접관이나 다른 지원자의 가치관을 지적하고 고치려 드는 것은 좋지 않다.

ⓑ **답변은 항상 정직해야 한다.** : 면접이라는 것이 아무리 지원자의 장점을 부각시키고 단점을 축소시키는 것이라고 해도 절대로 거짓말을 해서는 안 된다. 거짓말을 하게 되면 지원자는 불안하거나 꺼림칙한 마음이 들게 되어 면접에 집중을 하지 못하게 되고 수많은 지원자를 상대하는 면접관은 그것을 놓치지 않는다. 거짓말은 그 지원자에 대한 신뢰성을 떨어뜨리며 이로 인해 다른 스펙이 아무리 훌륭하다고 해도 채용에서 탈락하게 될 수 있음을 명심하도록 한다.

ⓒ 경력직을 경우 전 직장에 대해 험담하지 않는다. : 지원자가 전 직장에서 무슨 업무를 담당 했고 어떤 성과를 올렸는지는 면접관이 관심을 둘 사항일 수 있지만, 이전 직장의 기업문화나 상사들이 어땠는지는 그다지 궁금해 하는 사항이 아니다. 전 직장에 대해 험담을 늘어놓는다든가, 동료와 상사에 대한 악담을 하게 된다면 오히려 지원자에 대한 부정적인 이미지만 심어줄 수 있다. 만약 전 직장에 대한 말을 해야 할 경우가 생긴다면 가능한 한 객관적으로 이야기하는 것이 좋다.

ⓔ 자기 자신이나 배경에 대해 자랑하지 않는다. : 자신의 성취나 부모 형제 등 집안사람들이 사회·경제적으로 어떠한 위치에 있는지에 대한 자랑은 면접관으로 하여금 지원자에 대해 오만한 사람이거나 배경에 의존하려는 나약한 사람이라는 이미지를 갖게 할 수 있다. 따라서 자기 자신이나 배경에 대해 자랑하지 않도록 하고, 자신이 한 일에 대해서 너무 자세하게 얘기하지 않도록 주의해야 한다.

3 면접 질문 및 답변 포인트

(1) 가족 및 대인관계에 관한 질문

① 당신의 가정은 어떤 가정입니까?

면접관들은 지원자의 가정환경과 성장과정을 통해 지원자의 성향을 알고 싶어 이와 같은 질문을 한다. 비록 가정 일과 사회의 일이 완전히 일치하는 것은 아니지만 '가화만사성'이라는 말이 있듯이 가정이 화목해야 사회에서도 화목하게 지낼 수 있기 때문이다. 그러므로 답변 시에는 가족사항을 정확하게 설명하고 집안의 분위기와 특징에 대해 이야기하는 것이 좋다.

② 아버지의 직업은 무엇입니까?

아주 기본적인 질문이지만 지원자는 아버지의 직업과 내가 무슨 관련성이 있을까 생각하기 쉬워 포괄적인 답변을 하는 경우가 많다. 그러나 이는 바람직하지 않은 것으로 단답형으로 답변하면 세부적인 직종 및 근무연한 등을 물을 수 있으므로 모든 걸 한 번에 대답하는 것이 좋다.

③ 친구 관계에 대해 말해 보십시오.

지원자의 인간성을 판단하는 질문으로 교우관계를 통해 답변자의 성격과 대인관계능력을 파악할 수 있다. 새로운 환경에 적응을 잘하여 새로운 친구들이 많은 것도 좋지만, 깊고 오래 지속되어온 인간관계를 말하는 것이 더욱 바람직하다.

(2) 성격 및 가치관에 관한 질문

① 당신의 PR포인트를 말해 주십시오.

PR포인트를 말할 때에는 지나치게 겸손한 태도는 좋지 않으며 적극적으로 자기를 주장하는 것이 좋다. 앞으로 입사 후 하게 될 업무와 관련된 자기의 특성을 구체적인 일화를 더하여 이야기하도록 한다.

② 당신의 장·단점을 말해 보십시오.

지원자의 구체적인 장·단점을 알고자 하기 보다는 지원자가 자기 자신에 대해 얼마나 알고 있으며 어느 정도의 객관적인 분석을 하고 있나, 그리고 개선의 노력 등을 시도하는지를 파악하고자 하는 것이다. 따라서 장점을 말할 때는 업무와 관련된 장점을 뒷받침할 수 있는 근거와 함께 제시하며, 단점을 이야기할 때에는 극복을 위한 노력을 반드시 포함해야 한다.

③ 가장 존경하는 사람은 누구입니까?

존경하는 사람을 말하기 위해서는 우선 그 인물에 대해 알아야 한다. 잘 모르는 인물에 대해 존경한다고 말하는 것은 면접관에게 바로 지적당할 수 있으므로, 추상적이라도 좋으니 평소에 존경스럽다고 생각했던 사람에 대해 그 사람의 어떤 점이 좋고 존경스러운지 대답하도록 한다. 또한 자신에게 어떤 영향을 미쳤는지도 언급하면 좋다.

(3) 학교생활에 관한 질문

① 지금까지의 학교생활 중 가장 기억에 남는 일은 무엇입니까?

가급적 직장생활에 도움이 되는 경험을 이야기하는 것이 좋다. 또한 경험만을 간단하게 말하지 말고 그 경험을 통해서 얻을 수 있었던 교훈 등을 예시와 함께 이야기하는 것이 좋으나 너무 상투적인 답변이 되지 않도록 주의해야 한다.

② 성적은 좋은 편이었습니까?

면접관은 이미 서류심사를 통해 지원자의 성적을 알고 있다. 그럼에도 불구하고 이 질문을 하는 것은 지원자가 성적에 대해서 어떻게 인식하느냐를 알고자 하는 것이다. 성적이 나빴던 이유에 대해서 변명하려 하지 말고 담백하게 받아드리고 그것에 대한 개선노력을 했음을 밝히는 것이 적절하다.

③ 학창시절에 시위나 집회 등에 참여한 경험이 있습니까?

기업에서는 노사분규를 기업의 사활이 걸린 중대한 문제로 인식하고 거시적인 차원에서 접근한다. 이러한 기업문화를 제대로 인식하지 못하여 학창시절의 시위나 집회 참여 경험을 자랑스럽게 답변할 경우 감점요인이 되거나 심지어는 탈락할 수 있다는 사실에 주의한다. 시위나 집회에 참가한 경험을 말할 때에는 타당성과 정도에 유의하여 답변해야 한다.

(4) 지원동기 및 직업의식에 관한 질문

① 왜 우리 회사를 지원했습니까?

이 질문은 어느 회사나 가장 먼저 물어보고 싶은 것으로 지원자들은 기업의 이념, 대표의 경영 능력, 재무구조, 복리후생 등 외적인 부분을 설명하는 경우가 많다. 이러한 답변도 적절하지만 지원 회사의 주력 상품에 관한 소비자의 인지도, 경쟁사 제품과의 시장점유율을 비교하면서 입사동기를 설명한다면 상당히 주목 받을 수 있을 것이다.

② 만약 이번 채용에 불합격하면 어떻게 하겠습니까?

불합격할 것을 가정하고 회사에 응시하는 지원자는 거의 없을 것이다. 이는 지원자를 궁지로 몰아넣고 어떻게 대응하는지를 살펴보며 입사 의지를 알아보려고 하는 것이다. 이 질문은 너무 깊이 들어가지 말고 침착하게 답변하는 것이 좋다.

③ 당신이 생각하는 바람직한 사원상은 무엇입니까?

직장인으로서 또는 조직의 일원으로서의 자세를 묻는 질문으로 지원하는 회사에서 어떤 인재 상을 요구하는 가를 알아두는 것이 좋으며, 평소에 자신의 생각을 미리 정리해 두어 당황하지 않도록 한다.

④ 직무상의 적성과 보수의 많음 중 어느 것을 택하겠습니까?

이런 질문에서 회사 측에서 원하는 답변은 당연히 직무상의 적성에 비중을 둔다는 것이다. 그 러나 적성만을 너무 강조하다 보면 오히려 솔직하지 못하다는 인상을 줄 수 있으므로 어느 한 쪽을 너무 강조하거나 경시하는 태도는 바람직하지 못하다.

⑤ 상사와 의견이 다를 때 어떻게 하겠습니까?

과거와 다르게 최근에는 상사의 명령에 무조건 따르겠다는 수동적인 자세는 바람직하지 않다. 회사에서는 때에 따라 자신이 판단하고 행동할 수 있는 직원을 원하기 때문이다. 그러나 지나 치게 자신의 의견만을 고집한다면 이는 팀원 간의 불화를 야기할 수 있으며 팀 체제에 악영향 을 미칠 수 있으므로 선호하지 않는다는 것에 유념하여 답해야 한다.

⑥ 근무지가 지방인데 근무가 가능합니까?

근무지가 지방 중에서도 특정 지역은 되고 다른 지역은 안 된다는 답변은 바람직하지 않다. 직 장에서는 순환 근무라는 것이 있으므로 처음에 지방에서 근무를 시작했다고 해서 계속 지방에 만 있는 것은 아님을 유의하고 답변하도록 한다.

(5) 여가 활용에 관한 질문

① 취미가 무엇입니까?

기초적인 질문이지만 특별한 취미가 없는 지원자의 경우 대답이 애매할 수밖에 없다. 그래서 가장 많이 대답하게 되는 것이 독서, 영화감상, 혹은 음악감상 등과 같은 흔한 취미를 말하게 되는데 이런 취미는 면접관의 주의를 끌기 어려우며 설사 정말 위와 같은 취미를 가지고 있다하더라도 제대로 답변하기는 힘든 것이 사실이다. 가능하면 독특한 취미를 말하는 것이 좋으며 이제 막 시작한 것이라도 열의를 가지고 있음을 설명할 수 있으면 그것을 취미로 답변하는 것도 좋다.

② 술자리를 좋아합니까?

이 질문은 정말로 술자리를 좋아하는 정도를 묻는 것이 아니다. 우리나라에서는 대부분 술자리가 친교의 자리로 인식되기 때문에 그것에 얼마나 적극적으로 참여할 수 있는 가를 우회적으로 묻는 것이다. 술자리를 싫어한다고 대답하게 되면 원만한 대인관계에 문제가 있을 수 있다고 평가될 수 있으므로 술을 잘 마시지 못하더라도 술자리의 분위기는 즐긴다고 답변하는 것이 좋으며 주량에 대해서는 정확하게 말하는 것이 좋다.

(6) 여성 지원자들을 겨냥한 질문

① 결혼은 언제 할 생각입니까?

지원자가 결혼예정자일 경우 기업은 채용을 꺼리게 되는 경향이 있다. 업무를 어느 정도 인식하고 수행할 정도가 되면 퇴사하는 일이 흔하기 때문이다. 가능하면 향후 몇 년간은 결혼 계획이 없다고 답변하는 것이 현실적인 대처 요령이며, 덧붙여 결혼 후에도 일하고자 하는 의지를 강하게 내보인다면 더욱 도움이 된다.

② 만약 결혼 후 남편이나 시댁에서 직장생활을 그만두라고 강요한다면 어떻게 하겠습니까?

결혼적령기의 여성 지원자들에게 빈번하게 묻는 질문으로 의견 대립이 생겼을 때 상대방을 설득하고 타협하는 능력을 알아보고자 하는 것이다. 따라서 남편이나 시댁과 충분한 대화를 통해 설득하고 계속 근무하겠다는 의지를 밝히는 것이 좋다.

③ 여성의 취업을 어떻게 생각합니까?

여성 지원자들의 일에 대한 열의와 포부를 알고자 하는 질문이다. 많은 기업들이 여성들의 섬세하고 꼼꼼한 업무능력과 감각을 높이 평가하고 있으며, 사회 전반적인 분위기 역시 맞벌이를 이해하고 있으므로 자신의 의지를 당당하고 자신감 있게 밝히는 것이 좋다.

④ 커피나 복사 같은 잔심부름이 주어진다면 어떻게 하겠습니까?

여성 지원자들에게 가장 난감하고 자존심상하는 질문일 수 있다. 이 질문은 여성 지원자에게 잔심부름을 시키겠다는 요구가 아니라 직장생활 중에서의 협동심이나 봉사정신, 직업관을 알아보고자 하는 것이다. 또한 이 과정에서 압박기법을 사용해 비꼬는 투로 말하는 수 있는데 이는 자존심이 상하거나 불쾌해질 때의 행동을 알아보려는 것이다. 이럴 경우 흥분하여 과격하게 답변하면 탈락하게 되며, 무조건 열심히 하겠다는 대답도 신뢰성이 없는 답변이다. 직장생활을 위해 필요한 일이면 할 수 있다는 정도의 긍정적인 답변을 하되, 한 사람의 사원으로서 당당함을 유지하는 것이 좋다.

(7) 지원자를 당황하게 하는 질문

① 성적이 좋지 않은데 이 정도의 성적으로 우리 회사에 입사할 수 있다고 생각합니까?

비록 자신의 성적이 좋지 않더라도 이미 서류심사에 통과하여 면접에 참여하였다면 기업에서는 지원자의 성적보다 성적 이외의 요소, 즉 성격·열정 등을 높이 평가했다는 것이라고 할 수 있다. 그러나 이런 질문을 받게 되면 지원자는 당황할 수 있으나 주눅 들지 말고 침착하게 대처하는 면모를 보인다면 더 좋은 인상을 남길 수 있다.

② 우리 회사 회장님 함자를 알고 있습니까?

회장이나 사장의 이름을 조사하는 것은 면접일을 통고받았을 때 이미 사전 조사되었어야 하는 사항이다. 단답형으로 이름만 말하기보다는 그 기업에 입사를 희망하는 지원자의 입장에서 답변하는 것이 좋다.

③ 당신은 이 회사에 적합하지 않은 것 같군요.

이 질문은 지원자의 입장에서 상당히 곤혹스러울 수밖에 없다. 질문을 듣는 순간 그렇다면 면접은 왜 참가시킨 것인가 하는 생각이 들 수도 있다. 하지만 당황하거나 흥분하지 말고 침착하게 자신의 어떤 면이 회사에 적당하지 않은지 겸손하게 물어보고 지적당한 부분에 대해서 고치겠다는 의지를 보인다면 오히려 자신의 능력을 어필할 수 있는 기회로 사용할 수도 있다.

④ 다시 공부할 계획이 있습니까?

이 질문은 지원자가 합격하여 직장을 다니다가 공부를 더 하기 위해 회사를 그만 두거나 학습에 더 관심을 두어 일에 대한 능률이 저하될 것을 우려하여 묻는 것이다. 이때에는 당연히 학습보다는 일을 강조해야 하며, 업무 수행에 필요한 학습이라면 업무에 지장이 없는 범위에서 야간학교를 다니거나 회사에서 제공하는 연수 프로그램 등을 활용하겠다고 답변하는 것이 적당하다.

⑤ 지원한 분야가 전공한 분야와 다른데 여기 일을 할 수 있겠습니까?

수험생의 입장에서 본다면 지원한 분야와 전공이 다르지만 서류전형과 필기전형에 합격하여 면접을 보게 된 경우라고 할 수 있다. 이는 결국 해당 회사의 채용 방침상 전공에 크게 영향을 받지 않는다는 것이므로 무엇보다 자신이 전공하지는 않았지만 어떤 업무도 적극적으로 임할 수 있다는 자신감과 능동적인 자세를 보여주도록 노력하는 것이 좋다.

02 면접기출

CHAPTER

1 코오롱인더스트리

• 가장 도전적으로 했던 경험은 무엇인가?

• 가장 창의성을 발휘해 본 경험은?

• 본인이 한 일 중에서 능력 이상의 것을 해본 경험은?

• 자신을 채용해야 하는 이유는?

• 김천 공장에 왜 지원하였는가?

• 존경하는 사람이 있다면 말해보시오.

• SNS가 가진 문제점과 해결방안에 대해 말해보시오.

• 자신이 왜 코오롱인더스트리에 필요한 인재인가?

• 전에 다니던 회사의 분위기는 어땠는가?

• 이탈리아어를 어느정도 구사할 수 있는가?

• 전공은 MD쪽에 가까운데 왜 마케팅에 지원하였는가?

• 우리 회사에 이탈리아 브랜드가 있는데 무엇인지 알고 있는가?

• 테크니컬 디렉터가 어떤 직무를 맡고 있는지 알고 있는가?

• 자신이 가장 잘하는 것을 말해보시오.

• 공백 기간에는 무엇을 하였는가?

• 코오롱 브랜드를 아는가?

• 코오롱 기업 이미지가 어떠한가?

2　코오롱베니트

- 자기소개를 해보시오.

- 자신의 5, 10년 미래 비전에 대해 말해보시오.

- 자신의 멘토는 누구인가, 가장 영향받은 사건은?

- 가장 힘들었던 일은 무엇인가?

- 성적이 좋은데 만약 시험기간에 팀프로젝트를 할 때 시험공부나 다른 일로 참여하지 않은 학생
  이 있다면 어떻게 참여하도록 유도할 것인가?

- 개발자로서 자신의 강점은 무엇인가?

- 영어 점수가 좋은데 영어강사 할 생각은 없는가?

- 비전이 있는가?

- 1년 동안 휴학하면서 무엇을 하였는가?

- 회사에 대해 궁금한 점이 있는가?

- 회사의 장점, 단점이 뭐라고 생각하는가?

- 파워빌더는 한 적이 있는가?

- 개발할 수 있는 언어는 무엇인가?

- 학교에서 한 프로젝트 경험을 말해보시오.

- 동료와 불화가 생기면 어떻게 풀 것인가?

3　코오롱글로벌

- 자기소개를 해 보시오.

- 지원 직무가 어떤 일을 하는지 알고 있는가?

- 집이 수도권인데 주거 문제는 어떻게 해결할 것인가?

- 탑다운공법에 대해 설명해 보시오.

- 규모에 따른 공사기간에 대해 설명해 보시오.

- 도심지 협소한 공간에서 진행하는 공사의 과정을 말해 보시오.

- 앞에 있는 생수를 판매해 보시오. (영어질문)

- 고릴라에 대해 묘사해 보시오. (영어질문)

- 피뢰보호등급에 대해 아는 대로 설명해 보시오.

- 회사생활에서 가장 중요한 점은 무엇이라고 생각하는가?

- 워터해머에 대해 설명해 보시오.

- 캐비테이션에 대해 말해 보시오.

- 수능을 폐지하고 과정형 시험으로 대체하는 것에 대해 어떻게 생각하는가? (찬반토론)

4 코오롱플라스틱

- 해당 직무에 지원한 동기가 무엇인가?

- 최종적인 커리어 목표가 무엇인가?

- 우리 회사의 주가 총액을 알고 있는가?

- 자신의 단점 극복 사례를 말해 보시오.

- 학창시절 플라스틱 관련 제조 실험을 한 경험이 있는가?

- 우리 회사의 경쟁사는 어디라고 생각하는가?

- 우리 회사의 장점은 무엇이라고 생각하는가?

- 나이 어린 상사와의 업무에 대해 어떻게 대처할 것인가?

- 코오롱그룹에 대해 아는 대로 말해 보시오.

5 코오롱생명과학

- 졸업한 학과에 대해 설명해 보시오.

- 휴학기간 동안 무엇을 했는지 말해 보시오.

- 입사 후 자신이 무엇을 할 수 있는지 말해 보시오.

- 지원동기에 대해 말해 보시오.

- 자신만의 영업 전략이 있다면 설명해 보시오.

- 품질이란 무엇이라고 생각하는가?

• 화학물질에 대해 알레르기가 있는 게 있는지?

• 성격의 장단점에 대해 설명해 보시오.

• QCD 중에서 무엇이 가장 중요하다고 생각하는가?

• 가상회의진행 (PT면접)

6 코오롱제약

• 제약영업에 지원한 이유는?

• 우리 회사에 대해 아는 대로 말해 보시오.

• 제약영업의 특성에 대해 말해 보시오.

• 대학에서 사용해 본 분석기기와 그 원리에 대해 말해 보시오.

• 인턴 실습에서 담당했던 업무는 무엇인가?

• GMP에 대해 설명해 보시오.

• 품질관리는 무엇이라고 생각하는가?

• HPLC의 원리와 구성에 대해 말해 보시오.

• 상사가 부당한 지시를 했을 때 어떻게 대처할 것인가?

• 입사 후 포부에 대해 말해 보시오.